V&R unipress

Schriften zum Internationalen Privatrecht und zur Rechtsvergleichung

Band 54

Herausgegeben im
European Legal Studies Institute /
Institut für Europäische Rechtswissenschaft /
Institut pour le droit en Europe
der Universität Osnabrück

von
Professor Dr. Dr. h. c. mult. Christian von Bar, FBA, MAE,
Professor Dr. Christoph Busch,
Professor Dr. Hans Schulte-Nölke, MAE, und
Professor Dr. Dr. h. c. Fryderyk Zoll

Carina Lübberding

Europäisches und islamisches Recht im Zivilgesetzbuch der Vereinigten Arabischen Emirate

V&R unipress

Universitätsverlag Osnabrück

UNIVERSITÄT OSNABRÜCK

MIX
Papier aus verantwortungsvollen Quellen
FSC® C083411

Bibliografische Information der Deutschen Nationalbibliothek
Die Deutsche Nationalbibliothek verzeichnet diese Publikation in der Deutschen Nationalbibliografie; detaillierte bibliografische Daten sind im Internet über https://dnb.de abrufbar.

Veröffentlichungen des Universitätsverlags Osnabrück erscheinen bei V&R unipress.

Druck und Bindung: CPI books GmbH, Birkstraße 10, D-25917 Leck
Printed in the EU.

Vandenhoeck & Ruprecht Verlage | www.vandenhoeck-ruprecht-verlage.com

ISSN 2198-7041
ISBN 978-3-8471-1432-1

Meinen Eltern

Inhalt

Zweiter Teil: Das VAE-ZGB als Ausdruck der Reislamisierung innerhalb des ägyptischen Rechtskreises: einzelne Beispiele

Vorwort

Die vorliegende Arbeit wurde im Sommersemester 2021 von der juristischen Fakultät der Universität Osnabrück als Dissertation angenommen. Die mündliche Prüfung fand am 29. September 2021 statt.

Ich danke ganz besonders meinem Doktorvater Herrn Prof. Dr. Hans Schulte-Nölke für die außerordentliche Betreuung meiner Doktorarbeit, für die Freiheit bei der Themenfindung und der Erstellung der Arbeit und für die wunderbaren und lehrreichen Jahre als studentische Hilfskraft und wissenschaftliche Mitarbeiterin an seinem Lehrstuhl. Als mein Mentor und Lehrer hat er meinen Weg seit Beginn meines Studiums sehr geprägt und seine Ermutigungen und Ratschläge waren für mich wirklich wegweisend.

Weiter möchte ich Herrn Prof. Dr. Dr. h.c. Fryderyk Zoll für die Übernahme und die zügige Erstellung des Zweitgutachtens danken. Mein besonderer Dank gilt außerdem der Mühlenhoff-Stiftung für die finanzielle Förderung während der Erstellung dieser Arbeit.

Mein Dank gebührt außerdem dem Max-Planck-Institut für ausländisches und internationales Privatrecht in Hamburg für die Aufnahme als Gastwissenschaftlerin in der Bibliothek. Ich bin dankbar für die inspirierenden Gesprächspartner, die ich dort treffen durfte.

Herzlich danken möchte ich dem gesamten Team des Lehrstuhls für Bürgerliches Recht, Europäisches Privat- und Wirtschaftsrecht, Rechtsvergleichung und Europäische Rechtsgeschichte aus den Jahren 2017–2019 und den lieben Kolleginnen und Kollegen des European Legal Studies Institute. Wenn ich an meine Zeit als wissenschaftliche Mitarbeiterin zurückdenke, denke ich nicht nur an den wertvollen fachlichen Austausch, an Konferenzen und Science Slams. Vor allem denke ich in Dankbarkeit an die Menschen, die ich treffen durfte und mit denen ich hoffentlich noch lange verbunden bin. Besonders erwähnen möchte ich Frau Anne-Katrin Suilmann, Frau Dr. Franziska Mürmann, Frau Dr. Imke Tuma-Koch, Herrn Dr. Piotr Kwiatkowski, Herrn Maximilian Thase, Herrn Habat Duran und Frau Monika Baginski. Frau Dr. Aneta Wiewiorowska-Domagalska begleitet mich schon seit Jahren als meine Mentorin und hat mich bereits in so mancher Zweifelsfrage beraten. Sie ist ein wahres Vorbild für mich und unsere Freundschaft möchte ich nicht mehr missen.

Großer Dank gilt außerdem Simon Schulte, der nicht müde wird, mich zu ermutigen und zu unterstützen. Es ist ein großes Geschenk, dass ich ihn an meiner Seite weiß. Er ist mein Zuhause fernab von Zuhause.

Abschließender Dank gilt meiner Familie. Meine Großmutter Lisa Bramlage bewundere ich für ihr immerwährendes Interesse und ich bin dankbar für ihren unermüdlichen Zuspruch. Jana Nordmann danke ich für ihr immer offenes Ohr, ihren bedingungslosen Rückhalt und dafür, dass sie mich nicht nur als meine große Schwester, sondern auch als meine beste Freundin begleitet. Meinen Eltern Martina und Alfred Lübberding verdanke ich alles. Dass sie jeden meiner eingeschlagenen Wege ausnahmslos unterstützen und mit vollem Vertrauen hinter mir stehen, ist mein größtes Glück. Ihnen widme ich diese Arbeit in großer Liebe und Dankbarkeit.

Hamburg, im Mai 2022 Carina Lübberding

Allgemeine Hinweise

Die Umschrift arabischer Fachtermini orientiert sich am System der Deutschen Morgenländischen Gesellschaft. Für die Übersetzungen der Regelungen des Zivilgesetzbuches der Vereinigten Arabischen Emirate ins Deutsche wurden die arabische Originalfassung und die englische Übersetzung von James Whelan aus dem Jahre 2010 herangezogen. Alle Übersetzungen anderer Gesetzestexte sind in freier Übersetzung entstanden, sofern nicht auf fremde Übersetzungen verwiesen wurde. Übersetzungen vom Arabischen ins Deutsche wurden unter Zuhilfenahme von *Haas*, Rechtsarabisch: Terminologie des Schuldrechts, 2011, angefertigt.

Der Koran wird nach der Übersetzung von Rudi Paret in der zwölften Auflage zitiert. Koransuren werden in römischen, Koranverse in arabischen Zahlen angegeben (z. B. XXXIII:40).

Ausführungen zum Islamischen Recht wurden auf den sunnitischen Islam begrenzt. Dort, wo nicht anders angegeben, erfolgt die Angabe von Jahreszahlen nach der christlichen Zeitrechnung.

Einleitung

I. Anlass und Ziel der Arbeit

Die Auseinandersetzung mit Rechtsordnungen, die einem europäischen Juristen aufgrund ihrer kulturellen Hintergründe, ihrer islam-rechtlich geprägten Systeme und der sprachlichen Barrieren wenig vertraut sind, gewinnt im Zuge der gegenwärtigen Globalisierung stetig an Bedeutung. Nach der Türkei und neben Saudi-Arabien sind die Vereinigten Arabischen Emirate der wichtigste deutsche Absatzmarkt in der MENA-Region. Das bilaterale Handelsvolumen lag im Jahr 2020 bei 7.51 Milliarden Euro.[1] Insbesondere die Übermorgenmetropole Dubai lässt auf den ersten Blick wenig von der arabischen Wüstenkultur erkennen, die noch im 19. Jahrhundert prägend für die Region der heutigen Vereinigten Arabischen Emirate war.

Ein europäischer Rechtstourist wird sich – zumindest dem ersten Anschein nach zu urteilen – im Zivilrecht der arabisch-ägyptischen Staaten rasch heimisch fühlen. Viele dieser Länder verfügen über Zivilrechtskodifikationen, die den europäischen in Aufbau und Struktur sehr ähneln. Gleichzeitig sind die Vereinigten Arabischen Emirate, wie auch die meisten anderen Staaten des Nahen Ostens, gesellschaftlich und kulturell tief mit dem Islam verwurzelt. Sie blicken auf eine Geschichte zurück, in denen das Stammesrecht und die *šarīʿa* (Shari'a) den Rechtsalltag der einheimischen Bevölkerung beherrschte. Dieser Einfluss findet sich durchaus auch heute noch in der emiratischen Rechtsordnung. Juristen, die in den Vereinigten Arabischen Emiraten praktizieren, haben es daher mit einer Rechtsordnung zu tun, in der das *Civil Law* und die Shari'a aufeinandertreffen.[2] »Lawyers have to bridge the gap in a split legal system«[3] ist der Titel eines Zeitungsartikels, der diese Situation auf den Punkt bringt.

1 *Auswärtiges Amt,* Länderinformationen Vereinigte Arabische Emirate, Beziehungen zu Deutschland.

2 Die Verfassungsänderung im September 2004 (betreffend Art. 121 der VAE-Verfassung) ermöglichte darüber hinaus die Einrichtung des Dubai International Financial Centre (DFIC),

Die vorliegende Arbeit hat es sich zum Ziel gesetzt, ebendiese Auseinandersetzung mit einem bisher wenig erforschten, dualen Rechtssystem wie dem der Vereinigten Arabischen Emirate zu wagen. Vor dem Hintergrund des Wirtschaftsalltags der Übermorgenmetropolen und der tiefen Verwurzelung mit islamischen Traditionen wird untersucht, inwiefern das Zivilgesetzbuch der Vereinigten Arabischen Emirate den Einfluss westlicher Rechtsordnungen und der Shari'a miteinander vereint.

Insbesondere in der deutschsprachigen Literatur finden sich nur wenige Arbeiten über das Zivilgesetzbuch der Vereinigten Arabischen Emirate und die darin enthaltene Kollision von rezipierten europäischen Rechtsregelungen und dem traditionellen religiösen Recht. Zumeist werden die Vereinigten Arabischen Emirate dabei lediglich am Rande behandelt; häufig im Zusammenhang mit der Analyse bestimmter islamischer Rechtsinstitute und deren Umsetzung in den arabisch-ägyptischen Rechtsordnungen.[4]

II. Gegenstand der Untersuchung

Weltweit bekennt sich heute etwa ein Viertel der Weltbevölkerung zum Islam.[5] Die muslimische Welt erstreckt sich geographisch vom Westen Afrikas über den mittleren Osten und Vorderasien bis nach Südostasien und besteht aus einer Vielzahl von Kulturkreisen und Volksgruppen. Der Islam verkörpert nicht nur eine Religion, sondern beinhaltet allgemeine Verhaltensnormen, die das menschliche Zusammenleben allumfassend zu regeln versuchen. Der theologische Teil des Glaubens definiert die Glaubensinhalte und Ziele eines Menschen, während das Recht dem Menschen den Weg zur Verwirklichung dieser Ziele aufzeigen soll. Diese Rolle nimmt die Shari'a ein.[6] Als Summe der aus göttlichen Offenbarungen abgeleiteten Regeln findet das islamische Recht seinen Geltungsgrund

---

das in einem eigenen Rechtsrahmen operiert, der eigene Zivil- und Handelsgesetze auf der Basis des *Common Law* zulässt. Siehe dazu statt vieler *Grapentin*, Dichotomie zweier Rechtsordnungen in den Vereinigten Arabischen Emiraten: Das Dubai International Financial Centre, in: Heckel, Rechtstransfer, 131ff; *Carballo*, ALQ 2007, 91.

3 *Hamade*, Lawyers have to bridge the gap in a split legal system, The National 24.7.2011.

4 Beispielhaft sind hier zu nennen *Oertel*, Immobiliarsicherheiten des islamischen Rechts und des Zivilgesetzbuches der Vereinigten Arabischen Emirate; *Pohlhausen*, Unternehmensfinanzierung am Kapitalmarkt in den arabischen Staaten; *Rutow*, Rechtsvergleich über die Zulässigkeit von Haftungsausschlüssen, Haftungsbeschränkungen und pauschaliertem Schadensersatz in einzelnen arabischen Rechtsordnungen; *Möller*, Die Golfstaaten auf dem Weg zu einem modernen Recht für die Familie?; *Stompfe*, Die Gestaltung und Sicherung internationaler Investor-Staat-Verträge in der arabischen Welt am Beispiel Libyens und Katars.

5 Islam ist die am stärksten wachsende Religion, Welt 5.4.2017.

6 *Khadduri*, The Islamic Conception of Justice, 135.

nicht in einem Akt staatlicher Rechtssetzung, sondern im Willen Gottes.[7] Das islamische Recht konstituiert daher eine eigene, aufgrund ihrer unterschiedlichen Auslegung und Anwendung heterogene Rechtsordnung, die nicht auf ein bestimmtes Staatsgebiet beschränkt ist.

Die Föderation der Vereinigten Arabischen Emirate (*al-Imārāt al-ʿArabiyya al-Muttaḥida,* kurz: VAE) besteht aus sieben Emiraten und liegt im Südosten der arabischen Halbinsel. Das Land umfasst eine Fläche von 83 600 km² und liegt an der Küste des Persischen Golfes. Es grenzt südöstlich an den Oman, südlich und westlich an Saudi-Arabien. Die Föderation besteht aus den Emiraten Abū Ẓabī (Abu Dhabi), ʿAǧmān, Dubaī (Dubai), al-Fuǧaira, Raʾs al-Ḫaima, aš-Šāriqa und Umm al-Qaiwain. Die Hauptstadt ist Abu-Dhabi.[8] Der Islam ist laut der emiratischen Verfassung die Staatsreligion der Vereinigten Arabischen Emirate.[9] Ein Großteil der Bevölkerung ist muslimisch, davon die Mehrheit Sunniten. Die sunnitischen Muslime folgen in den Emiraten mehrheitlich der mālikitischen und der ḥanbalitischen Rechtsschule.[10]

Das Rechtssystem der Vereinigten Arabischen Emirate ist in Bundesrecht und Emiratsrecht sowie in die dazugehörigen Gerichtsbarkeiten unterteilt. Die Emirate Dubai, Raʾs al-Ḫaima und seit 2006 auch Abu Dhabi haben ihr eigenes Gerichtssystem errichtet, während sich die übrigen, kleineren Emirate dem Gerichtssystem des Bundes unterworfen haben. Die Gerichtssysteme sind dreistufig aufgeteilt mit je einem Kassationsgericht als oberstem Revisionsgericht. Die Gerichte sind in Zivil-, Straf- und Shari'a-Kammern unterteilt, wobei die Shari'a-Kammern in erster Linie für Angelegenheiten des muslimischen Personalstatuts zuständig sind.[11] Der Verfassungssenat des Obersten Bundesgerichts hält die Kompetenz zur Überprüfung von Gesetzen hinsichtlich ihrer Vereinbarkeit mit der Verfassung.[12]

Obwohl die einzelnen Emirate nach der Verfassung grundsätzlich über die Befugnis verfügen, Gesetze zu erlassen, gilt innerhalb der wirtschaftlich wichtigsten Rechtsgebiete (unter anderem im Zivil-, Handels-, Seehandels-, Wirtschafts-, Prozess-, Ausländer-, Bank- und Strafrecht) dennoch einheitliches Recht, da dem föderalen Gesetzgeber insofern eine ausschließliche Gesetzgebungs-

7 *Zweigert/Kötz,* Einführung in die Rechtsvergleichung, auf dem Gebiete des Privatrechts, 297; *Bälz,* RabelsZ 1998b, 437, 439.

8 *United Arab Emirates National Media Council,* UAE Annual Book 2018, 8f.

9 Die Verfassung geht jedoch nicht von einem islamischen Staat aus, vgl. Art. 7 VAE-Verfassung. Anders zum Beispiel die Verfassung Afghanistans, Präambel und Art. 1 und 2 (1), und Irans, Präambel und Art. 1, 2, 4 und 12, die den Staat als islamisch bezeichnen.

10 *Möller,* Die Golfstaaten auf dem Weg zu einem modernen Recht für die Familie?, 8; *Esposito,* The Oxford Dictionary of Islam, Stichwort »Islam in the Gulf States«; *U.S. Department of State,* 2018 Report on International Religious Freedom: United Arab Emirates.

11 *Tamimi,* Practical guide to litigation and arbitration in the United Arab Emirates, 11ff.

12 Art. 99 VAE-Verfassung.

kompetenz zuteil wird (Art. 121 VAE-Verfassung). Für das emiratische Vermögensrecht maßgeblich sind insbesondere das Zivilgesetzbuch (VAE-ZGB)[13] von 1986 und das Handelsgesetzbuch (VAE-HGB)[14] von 1993. Die *direkte* Anwendung der Shari'a hat für das Vermögensrecht der Vereinigten Arabischen Emirate nur geringe Bedeutung. Vielmehr gibt sie als Rechtsquelle den Gestaltungsrahmen des Gesetzgebers vor. So spielt die Shari'a in den Vereinigten Arabischen Emiraten, zumindest was das Vermögensrecht betrifft, grundsätzlich nur in säkularisierter, kodifizierter Form eine Rolle.

Nicht nur aufgrund ihrer wirtschaftlichen Bedeutung sind die Vereinigten Arabischen Emirate ein interessantes Objekt für eine zivilrechtliche Untersuchung ihrer Rechtsordnung. Ihr Zivilgesetzbuch ist eines der jüngeren Zivilrechtskodifikationen im arabischen Rechtsraum. Es wurde infolge der Unabhängigkeit des Staates von Experten des islamischen Rechts und Zivilrechtssystemen anderer arabischer Staaten geschaffen und trat 1986 in Kraft. Als Zivilgesetzbuch des *ägyptischen Rechtskreises* ist es an das ägyptische Zivilgesetzbuch (Ä-ZGB) von 1948 angelehnt, welches von einem der bedeutendsten Juristen Ägyptens, ʿAbd ar-Razzāq as-Sanhūrī (gest. 1971), verfasst wurde. Dieser versuchte, die in Ägypten etablierten, französisch geprägten Zivilgesetze und das islamische Recht in einem Gesetz zu verbinden und schuf dabei ein stark von französischen Rechtsvorstellungen geprägtes Gesetz. Auch das emiratische ZGB ist daher in erheblichem Maße französisch-rechtlich geprägt.[15] Als unmittelbares Vorbild für das emiratische ZGB galt jedoch das jordanische Zivilgesetzbuch (J-ZGB) von 1976, welches auf dem irakischen Zivilgesetzbuch (I-ZGB) von 1951 beruht. Auch dieses Zivilgesetzbuch wurde maßgeblich von Sanhūrī verfasst, der in dieser Arbeit vielmehr als vorher versuchte, die traditionellen islamischen und die französischen Rechtsvorstellungen miteinander zu vereinbaren.[16] Als das emiratische Zivilgesetzbuch in Kraft trat, wurde es in der Literatur als »further reassertion of the Shari'a«[17] betitelt. Der Einfluss des islamischen Rechts schien (noch) größer zu sein, als in den früheren arabischen Zivilrechtsordnungen.

Spricht man mit Anwälten, die in den Emiraten praktizieren, so fällt auf, dass die Vereinbarkeit der Regelungen des Zivilgesetzbuches mit dem islamischen Recht für selbstverständlich gehalten wird. Dies vermittelt den Eindruck, die

13 *Qānūn al-muʿāmalāt al-madanīya li-daulat al-Imārāt al-ʿArabiya al-Muttaḥida* (Gesetz über zivilrechtliche Rechtsgeschäfte), Gesetz Nr. 5/1985, Amtsblatt der Vereinigten Arabischen Emirate Nr. 158/85. Die Bezeichnung als »Zivilgesetzbuch« wird in der Literatur ganz einheitlich verwendet und deshalb auch in dieser Arbeit übernommen.

14 *Qānūn al-muʿāmalāt at-tiǧārīa* (Handelsgesetzbuch), Gesetz Nr. 18/1993, Amtsblatt der Vereinigten Arabischen Emirate Nr. 255/93.

15 *Krüger,* Grundzüge des Privatrechts der Vereinigten Arabischen Emirate, in: Ebert/Hanstein, Beiträge zum Islamischen Recht VI, 101, 104f.

16 *Saleh,* ALQ 1993, 161, 163ff.

17 *Ballantyne,* ALQ 1986, 245.

emiratische Gesetzgebung habe sich einen islamischen Anspruch gesetzt. Durchaus sind Spuren des islamischen Rechts in dem Gesetz erkennbar: So legen die ersten beiden Artikel des VAE-ZGB die Shari'a als Interpretationsmaßstab beziehungsweise als bei Rechtslücken maßgebliche Rechtsquelle fest. Da die Vereinigten Arabischen Emirate jedoch dem ägyptischen Rechtskreis zuzuordnen sind, kommt auch dem Rückgriff auf Lösungen des französischen Rechts, beziehungsweise ägyptisch-rechtlichen Argumentationen eine Bedeutung zu. Es stellt sich die Frage, inwiefern das islamische Recht und der französischrechtliche Einfluss im VAE-ZGB dabei tatsächlich in Konflikt geraten und inwieweit sich daher das VAE-ZGB von seinen säkularen Vorbildgesetzbüchern unterscheidet. Gerade für einen europäischen Rechtsanwender, der in den Vereinigten Arabischen Emiraten agiert, ist es notwendig, die Hintergründe der emiratischen Normen zu kennen und zu wissen, welche Auslegungshilfe im Zweifel bei ihrer Interpretation heranzuziehen ist.

Dabei nimmt das VAE-ZGB eine besondere Rolle ein, denn ein Einfluss des islamischen Rechts auf das Recht arabischer Staaten wird meist mit dem Familienrecht, dem Erbrecht oder dem Strafrecht in Verbindung gesetzt.[18] Dabei sind durchaus auch Themenfelder wie das Handels- und das Vertragsrecht Teil des islamischen Rechts. Gerade im Schuldrecht können wirtschaftlicher Fortschritt und das Streben nach Modernität in Konflikt mit traditionellem islamischen Recht geraten.

Bereits ein erster Blick in das VAE-ZGB lässt die Vermengung und auch die Spannung von islamischen und europäischen Rechtsvorstellungen erkennen: So ist auf der einen Seite – ganz im Sinne moderner Rechtsordnungen – eine absolute Vertragsfreiheit ausdrücklich geregelt (Art. 257 i. V. m. Art. 126 (d) VAE-ZGB). Aber kennt nicht das islamische Recht nur eine bestimmte Anzahl bestimmter, im Koran auftauchender Typenverträge? Auf der anderen Seite hat der Gesetzgeber im VAE-ZGB ein umfassendes Zinsverbot inkorporiert, das dem islamischen *ribā*-Verbot entsprechen soll. Kann dieses im internationalen Wirtschaftsverkehr des modernen Zeitalters überhaupt aufrechterhalten werden? Wie wird die Zulässigkeit des Versicherungsvertrages vor dem Hintergrund der Verbundenheit des Gesetzes mit der Shari'a gerechtfertigt, warum kennt das VAE-ZGB die Forderungsabtretung nicht und was hat es mit dem mittelalterlich anmutenden Rechtsinstitut des Blutgeldes auf sich?

Die folgende Untersuchung wird das Nebeneinander und Miteinander der unterschiedlichen Rechtseinflüsse im VAE-ZGB anhand einzelner Beispiele aus dem Schuldrecht genauer betrachten. Insbesondere wird dabei auf die Praxisrelevanz unbekannter Rechtsfiguren oder auf aus der Sicht einer westlichen

18 Siehe dazu beispielsweise *Ebert,* Das Personalstatut arabischer Länder; *Möller,* Die Golfstaaten auf dem Weg zu einem modernen Recht für die Familie?

Rechtsordnung ungewöhnliche Rechtslücken eingegangen, um schließlich Rückschlüsse darüber zu ziehen, inwiefern das islamische Recht das moderne Zivilrecht in den Vereinigten Arabischen Emiraten mitformt und ob das Zivilgesetzbuch der Vereinigten Arabischen Emirate tatsächlich eine »further reassertion of the Sharia« darstellt. Dabei ist diese Arbeit keine islamwissenschaftliche Studie. Das islamische Recht wird als Betrachtungsgegenstand dergestalt in die vorliegende Analyse einbezogen, dass dessen Einfluss auf die und Prägung der Entwicklung des Zivilgesetzbuches der Vereinigten Arabischen Emirate dargestellt wird.

Der Fokus dieser Arbeit liegt dabei auf der Analyse des Gesetzestextes. Die Rechtspraxis selbst soll nicht abschließend analysiert werden. Nur vereinzelt soll mittels eines Blicks in die Praxis und der näheren Betrachtung der Rechtsprechung herausgefunden werden, ob aus dem islamischen Recht resultierende Hindernisse in der Rechtswirklichkeit überhaupt eine Rolle spielen oder möglicherweise von der Judikatur außer Acht gelassen werden. Ein Grund hierfür könnte die Notwendigkeit einer global funktionsfähigen Rechtsordnung sein.

Die Frage, ob das islamische Recht in den heutigen Rechtsordnungen der arabischen Staaten noch eine Rolle spielt, ist durchaus Gegenstand von Diskussionen in der Rechtswissenschaft. Während *Ballantyne* vertritt, die Shari'a sei ein »goldener Faden« der sich durch die modernen Rechtssysteme zieht,[19] geht *Krüger* davon aus, dass das islamische Recht beispielsweise in den Vereinigten Arabischen Emiraten heute so gut wie keine Rolle mehr spielt.[20] Die folgende Untersuchung soll zu diesem Diskurs beitragen.

III. Gang der Untersuchung

1. Das islamische Recht und die Entstehung des Zivilgesetzbuches der Vereinigten Arabischen Emirate

Um den Grundstein für eine Analyse des Zivilgesetzbuches der Vereinigten Arabischen Emirate auch hinsichtlich des islamischen Rechts zu legen, wird im ersten Kapitel in die Grundlagen des islamischen Rechts eingeführt. Ein kurzer historischer Umriss seiner Entwicklung ist nötig, um das Wesen der Shari'a als göttlich gegebenes, pluralistisches Normensystem zu beschreiben. Nachdem die im sunnitischen Islam gemeinhin anerkannten islamischen Rechtsquellen skizziert wurden, werden die wichtigsten und weichenstellenden Grundsätze des islamischen Vermögensrechts, das *ribā*- und das *ġarar*-Verbot, erläutert.

19 *Ballantyne*, Commercial law in the Arab Middle East, 1f.
20 *Krüger*, ZVglRWiss 1998, 360, 386.

Das zweite Kapitel setzt sich mit der Rolle des islamischen Rechts in der Moderne auseinander. Maßgeblich ist die Idee der Kodifikation, die das sakrosankte, vom Meinungspluralismus geprägte Normensystem säkularisiert. So wird zunächst dargestellt, inwiefern es rein islamische Kodifikationen gegeben hat. Im Mittelpunkt stehen dabei Kodifikationen, die in den Gesetzesbegründungen zum Zivilgesetzbuch der Vereinigten Arabischen Emirate herangezogen werden und daher der Interpretation dieser Normen dienlich sein können.

Für das Verständnis des Rechtssystems der Vereinigten Arabischen Emirate maßgeblich ist dann jedoch die Kodifikationswelle im 20. Jahrhundert in der arabisch-ägyptischen Welt, die mit der Erlangung der Unabhängigkeit vieler Staaten in Verbindung steht. Weil insbesondere der Einfluss Frankreichs die Übernahme französischer Gesetze in Ägypten und anderen arabischen Staaten in Zeiten der Fremdherrschaft bedingte, genoss das französische Recht auch bei Schaffung der Gesetzesapparate der unabhängigen Staaten neben dem islamischen Recht einen besonderen Stellenwert. Heimische Juristen, die teilweise sogar in Europa ausgebildet wurden, versuchten, die westlichen Rechtseinflüsse mit der islamischen Rechtstradition zu kombinieren. Dies fand seinen Anfang in Ägypten, dessen so entwickeltes Zivilgesetzbuch als (unmittelbares) Vorbild für viele arabischer Staaten gilt. In den so entwickelten *ägyptischen Rechtskreis* reiht sich auch das Zivilgesetzbuch der Vereinigten Arabischen Emirate ein.

Mit Inkrafttreten der Zivilgesetzbücher wurde jedoch die Kritik an dem vermeintlich unislamischen Charakter ebenjener Gesetze laut. Auf diesem Umstand gründen die Bemühungen der Gesetzgeber der jüngeren Zivilgesetzbücher des ägyptischen Rechtskreises, ihre Gesetze islamischer zu gestalten und so eine neue Phase der »Reislamisierung« arabischer Rechtsordnungen in Gang zu setzen.

Im dritten Kapitel soll sodann erstmalig die Rechtsordnung der Vereinigten Arabischen Emirate im Einzelnen in den Blick genommen werden. Nach einem kurzen historischen Umriss wird analysiert, welche Rolle das islamische Recht im emiratischen Rechtssystem spielt. Dreh- und Angelpunkt ist die Verfassung, die die Shari'a als eine Quelle der Gesetzgebung beschreibt. Um die Auslegung dieses Verfassungsgrundsatzes hat sich eine rege Debatte entwickelt, die nicht nur thematisiert, ob die Shari'a die einzige Hauptreferenzquelle für den Gesetzgeber darstellt, sondern sich auch um die Frage dreht, was genau mit Shari'a in diesem Kontext gemeint ist. Die Analyse dieser Diskussionen ist maßgeblich für die Untersuchung des Zivilgesetzbuches, da sie den Spielraum des Gesetzgebers bei Schaffung und Ausgestaltung der vermögensrechtlichen Normen vorgibt.

2. Das VAE-ZGB als Ausdruck einer Reislamisierung: einzelne Beispiele

Kern der vorliegenden Arbeit bildet der zweite Teil, in dessen Kapiteln ausgewählte Normen des Zivilgesetzbuches der Vereinigten Arabischen Emirate analysiert werden. Den Mittelpunkt der Untersuchung stellt die Frage dar, inwieweit die Forderungen nach einer Reislamisierung des Rechts, die die Gesetzgebung der arabisch-ägyptischen Welt im 20. Jahrhundert beeinflussten, auch im Zivilgesetzbuch der Vereinigten Arabischen Emirate auffindbar sind und spürbar werden. So könnte das islamische Recht Spuren hinterlassen haben, die die emiratische Zivilrechtskodifikation von seinen westlichen Vorbildrechtsordnungen und möglicherweise auch von anderen Zivilgesetzbüchern des ägyptischen Rechtskreises unterscheidet. Zum anderen werden Bereiche des emiratischen Schuldrechts beleuchtet, die dem islamischen Recht vermeintlich widersprechen. Dieser Widerspruch soll eingehender überprüft und analysiert werden.

Im Hinblick auf die Frage nach der Rolle der Shari'a im Zivilgesetzbuch der Vereinigten Arabischen Emirate sind seit Inkrafttreten des Gesetzes immer wieder Stimmen in der Literatur zu unterschiedlichen Ergebnissen gekommen. So bezeichnet *Ballantyne* das Zivilgesetzbuch als eine »further Reassertion of the Shari'a«.[21] Auch *Sloane* kommt zu dem Ergebnis, dass »[T]the U.A.E. Civil Code seems to be an effort to apply Shari'a law tempered by a sense of commercial reality«.[22] *Krüger* und *Wirth* auf der anderen Seite, bezweifeln diese Annahme.[23] Die Shari'a spiele in wichtigen Bereichen des VAE-ZGB »nur eine recht marginale Rolle«.[24]

Ergänzend zu der gesetzesbasierten Interpretation von französisch-rechtlich oder islam-rechtlich geprägten Normen wird, soweit möglich, durch die Darstellung der Rechtsprechung ein Ausblick in die richterliche Praxis gegeben. Anhand dessen wird der Frage nachgegangen, inwiefern den Vorschriften des VAE-ZGB in der Praxis überhaupt eine Bedeutung zukommt. Diese an der Rechtspraxis orientierte Analyse soll jedoch nur eine untergeordnete Rolle spielen und erfüllt nicht den Anspruch auf Vollständigkeit. Mittelpunkt der Arbeit stellt die Betrachtung und Analyse des Gesetzestextes dar.

---

21 *Ballantyne,* ALQ 1986, 245.

22 *Sloane,* The International Lawyer 1988, 743, 764.

23 So z. B. *Wirth,* Das Seefrachtrecht der Vereinigten Aarabischen Emirate, 19; *Krüger,* Grundzüge des Privatrechts der Vereinigten Arabischen Emirate, in: Ebert/Hanstein, Beiträge zum Islamischen Recht VI, 101, 106.

24 *Krüger,* ZVglRWiss 1998, 360, 386.

Erster Teil: Das islamische Recht und die Entstehung des Zivilgesetzbuches der Vereinigten Arabischen Emirate

> »There has not been in legal history a law that stands on such firm basis of precise legal logic like the Roman law, except the Shari'a. And if we have such a great heritage, how can we neglect it?«
> *As-Sanhūrī*, Ala ayy asas yakun tanqih al-qanun al-madani al-misri, al-Kitab al-dhahabi lil-mahakim al-ahliyya II, Kairo 1938, 119, zitiert nach *Hill*, ALQ 1988, 33, 58.

Die vorliegende Arbeit nimmt das Zivilgesetzbuch der Vereinigten Arabischen Emirate in den Blick und untersucht dabei dessen Beeinflussung durch fremde Rechtssysteme. Auf diese Weise wird das Zusammenspiel von rezipiertem europäischen Recht und islamischem Recht aufgezeigt und das Zivilgesetzbuch auf eine mögliche Reislamisierungstendenz innerhalb des *ägyptischen Rechtskreises* hin untersucht. In den folgenden Kapiteln werden die Grundlagen für eine solche Analyse betrachtet: Zunächst wird ein Überblick über das traditionelle islamische Recht im Allgemeinen und die wichtigsten Grundsätze des islamischen Vermögensrechts im Besonderen gegeben.[25] Danach wird definiert, welche Rolle das islamische Recht in der Moderne eingenommen hat und wie es von der europäischen Kodifikationsidee beeinflusst wurde. Schließlich wird die Entstehungsgeschichte des Zivilgesetzbuches der Vereinigten Arabischen Emirate näher betrachtet und der Einfluss des islamischen Rechts auf die emiratische Rechtsordnung analysiert.

25 »Traditionelles islamischen Recht« meint das islamische Recht und die islamische Rechtsdebatte vor Mitte des 19. Jahrhunderts.

§ 1 Grundlegung zum klassischen islamischen Recht

Der Terminus »islamisches Recht« ist eine Erfindung europäischer Rechtswissenschaftler.[26] Mit »Recht« kann in diesem Sinne jedoch nicht die staatlich gesetzte und durchgesetzte Rechtsordnung[27] gemeint sein. Es ist die Summe der aus göttlichen Offenbarungen abgeleiteten Regeln und stützt sich daher nicht auf einen säkularen Rechtsschöpfer, sondern findet seinen Geltungsgrund im Willen Gottes.[28] Auch wenn in der rechtswissenschaftlichen Literatur stellenweise anders gehandhabt, meint der Terminus »islamisches Recht« in dieser Arbeit nicht das derzeitige staatlich gesetzte Recht islamischer Staaten.

Eine Auseinandersetzung mit dem islamischen Recht ist zwangsläufig mit dem Begriff der Shari'a verknüpft. Wortwörtlich ist Shari'a mit »Weg zur Tränke« zu übersetzen und bezeichnet sinnbildlich den Weg, der den Menschen wieder zur Quelle (Gott) führt.[29] Shari'a ist der Oberbegriff für die Gesamtheit aller von Gott auferlegten Verhaltensnormen, ohne Differenzierung in rechtliche oder moralisch ethische Handlungsweisen.[30] Als *ius divinum* ist sie grundsätzlich

26 Vgl. *Jokisch*, Origins and Influences on Islamic Law, in: Emon/Ahmed, The Oxford Handbook of Islamic Law, 385, 387.

27 »Recht [...] ist die *Rechtsordnung*, dh die Gesamtheit der Rechtsvorschriften, durch die das Verhältnis einer Gruppe von Menschen zueinander oder zu den übergeordneten Hoheitsträgern oder zwischen diesen geregelt ist. Diese Regeln können ausdrücklich gesetzt sein oder sich in langjähriger Übung herausgebildet haben. Rechtsetzung erfolgt durch Staaten oder supranationale Organisationen«, *Groh*, Recht, in: Weber, Creifelds, Rechtswörterbuch.

28 *Zweigert/Kötz*, Einführung in die Rechtsvergleichung, auf dem Gebiete des Privatrechts, 297. Von der Diskussion um die Einordnung der *šarīʿa* als Recht oder bloße Pflichtenordnung kann im Rahmen dieser Arbeit Abstand genommen werden. Wie später noch aufgezeigt werden soll, basiert das Vermögensrecht der Vereinigten Arabischen Emirate auf einem staatlich gesetzten Zivilgesetzbuch. Möglicherweise – und gerade dies ist Gegenstand der Arbeit– hat die *šarīʿa*, wenn auch »nur« als außerrechtliches Normativsystem, das staatliche Recht beeinflusst und wurde darin inkorporiert.

29 *Juynboll*, Handbuch des islamischen Gesetzes, 54; *Yassari*, ZVglRWiss 2004, 103, 108.

30 So zumindes die *šarīʿa* in ihrer allgemeinen Bedeutung, *Baderin*, Understanding Islamic Law in Theory and Practice, in: Baderin, Islamic legal theory, 77.

unwandelbar und unantastbar.[31] Daneben beschreibt *fiqh*, die islamische Rechtswissenschaft,[32] das Ergebnis menschlicher Analyse der Shari'a.[33] Ein Rechtsgelehrter, der diese Analyse betreibt, wird als *faqīh* bezeichnet (Pl. *fuqahā*ʾ).

Der *fiqh* fungiert als das »notwendige Bindeglied zwischen Gott und den Menschen«.[34] Während die Shari'a unfehlbar und unveränderbar ist und die unantastbare Basis darstellt, ermöglicht der *fiqh* die praktische Anwendbarkeit der Shari'a-Regeln.[35] Der *fiqh* konkretisiert mithin die göttlichen Quellen, die einen universellen Geltungsanspruch erheben.[36] Dabei enthält jedoch auch er Regelungen, die nicht einklagbar sind und somit nicht nur Normen im rechtlichen Sinne darstellen. So umfasst der *fiqh* auch ethische und moralische Regelungen, die sich auf religiöse Handlungen beziehen und für die der einzelne Gläubige allein vor Gott Rechenschaft abzulegen hat.[37]

Shari'a und *fiqh* beinhalten daher immer auch eine Verzahnung von rechtlichen und außerrechtlichen Bereichen.[38] Der Begriff des islamischen Rechts, so wie er in dieser Arbeit verwendet wird, soll hingegen die Gesamtheit der rechtlichen Regelungen beschreiben, die sich aus der Shari'a und dem *fiqh* ergeben.

I. Entwicklung eines islamischen Rechtssystems

Die Fragen nach den Ursprüngen und der Entwicklung des islamischen Rechts, insbesondere in den ersten islamischen Jahrhunderten, wird in der Islamwissenschaft nicht einheitlich beantwortet.[39] Erst ab Entstehung der ersten Rechts-

31 *Dilger*, Die Entwicklung des islamischen Rechts, in: Ahmed/Schimmel/Schröder u. a., Islamische Kultur, zeitgenössische Strömungen, Volksfrömmigkeit, 60, 61.

32 *Al-Zarqa*, Islamic Jurisprudence and the Schools of Religious Law, in: Ansari/Nawwab, The Different Aspects of Islamic Culture, 707 ff.

33 Der arabische Begriff *fiqh* kann übersetzt werden mit »das Verstehen« oder »die Einsicht«, vgl. *Neumann*, Rechtsgeschichte, Rechtsfindung und Rechtsfortbildung im Islam, 6 f; *Yassari*, ZVglRWiss 2004, 103, 111.

34 *Yassari*, ZVglRWiss 2004, 103, 111.

35 *Abdal-Haqq*, Islamic Law: An Overview of Its Origin and Elements, in: Ramadan, Understanding Islamic Law, 1, 5; *Lohlker*, Islamisches Recht, 12, 15 f.

36 *Pohlhausen*, Unternehmensfinanzierung am Kapitalmarkt in den arabischen Staaten, 19.

37 *Lohlker*, Islamisches Recht, 15.

38 Zur Beziehung und Abgrenzung von Recht und Theologie im Islam siehe *Zacharias*, Islamisches Recht und Rechtsverständnis, in: Muckel, Der Islam im öffentlichen Recht des säkularen Verfassungsstaates, 43, 151 ff.

39 Die von islamischen Gelehrten beschriebene islamische Frühzeit wird insbesondere durch westliche Gelehrte mit Skepsis betrachtet und infrage gestellt. Genannt seien hier vor allem die Sichtweisen von *Goldziher* (*Goldziher*, Fiḳh, in: Houtsma/Arnold/Basset u. a., Encyclopaedia of Islam, First Edition.) und *Schacht* (u. a. *Schacht*, An Introduction to Islamic Law; *Schacht*, Pre-Islamic Background and Early Development of Jurisprudence, in: Khadduri/Liebesny, Law in the Middle East, 28 ff.), die von einem Import jüdischer, christlicher und

texte in der Mitte des zweiten islamischen Jahrhunderts lässt sich die Rechtsentwicklung genauer nachvollziehen.[40] Der Betrachtungsgegenstand ist derart komplex, dass nur ein grober Umriss zur Geschichte des islamischen Rechts erfolgen kann. Für die Zwecke dieser Arbeit ist dies jedoch ausreichend.

1. Die Zeit des Propheten

Die Übersiedelung des Propheten Muḥammad von Mekka zur Oase Yaṯrib (heutiges Medina) im Jahre 622 n. Chr. stellt den Ursprung eines neuen Staatswesens auf der arabischen Halbinsel dar. Der Islam erhob den Anspruch, als letzte und universale Gestalt der Religion das Judentum und das Christentum fortzusetzen.[41] Muḥammad – das »Siegel der Propheten« (XXXIII:40) – wurde in Medina Richter und Oberhaupt einer kleinen islamischen Gemeinde. Er verkündete die Lehre von dem einen Gott, die sich aus fortlaufenden Offenbarungen ableitete.[42]

Muḥammad übernahm nicht nur die Rolle eines religiösen und politischen Oberhaupts, sondern auch die eines obersten Richters.[43] Zu seinen Lebzeiten stellten die göttlichen Offenbarungen und die Verhaltensregeln und Handlungsweisen Muḥammads in seiner Rolle als Gesandter Gottes (*sunna*) die einzigen Quellen der islamischen Gesetzgebung dar.[44] Nach seinem Tod übernahmen die ersten vier Kalifen den Ausbau und die Fortentwicklung des islamischen Gemeinwesens und dessen göttlich offenbarten Rechts. Ohne die Möglichkeit, den Propheten um Rat fragen zu können, waren die Prophetengefährten darauf angewiesen – und gar vom Propheten dazu beauftragt – selbstständige Rechtsfindung (*iǧtihād*) zu betreiben. Daraus entwickelten sich erste unterschiedliche Meinungsströmungen.[45]

---

römischer Rechtstraditionen ausgehen. Zum Ursprung und Wesen des islamischen Rechts in der europäischen Forschung s. *Khalfoui*, Orientalismus und das islamische Recht: Debatten über den Ursprung und das Wesen des islamischen Rechts, in: Khalfoui/Ucar, Islamisches Recht in Theorie und Praxis, 17 ff.

40 Zu diesem Streitthema und den beiden Meinungsströmungen jüngst *Jokisch*, Origins and Influences on Islamic Law, in: Emon/Ahmed, The Oxford Handbook of Islamic Law, 385.

41 *Hallaq*, The Origins and Evolution of Islamic Law, 19; *Yassari*, ZVglRWiss 2004, 103, 105.

42 *Yassari*, IJVO 2007, 1, 2.

43 *Coulson*, A History of Islamic Law, 22; *Taman*, Eur. J. L. Reform 2014, 221, 223.

44 *Krawietz*, Hierarchie der Rechtsquellen im tradierten sunnitischen Islam, 18 f.

45 Vgl. *Krawietz*, Hierarchie der Rechtsquellen im tradierten sunnitischen Islam, 34, 38, 42 f.

2. Die formative Phase

Während das Leben und Wirken Muḥammads zeitlich in immer weitere Ferne rückte, wuchs das muslimische Imperium und damit auch das Bedürfnis nach verlässlichen Rahmenbedingungen für das menschliche Zusammenleben.[46] Infolge der islamischen Eroberungen verteilten sich die Gefährten des Propheten und seine ersten Nachfolger auf die neuen Garnisonsstädte und von dort aus auf weitere Orte und übten dort bei anstehenden Rechtsfragen *iǧtihād* aus.[47] Da die überlieferten prophetischen Verhaltensregeln und Handlungsweisen (*sunna*)[48] zu dieser Zeit noch nicht schriftlich fixiert worden waren und aufgrund der geographischen Entfernung der Rechtsgelehrten kein laufender Gedankenaustausch mehr stattfinden konnte, entwickelte sich eine ausgeprägte Meinungsvielfalt, die durch die den eroberten Gebieten eigenen Sitten und Gebräuche und der Verbreitung von gefälschten Prophetentraditionen nochmals verstärkt wurde. Einheitliche Beurteilungsgrundlagen konnten sich vor diesem äquivoken Hintergrund nicht ausbilden.[49]

Mit der Zeit entwickelte sich das frühe islamische Recht in zwei methodische Richtungen. Während die traditionsorientierte Strömung allein die wörtliche Bedeutung des Koran und der *sunna* als beachtlich erachteten und im Grunde keine Interpretation zuließen, berief sich die Jurisprudenz der juristischen Spekulation (*rʾay*) im Konfliktfall auf eine Rechtsfindung unter Heranziehung der eigenen Meinung, um so die heiligen Texte in Übereinstimmung mit allgemeinen Prinzipien der Shari'a anzuwenden.[50] Hintergrund dieser Entwicklung war, dass diese meinungsbasierte Denkrichtung, die sich vor allem in Kufa herausbildete, vor allem durch den Umstand geprägt wurde, dass Rechtsgelehrte aufgrund ihrer Entfernung zum islamischen Ursprungsgebiet nicht einfach auf die Aussagen der Prophetengefährten und ihrer Nachfolger zugreifen konnten. Demgegenüber entwickelte sich die erste, traditionelle Denkrichtung in Medina und damit im Zentrum der islamischen Entstehungsgeschichte.[51]

46 *Rohe,* Islamic Law in Past and Present, 25.

47 *Sheibani/Toft/El Shamsy,* The Classical Period, in: Emon/Ahmed, The Oxford Handbook of Islamic Law, 403, 403.

48 Siehe dazu unten unter § 1, II. Rechtsquellen des Islam.

49 Vgl. *Krawietz,* Hierarchie der Rechtsquellen im tradierten sunnitischen Islam, 47f; *Rohe,* Das islamische Recht, 2013, 14.

50 *Krawietz,* Hierarchie der Rechtsquellen im tradierten sunnitischen Islam, 51f; *al-Zarqa,* Islamic Jurisprudence and the Schools of Religious Law, in: Ansari/Nawwab, The Different Aspects of Islamic Culture, 707, 718.

51 Vgl. *al-Zarqa,* Islamic Jurisprudence and the Schools of Religious Law, in: Ansari/Nawwab, The Different Aspects of Islamic Culture, 707, 720.

3. Die Blütezeit islamischer Rechtswissenschaft

Die Ablösung der Umayyaden (*al-Umawiyyūn*) in der Regierung des Kalifats durch die Abbasiden (*al-ʿAbbāsiyyūn*) (750 n. Chr.) wird häufig als Beginn der »Blütezeit der islamischen Jurisprudenz« angesehen.[52] Nachdem den Umayyaden der Vorwurf einer unislamischen, weltlichen Lebensführung und Regierung gemacht wurde, zeigten sich die Abbasiden, deren Namensgeber al-ʿAbbās bin ʿAbd al-Muṭṭalib, ein Onkel des Propheten Muḥammads,[53] war, bewusst als islamische Herrscher.[54] Sie erhoben islamische Juristen und Gelehrte in hohe Ämter und setzten sie als ihre Berater ein. So wurden Staat und Wissenschaft miteinander verbunden und das islamische Recht wurde zum richtungsweisenden Mittelpunkt der Jurisprudenz.[55]

Gleichzeitig wurde erstmals die *sunna* verschriftlicht. Dies war bisher nicht geschehen, da der Prophet den Gefährten die schriftliche Niederlegung des Rechts mit Ausnahme des Korans verboten haben soll, um eine Verfälschung des überlieferten Wortes Gottes und eine Vermischung von Koran und Überlieferungen zu verhindern.[56] Nachdem der Koran jedoch offiziell verschriftlicht wurde, entfiel diese Notwendigkeit.[57] Mit der schriftlichen Fixierung der Propheten-Traditionen entstanden auch die ersten Rechtsbücher, in denen die *fuqahāʾ* ihre eigenen Rechtsauffassungen festhielten, was wiederum den wissenschaftlichen Diskurs befeuerte. Dies stellt den Anfang der Entwicklung einer islamischen Rechtswissenschaft (*fiqh*) dar.[58]

Mit der immer fortwährenden Expansion des islamischen Staatsgebietes wurden die Juristen fortwährend mit neuen Rechtsfragen konfrontiert. Die Notwendigkeit des *iǧtihād* wuchs, der es den Gelehrten ermöglichte, islamische Lösungen im Umfeld neuer Sitten und Gebräuche zu finden.[59] So entwickelten sich Zentren der Beschäftigung mit islamisch-rechtlichen Fragestellungen heraus, die sich vor allem den Städten Mekka, Medina, Kufa, Basra und Damaskus zuordnen ließen.[60] Die Rechtsgelehrten, um die sich diese Zentren bildeten, entwickelten mittels absolutem *iǧtihād* und vor dem Hintergrund der Gege-

52 *Krawietz,* Hierarchie der Rechtsquellen im tradierten sunnitischen Islam, 54f. m.w.N.

53 *Lewis,* ʿAbbāsids, in: Bearman/Bianquis/Bosworth u.a., Encyclopaedia of Islam, Second Edition.

54 *Krämer,* Geschichte des Islam.

55 *Krawietz,* Hierarchie der Rechtsquellen im tradierten sunnitischen Islam, 55f.

56 *Krawietz,* Hierarchie der Rechtsquellen im tradierten sunnitischen Islam, 57.

57 Spätestens mit der Erstellung eines Koranexemplars auf Anweisung des dritten Kalifen ʿUṯmān, *Krawietz,* Hierarchie der Rechtsquellen im tradierten sunnitischen Islam, 57, 102f.

58 *Krawietz,* Hierarchie der Rechtsquellen im tradierten sunnitischen Islam, 59.

59 *Krawietz,* Hierarchie der Rechtsquellen im tradierten sunnitischen Islam, 59f.

60 Vgl. *Schacht,* An Introduction to Islamic Law, 23, 28; *Wichard,* Zwischen Markt und Moschee, 47.

benheiten am jeweiligen Orte unterschiedliche Rechtsansichten und wendeten eigene Rechtsmethoden an. Dieser Meinungs- und Methodenpluralismus prägte die islamische Rechtswissenschaft, die sich durch den fruchtbaren Gedankenaustausch und die belebenden Auseinandersetzungen zwischen den verschiedenen Lehrrichtungen weiter herausbilden konnte.[61]

Die sich zu dieser Zeit entwickelten Zentren der Rechtswissenschaft sind der Ursprung der auch heute noch existierenden vier Rechtsschulen des sunnitischen Islams (die ḥanafitische, die mālikitische, die šafiʿitische und die ḥanbalitische).[62] Sie nahmen seit jeher bedeutenden Einfluss auf die Interpretation und Konkretisierung des islamischen Rechts. Die Rechtsschulen erkennen sich heute gegenseitig an, unterscheiden sich aber maßgeblich in der Anerkennung und Anwendung der Rechtsfindungsmittel und Rechtsgrundlagen des islamischen Rechts.[63]

a) Die ḥanafitische Rechtsschule

Namensgeber der ältesten heute noch bestehenden Rechtsschule, den Ḥanafiten (*al-ḥanafīya*), ist Abū Ḥanīfa an-Nuʿmān (gest. 767), der in Kufa geboren wurde und vor allem in dieser Region wirkte.[64] Von ihm selbst liegen keine juristischen Werke vor. Erst mit den Werken seiner zwei berühmten Schüler, Abū Yūsuf (gest. 798) und aš-Šaibānī (gest. 805), die die Ansätze und Methoden ihres Lehrers verschriftlichten und veröffentlichten, nahm der Einfluss der ḥanafitischen Rechtsschule zu.[65]

Bei der Anwendung der *sunna*, den überlieferten Prophetentraditionen,[66] ging Abū Ḥanīfa restriktiv vor und zog nur solche Traditionen heran, die auf vielfachem Wege überliefert wurden. Stattdessen waren für die ḥanafitischen Lehren die extensive Anwendung von Analogieschlüssen und die Anerkennung von individuellen Rechtsauffassungen (*rʾay*), insbesondere in Form der Akzeptanz von Entscheidungen nach eigenem Gutdünken, sog. *istiḥsān* (Für-gut-Halten)

61 *Krawietz,* Hierarchie der Rechtsquellen im tradierten sunnitischen Islam, 60f; *Ab Rahman,* ALQ 2008, 335, 339; *Gad Makhlouf,* ZR&I 2019, 13, 16f.

62 Einen kurzen Überblick über die verschiedenen Ansätze zur Entwicklung und Verbreitung der Rechtsschulen geben *Sheibani/Toft/El Shamsy,* The Classical Period, in: Emon/Ahmed, The Oxford Handbook of Islamic Law, 403, 420ff.

63 Vgl. *Radtke,* Der sunnitische Islam, in: Ende/Steinbach, Der Islam in der Gegenwart, 54, 65.

64 *Schacht,* Abū Ḥanīfa an-Nuʿmān, in: Bearman/Bianquis/Bosworth u.a., Encyclopaedia of Islam, Second Edition; *Schneider,* Abū Ḥanīfa, in: Stolleis, Juristen: ein biographisches Lexikon, 17.

65 *Ansari/Nawwab* (Hrsg.), The Different Aspects of Islamic Culture, 724.

66 Siehe unten unter § 1, II.1.b) *Die Sunna des Propheten.*

charakteristisch.[67] Darüber hinaus entwickelten die Ḥanafiten Rechtskniffe (*al-ḥiyal*), um normative Beschränkungen der Shari'a zu umgehen. Sie ermöglichten eine flexiblere Reaktionsmöglichkeit im Hinblick auf moderne Praxisanforderungen (beispielsweise im Handelsrecht).[68]

Die ḥanafitische Rechtsschule wurde zur offiziellen Schule des Osmanischen Reiches. Sie ist daher heute in den Nachfolgestaaten des Osmanischen Reiches verbreitet und reicht im Osten bis nach Afghanistan, Pakistan, Indien, China und Zentralasien. Auch in Ägypten finden die Lehren Abū Ḥanīfas weiterhin Anwendung.[69]

b) Die mālikitische Rechtsschule

Die mālikitische Rechtsschule (*al-mālikiyya*) gründet auf dem Wirken des medinesischen Gelehrten Abū ʿAbdallāh Mālik b. Anas (gest. 795).[70] Ihr liegen zwei Werke zugrunde, zum einen *al-Muwaṭṭaʾ*, eine Sammlung von medinesischen Überlieferungen, zum anderen *al-Mudawwana al-kubrā*, eine Aufzeichnung der Rechtslehren Māliks durch Saḥnūn b.Saʿīd at-Tanūḫī (gest. 854).[71]

Da Mālik b. Anas seine Heimatstadt Medina zeitlebens nur selten verließ, ist es nicht verwunderlich, dass seine Lehren eng an die tradierten Rechtsbräuche der Stadt knüpfte, in der auch der Prophet wirkte.[72] Anders als die Ḥanafiten, deren Lösungsfindung vor allem auf individuellen Entscheidungen beruht, versuchten die Mālikiten, Lösungen auf Grundlage der überlieferten medinesischen Praxis zu finden, der sie sogar Vorrang vor den allgemeinen Traditionen gewährten.[73] Trotzdem spielte auch die individuelle Rechtsauffassung eine Rolle. So erkannten sie das Prinzip des *istiṣlāh*, d. h. das Abstellen auf das Allgemeininteresse, als eigene, gegenüber den Traditionen und strengen Analogieschlüssen alternative Rechtsquelle an.[74]

---

67 *Zacharias,* Islamisches Recht und Rechtsverständnis, in: Muckel, Der Islam im öffentlichen Recht des säkularen Verfassungsstaates, 43, 75.

68 *Ebert/Heilen,* Islamisches Recht: ein Lehrbuch, 30f.

69 *Zacharias,* Islamisches Recht und Rechtsverständnis, in: Muckel, Der Islam im öffentlichen Recht des säkularen Verfassungsstaates, 43, 77.

70 *Schacht,* Mālik b. Anas, in: Bearman/Bianquis/Bosworth u. a., Encyclopaedia of Islam, Second Edition; *Schneider,* Mālik ibn Anas, in: Stolleis, Juristen: ein biographisches Lexikon, 403.

71 *Cottart,* Mālikiyya, in: Bearman/Bianquis/Bosworth u. a., Encyclopaedia of Islam, Second Edition.

72 Der Rechtsbrauch von Medina wird in seinem Hauptwerk *al-Muwaṭṭaʾ* zusammengefasst. Für eine englische Übersetzung des Werkes sei verwiesen auf *Bewley,* Al-muwatta of Imam Malik ibn Anas.

73 Vgl. *Krawietz,* Hierarchie der Rechtsquellen im tradierten sunnitischen Islam, 63.

74 *Ebert/Heilen,* Islamisches Recht: ein Lehrbuch, 32.

Die Lehren von Mālik b. Anas formen heute die maßgebliche Rechtsschule in Marokko, Tunesien, Libyen, Mauretanien, Nigeria und Subsahara-Afrika und finden Anhänger in Oberägypten, dem Sudan, Bahrain und Kuwait.[75]

c) Die šafiʿitische Rechtsschule

Die šafiʿitische Rechtsschule (*aš-šāfiʿīya*) lässt sich auf Muḥammad ibn Idrīs aš-Šāfiʿī (gest. 820) zurückführen.[76] Sie hat, anders als die beiden vorangegangenen Rechtsschulen, keinen regionalen Bezug, da aš-Šāfiʿī sich in verschiedenen Zentren islamischer Rechtsgelehrsamkeit aufhielt.[77] Er lernte sowohl bei Mālik b. Anas, als auch bei aš-Šaibānī, dem berühmten Schüler von Abū Ḥanīfa, und war damit sowohl mit der mālikitischen, als auch mit der ḥanafitischen Lehre vertraut.[78]

Seine eigenen Lehren fungierten als Vermittler zwischen der mālikitischen und der ḥanafitischen Doktrin, mithin zwischen dem Traditionalismus einerseits und der eigenständigen Rechtsfindung andererseits.[79] In seinem Werk *ar-Risāla*[80], beschrieb er erstmals eine Theorie der islamischen Rechtsquellen (*uṣūl al-fiqh*), die dem Grunde nach von allen heute noch existierenden Rechtsschulen anerkannt wird und ihn in den Augen mancher zum »Master Architect« der islamischen Rechtswissenschaft macht.[81] Darin erkennt aš-Šāfiʿī vier Quellen des Rechts an, die er teilweise neu definiert: Den Koran, die *sunna*, die er auf die Traditionen des Propheten beschränkte, den Konsens und den Analogieschluss. Andere Quellen, wie den *istiḥsān* lehnte aš-Šāfiʿī ab.[82]

Nach der ḥanafitischen bildet die šafiʿitische Rechtsschule heute die zweitgrößte Rechtsschule des Islam. Sie findet Anhänger in Syrien, im Libanon, im Irak, im Ḥiǧāz (westliches Saudi-Arabien), im Iran, im Jemen, in Pakistan, Indien, Kontinentalsüdostasien und in einigen Gebieten Zentralasiens. In spezi-

75 *Zacharias,* Islamisches Recht und Rechtsverständnis, in: Muckel, Der Islam im öffentlichen Recht des säkularen Verfassungsstaates, 43, 82.

76 *Chaumont,* al-Shāfiʿī, in: Bearman/Bianquis/Bosworth u.a., Encyclopaedia of Islam, Second Edition; *Schneider,* Šāfiʿī, aš-, in: Stolleis, Juristen: ein biographisches Lexikon, 529.

77 *Zacharias,* Islamisches Recht und Rechtsverständnis, in: Muckel, Der Islam im öffentlichen Recht des säkularen Verfassungsstaates, 43, 82.

78 *Zacharias,* Islamisches Recht und Rechtsverständnis, in: Muckel, Der Islam im öffentlichen Recht des säkularen Verfassungsstaates, 43, 82.

79 *Coulson,* A History of Islamic Law, 70.

80 Siehe dazu die englische und kommentierte Ausgabe *Khadduri,* Islamic Jurisprudence, Shāfiʿī's Risāla.

81 *Coulson,* A History of Islamic Law, 53ff.

82 *Coulson,* A History of Islamic Law, 55ff; *Krawietz,* Hierarchie der Rechtsquellen im tradierten sunnitischen Islam, 67ff; *Hasan,* Al-Shāfiʿī's Role in the Development of Islamic Jurisprudence, in: Baderin, Islamic legal theory, 235ff.

fischen Fragen findet sie überdies Beachtung in Ägypten, Jordanien und Indonesien.[83]

d) Die ḥanbalitische Rechtsschule

Namensstifter der ḥanbalitische Rechtsschule (*al-ḥanbalīya*) ist Aḥmad ibn Muḥammad ibn Ḥanbal (gest. 855), der unter anderem bei aš-Šāfiʿī lernte.[84] Aufgrund ihrer konservativen Haltung gilt sie als die Schule der Traditionalisten.[85]

Ibn Ḥanbal stellte den Koran und die Propheten-*sunna*, sowie die Stellungnahmen der Gefährten des Propheten in den Mittelpunkt seiner Lehren und erkannte den Konsens nicht als eigenständige Rechtsquelle an, sondern sah darin lediglich die dokumentierte Form des Verständnisses von Koran und *sunna*.[86] Rationalen Methoden der Rechtsfindung stand Ibn Ḥanbal kritisch gegenüber, da sie aus seiner Sicht zu willkürlichen und den Primärquellen widersprechenden Neuerungen des Rechts führen könnten.[87]

Erst nach einigen Jahrhunderten erarbeitete die ḥanbalitische Rechtsschule eine vollständige Rechtstheorie, die auch den Konsens als Rechtsquelle anerkannte und den *qiyās* (Analogieschluss) zumindest hinnahm. Insbesondere der bedeutende Islamgelehrte Taqī ad-Dīn Aḥmad ibn Taimīya entwickelte die ḥanbalitischen Lehren durch weitere Präzisierung fort.[88]

Ihren geographischen Schwerpunkt bildet die ḥanbalitische Rechtsschule heute in Saudi-Arabien. Sie findet außerdem Beachtung in weiteren Staaten des Persischen Golfs und einigen Teilen Syriens.[89]

83 *Zacharias*, Islamisches Recht und Rechtsverständnis, in: Muckel, Der Islam im öffentlichen Recht des säkularen Verfassungsstaates, 43, 86.

84 *Laoust*, Aḥmad b. Ḥanbal, in: Bearman/Bianquis/Bosworth u. a., Encyclopaedia of Islam, Second Edition; *Schneider*, Ibn Ḥanbal, in: Stolleis, Juristen: ein biographisches Lexikon, 308; *Zacharias*, Islamisches Recht und Rechtsverständnis, in: Muckel, Der Islam im öffentlichen Recht des säkularen Verfassungsstaates, 43, 86f.

85 *Schacht*, An Introduction to Islamic Law, 63.

86 *Zacharias*, Islamisches Recht und Rechtsverständnis, in: Muckel, Der Islam im öffentlichen Recht des säkularen Verfassungsstaates, 43, 87.

87 *Ashrafnia*, Scharia-konforme Finanzinstrumente, 14.

88 Vgl. *Ebert/Heilen*, Islamisches Recht: ein Lehrbuch, 35f. Zur Person Ibn Taimīyas siehe *Schneider*, Ibn Taimīya, in: Stolleis, Juristen: ein biographisches Lexikon, 311.

89 *Lohlker*, Das Islamische Recht im Wandel, 69; *Zacharias*, Islamisches Recht und Rechtsverständnis, in: Muckel, Der Islam im öffentlichen Recht des säkularen Verfassungsstaates, 43, 89.

4. Stagnation des Islamischen Rechts

Im Anschluss an die florierende Zeit des islamischen Rechts unter den Abbasiden und die Herausbildung der noch heute verbreiteten Rechtsschulen bewegte sich die Entwicklung des islamischen Rechts geradezu in eine Sackgasse. Nach Ausbildung und Etablierung der Rechtsschulen wurde die Ausübung von *iǧtihād* nahezu eingestellt und stattdessen die Imitation der Lehren der Rechtsschulen (*taqlīd*) angestrengt. Dies geschah freilich nicht von heute auf morgen, vielmehr stellt sich darin eine Entwicklung dar, die ungefähr ab dem vierten islamischen Jahrhundert nachvollzogen werden kann. In der Literatur lassen sich dafür vielfältige Gründe finden, wobei auch die Bewertung dieser Phase unterschiedlich ausfällt. Dementsprechend schwer lässt sich die Entwicklung des islamischen Rechts ab diesem Zeitpunkt beschreiben.

Wohl spätestens mit dem Fall von Bagdad, der Hauptstadt des Abbasidenreichs, an die Mongolen im Jahr 1258 und der damit verbundenen politischen Instabilität des muslimischen Reiches, stellte dich originelles juristisches Denken ein und der *iǧtihād* kam vollständig zum Erliegen. Stattdessen wurden die Lehren der etablierten Rechtsschulen imitiert (*taqlīd*).[90] Gelehrte verließen sich allein auf die Schriften der Rechtsschulvertreter, anstatt aufkommende Fragen im Lichte der Originalquellen mittels selbstständiger Rechtsfindung zu klären.[91]

Im Rahmen dieser Entwicklung ist häufig von einem Konsens der islamischen Rechtsgelehrten die Rede, nach dem das »Tor der selbstständigen Rechtsfindung« als endgültig geschlossen angesehen wird (*iġlāq bāb al- iǧtihād*). Die islamische Rechtswissenschaft in Form der Lehren der etablierten Rechtsschulen sei so ausgereift und kein Gelehrter mehr zum *iǧtihād* befähigt gewesen, dass die muslimischen Gelehrten darüber übereingekommen seien, dass selbstständige Rechtsfindung fortan und insbesondere um die Verbreitung inkompetenter Rechtsmeinungen zu verhindern, nicht mehr möglich gewesen sei.[92]

90 Vgl. *Coulson,* A History of Islamic Law, 72f; *Schacht,* An Introduction to Islamic Law, 71; *Krawietz,* Hierarchie der Rechtsquellen im tradierten sunnitischen Islam, 70ff.; *Ibn Khaldun,* The Muqaddimah, 8f., 13, zitiert in *Liebesny,* The Law of the Near & Middle East, 27.

91 Dies bedeutete in der Konsequenz, dass die anerkannten Rechtsquellen nicht mehr unmittelbar für die Rechtserkenntnis genutzt werden konnten und es nur noch eine akzeptierte Rechtsquelle gab: die umfangreichen Lehrsätze und Ausführungen der etablierten Rechtsschulen, *Zacharias,* Islamisches Recht und Rechtsverständnis, in: Muckel, Der Islam im öffentlichen Recht des säkularen Verfassungsstaates, 43, 104.

92 Vgl. *Schacht,* The Schools of Law and Later Developments of Jurisprudence, in: Khadduri/Liebesny, Law in the Middle East, 57, 73; *Schacht,* An Introduction to Islamic Law, 70f; *Krawietz,* Hierarchie der Rechtsquellen im tradierten sunnitischen Islam, 76f; *al-Zarqa,* Islamic Jurisprudence and the Schools of Religious Law, in: Ansari/Nawwab, The Different Aspects of Islamic Culture, 707, 733f. Von einem Konsens im untechnischen Sinne spricht *Zacharias,* Islamisches Recht und Rechtsverständnis, in: Muckel, Der Islam im öffentlichen Recht des säkularen Verfassungsstaates, 43, 104.

Die weit verbreitete Annahme der Schließung des Tores des *iǧtihād* wird stellenweise jedoch abgelehnt. Es wird vertreten, dass das Tor geöffnet sei und gar nicht geschlossen wurde,[93] teilweise wird betont, dass das Tor nicht vollständig geschlossen wurde[94].[95] Einigkeit besteht jedoch dahingehend, dass originelles juristisches Denken ab dem elften Jahrhundert merklich zurückgegangen war und sich mehr und mehr auf die Lehren der Rechtsschulen berufen und verlassen wurde. Die Anhänger einer Rechtsschule akzeptierten allgemeinhin divergierende Rechtsmeinungen, die anderen Rechtsschulen entstammten. Verschiedene Interpretationen des islamischen Rechts konnten daher nebeneinander existieren, ohne sich gegenseitig in Frage zu stellen.[96]

Das Auftreten von *taqlīd* wird in der überwiegenden Literatur negativ bewertet und als mitverantwortlich für das Einschlafen der islamischen Rechtskultur angesehen.[97] Es ist jedoch nicht zu verkennen, dass die Nachahmung etablierter Lehren für Rechtssicherheit sorgte und eine ausufernde Anzahl von Rechtsmeinungen und -auslegungen verhinderte. Insbesondere in Zeiten politischer Instabilität gewährleistete *taqlīd* die Aufrechterhaltung des islamischen Rechts.[98]

Ob und wann die Epoche des *taqlīd* ein Ende fand, wird unterschiedlich beurteilt. Fest steht jedoch, dass das islamische Recht über viele Jahrhunderte hinweg fast unverändert fortbestand. Eine Zäsur wird stellenweise im Erscheinen der osmanischen *Mecelle* gesehen, die zum Ende der Erstarrung und zur Erneuerung des islamischen Rechts geführt haben soll.[99]

II. Rechtsquellen des Islam

Dass bezüglich der Rechtsquellen des Islam unterschiedliche Auffassungen innerhalb der sunnitischen Rechtsschulen bestehen, wurde bereits in Grundzügen dargestellt. Dennoch herrscht weitgehende Einigkeit über die vier Hauptquellen

93 Federführend zu dieser These wohl *Hallaq,* IJMES 1984, 3. Siehe auch *Codd,* ALQ 1999, 112, 121.

94 *Ali-Karamali/Dunne,* ALQ 1994, 238, 251 ff., die auf *Watt,* The Closing of the Door of *iǧtihād,* in: Orientalia Hispanica 1974, 675 verweisen.

95 Für eine genauere Darstellung der Diskussion sei verwiesen auf *Emon,* Ijtihad, in: Emon/Ahmed, The Oxford Handbook of Islamic Law, 181; *Ali-Karamali/Dunne,* ALQ 1994, 238.

96 *Lombardi/Brown,* A. U. Int. L. Rev. 2006, 379, 403.

97 Mit zahlreichen Nachweisen *Krawietz,* Hierarchie der Rechtsquellen im tradierten sunnitischen Islam, 70 ff.

98 *Ucar,* 'Insidād bāb al-iǧtihād: Einige Notizen zum Verhältnis von iǧtihād und taqlīd, in: Khalfoui/Ucar, Islamisches Recht in Theorie und Praxis, 41, 45 ff.

99 *Krawietz,* Hierarchie der Rechtsquellen im tradierten sunnitischen Islam, 71, die auf *Badran,* Al- šarīʿa al-islāmiyya, um 1976, 148 verweist. Siehe dazu unten unter § 2, I.2.a) *Die Mecelle.*

des islamischen Rechts. Als richtungsweisend stellte sich diesbezüglich das Schaffen Muḥammad aš-Šāfiʿīs heraus. Seine Theorie von den »Wurzeln des *fiqh*« (*uṣūl al-fiqh*)[100] wird bis zu diesem Tage von den vier heute dominierenden sunnitischen Rechtsschulen in unterschiedlicher Ausprägung anerkannt.[101] Demnach gibt es im Islam vier Rechtsquellen, die sich in primäre und sekundäre Quellen aufteilen lassen: Die primären Quellen sind die göttlichen Offenbarungen, d.h. der Koran als die buchstäbliche Aufzeichnung des Wortes Gottes und die *sunna*, die Überlieferungen über die Taten und Worte des Propheten Muḥammad. Quellen, die nicht auf einen göttlichen oder prophetischen Ursprung zurückgeführt werden können, stellen Sekundärquellen dar. Diese sind der Konsens (*iǧmāʿ*) der Rechtsgelehrten und der Analogieschluss (*qiyās*) beziehungsweise weitere Schlussverfahren.[102] Es handelt sich um juristische Instrumente, die den Inhalt der primären Regelungen an veränderte Umstände anpassen und weiterentwickeln.[103]

1. Primärquellen

a) Der Koran

Die bedeutendste Rechtsquelle und kausale Grundlage für das islamische Recht ist *al-Qur'ān*[104] (der Koran), das – aus Sicht eines gläubigen Muslims – unmittelbare Diktat Gottes. Da der Koran die vorrangige Rechtsquelle darstellt, müssen sich alle Rechtssätze des islamischen Rechts aus dem Koran herleiten lassen können.[105]

100 Šāfiʿī's Werk *Ar-risāla* gilt als Geburtsurkunde des *uṣūl al-fiqh*. Siehe dazu die englische und kommentierte Ausgabe *Khadduri*, Islamic Jurisprudence, Shāfiʿī's Risāla.

101 *Fikentscher*, Methoden des Rechts in vergleichender Darstellung I, Frühe und religiöse Rechte, Romanischer Rechtskreis, 318; *Wichard*, Zwischen Markt und Moschee, 49; *Kamali*, Principles of Islamic Jurisprudence, 6; *Möller*, Die Golfstaaten auf dem Weg zu einem modernen Recht für die Familie?, 16f. Zu den vier sunnitischen Rechtsschulen siehe oben unter § 1, I.3. Die Blütezeit islamischer Rechtswissenschaft.

102 *Schacht*, An Introduction to Islamic Law, 114; *Uslucan*, ZAR 2006, 237, 239. Daneben existieren weitere (sekundäre) Rechtsquellen, die nur von einer oder einigen Rechtsschulen anerkannt werden. Dazu gehören beispielsweise *istislah* (Berücksichtigung des allgemeinen Nutzens) und *istihsan* (»Für-Besser-Halten«).

103 *Ballantyne*, The Shari'a, in: Ballantyne, Essays and addresses on Arab laws, 79, 84. Teilweise wird vertreten, dass *iǧmāʿ* und *qiyās* mangels ihres gottgegeben Charakters keine *Quellen* des islamischen Rechts, sondern vielmehr Methoden darstellen, *Baderin*, Understanding Islamic Law in Theory and Practice, in: Baderin, Islamic legal theory, 77, 79.

104 Die Lesung. Zum Ursprung des Begriffes s. *Welch/Paret/Pearson*, al-Ḳurʾān, in: Bearman/Bianquis/Bosworth u.a., Encyclopaedia of Islam, Second Edition.

105 *Krawietz*, Hierarchie der Rechtsquellen im tradierten sunnitischen Islam, 87.

Der Inhalt des Korans wurde dem Propheten Muḥammad in fortlaufenden Offenbarungen durch den Engel Gabriel in einem Zeitraum von 23 Jahren übermittelt. Die einzelnen Fragmente wurden im Laufe der Zeit auf losem Schreibmaterial aufgeschrieben.[106] Erst nach dem Tod des Propheten wurde eine erste vollständige Sammlung unter Anweisung des Kalifen Abū Bakr erstellt, die jedoch nicht einheitlich galt und verwendet wurde. Den daraus entstandenen Streitigkeiten bereitete der dritte Kalif ʿUṯmān schließlich durch Erstellung eines neuen und zuverlässigen Koranexemplars ein Ende, das vervielfältigt und verbreitet wurde, während andere Niederschriften verbrannt wurden.[107] Bis dato gilt diese verschriftlichte Ausgabe als die alleingültige Fassung.[108] Als Gesetzestext kann der Koran freilich nicht bezeichnet werden, denn nur ca. 500 der nach überwiegender Zählung insgesamt über 6000 Verse kann ein juristischer Inhalt entnommen werden.[109] Während sich die Mehrzahl dieser Verse auf rituelle Pflichten bezieht, behandeln nur einige wenige konkrete Angelegenheiten des Zivil- oder Strafrechts. Darunter finden sich insbesondere Regelungen, die dem Familien- oder Erbrecht zugeordnet werden können.[110] Selbst diese Verse beschreiben jedoch vor allem ethische Grundsätze, denen eine Sanktionsanordnung fremd ist.[111]

Die innerhalb von zwei Jahrzenten offenbarten Koranverse fungierten als Antworten auf das damalige Zeitgeschehen.[112] Koranverse sind deshalb häufig nicht nur interpretationsbedürftig, sondern können sich auch widersprechen. Zur Lösung von Interpretations- und Konkurrenzfragen hat es sich daher etabliert, einen Vers in seinem historischen Kontext zu interpretieren und so seine Anwendung gegebenenfalls zu modifizieren. Dabei wird auch die zeitliche Abfolge der Offenbarungen berücksichtigt: ein früherer Vers wird durch den späteren, gegensätzlichen Vers verdrängt (sog. Abrogation).[113]

106 Vgl. *Taman,* Eur. J. L. Reform 2014, 221, 228.

107 *Krawietz,* Hierarchie der Rechtsquellen im tradierten sunnitischen Islam, 102f.

108 *Krawietz,* Hierarchie der Rechtsquellen im tradierten sunnitischen Islam, 103; *Heine,* Einführung in die Islamwissenschaft, 25f; *Ebert/Heilen,* Islamisches Recht: ein Lehrbuch, 50; *Bauer,* Bausteine des Fiqh, 40.

109 *Rohe,* Islamic Law in Past and Present, 61; *Ballantyne,* A Short Introduction to the Shari'a, in: Ballantyne, Essays and addresses on Arab laws, 33, 35.

110 *Grote,* ZaöRV 2014, 575, 591.

111 *Zweigert/Kötz,* Einführung in die Rechtsvergleichung, auf dem Gebiete des Privatrechts, 298; *Ballantyne,* A Short Introduction to the Shari'a, in: Ballantyne, Essays and addresses on Arab laws, 33, 35; *Uslucan,* ZAR 2006, 237, 238; *Yassari,* IJVO 2007, 1, 3.

112 *Taman,* Eur. J. L. Reform 2014, 221, 228.

113 Dies gilt beispielsweise beim Alkoholverbot oder der Wartezeit einer Witwe, *Rohe,* Islamic Law in Past and Present, 62ff.

b) Die Sunna des Propheten

Die zweite Primärquelle im islamischen Recht nach dem Koran bildet die *sunna*, Gesamtheit der Handlungsweisen und Verhaltensregeln des Propheten Muḥammad in seiner Funktion als Gesandter Gottes.[114] Die *sunna* erwirbt ihre Legitimität als bindende Rechtsquelle direkt aus dem Koran.[115] Die Aufzeichnung der *sunna* erfolgte in Überlieferungen der Sprüche, Handlungen und Duldungen des Propheten (*aḥadīṯ*, Sing. *ḥadīṯ*), sofern diese als authentisch anerkannt wurden.[116] Maßgeblich für ihre Authentizität ist eine bestenfalls lückenlose Überliefererkette (*isnād)*, die alle Personen umfasst, welche die Handlung des Propheten bis zur schriftlichen Fixierung weitergegeben haben.[117] Die bedeutsamsten sunnitischen Sammelwerke von Überlieferungen sind die sechs kanonischen sunnitischen Ḥadiīṯsammlungen (»die sechs Bücher«). Es handelt sich um die Werke der islamischen Gelehrten al-Buḫārī, Muslim, at-Tirmiḏī, Ibn Māǧa, an-Nasāʾī und Abū Dāʿūd.[118]

Mit der *sunna* werden die Lücken gefüllt, welche von den wenigen fassbaren juristischen Prinzipien und Regeln im Koran hinterlassen wurden.[119] Sie erläutert und legt solche Regelungen aus, hebt diese hervor, bekräftigt sie oder gestaltet sie näher aus, sofern der Koran dafür Raum lässt. Die Grenze liegt dort, wo über die Anordnungen des Korans hinaus und unabhängig von ihm neue Regelungen geschaffen werden. Da der Koran die Hauptquelle des islamischen Rechts ist, müssen alle Rechtsprinzipien in ihm wurzeln.[120]

114 *Rohe,* Islamic Law in Past and Present, 66ff. Der Begriff der *sunna* wird jedoch nicht einheitlich verstanden. Als Rechtsquelle wurde der Begriff durch Šāfiʿī auf die Propheten-*sunna* (*sunnat an-nabīy*) beschränkt, wenn auch zunächst die Aussprüche und Handlungsweise der Nachfolger Muhammads sowie der ersten vier Khalifen als autoritativ angesehen wurden. Dass es sich dabei nur um Worte und Taten Muhammads in seiner Eigenschaft als Prophet handelt, wird u. a. durch folgenden *ḥadīṯ* deutlich: »Ich bin ein Mensch; wenn ich etwas in Religionsdingen anordne, dann übernehmt es, wenn ich aber etwas aufgrund eigener Überlegung anordne, dann bin ich ein Mensch«. Vgl. *Rohe,* Islamic Law in Past and Present, 67.

115 So z. B. aus Sure LIX:7 »Was der Gesandte [Mohammed] euch nun gibt, das nehmt an! Aber verzichtet auf das, was er euch verwehrt!«.

116 Hintergrund dieses Authentizitätsvorbehalts ist, dass Mohammad seine Anhänger darum bat, seine Aussprüche, Handlungen oder Duldungen nicht zu verschriftlichen. Erst ca. zwei Jahrhunderte nach seinem Tod entschlossen sich die frühen Muslime zu einer Dokumentierung der Überlieferungen und sahen sich dabei einer Vielzahl von gefälschten *aḥadīṯ* ausgesetzt, vgl. *Taman,* Eur. J. L. Reform 2014, 221, 230.

117 Jedem ordentlichen *ḥadīṯ* ist der *isnād*, vorangestellt. Dieser umfasst alle Namen der Überlieferer, die den betreffenden *ḥadīṯ*, sowohl den Text als auch die Tradenten, weitergegeben haben. Es handelt sich hierbei um eine rückläufige Erzählung, *Motzki,* Wie glaubwürdig sind die Hadithe?, 2014, 3f; *Rohe,* Islamic Law in Past and Present, 69.

118 *Mallat,* Introduction to Middle Eastern Law, 36.

119 *Owsia,* ALQ 1991, 33, 40.

120 Vgl. *Taman,* Eur. J. L. Reform 2014, 221, 232.

Die *sunna* gilt aufgrund ihrer Eigenschaft als die den Koran ausfüllende Rechtsquelle als der größte Baustein in der Entwicklung des islamischen Rechts. Zudem entwickelte sich durch sie maßgebend der kasuistische Charakter des islamischen Rechts, da sie auf Antworten des Propheten auf konkrete Fragen oder Streitigkeiten gründet.[121]

2. Sekundärquellen

a) Der Konsens

Der Konsens der Gemeinschaft zu einer religiösen oder islamisch-rechtlichen Frage wird als *iǧmāʿ* bezeichnet und bildet die erste Sekundärquelle[122] des islamischen Rechts. Rechtssätze, die auf dem Konsens beruhen, finden keine unmittelbare Grundlage im Koran oder in der *sunna* und haben daher keinen göttlichen oder prophetischen Ursprung.[123]

Als Rechtsquelle wird der *iǧmāʿ* durch den Koran[124] und die *sunna*, insbesondere durch den *ḥadīṯ* »Meine Gemeinschaft stimmt nicht in einem Irrweg überein«,[125] legitimiert und hat sich erst nach Muḥammads Tode herausgebildet, dessen Autorität fortan fehlte, um auf neue Fragen und Probleme zu reagieren, die sich im Wandel der Zeit früher oder später stellten.[126] Konsensentscheidungen verleihen islam-rechtlichen Interpretationen, die zum Beispiel auf einer Analogie beruhen, Autorität und Bindungswirkung.[127]

Der *iǧmāʿ* ist in zahlreichen Details, so beispielsweise in Bezug auf die Beteiligten und den Prozess der Konsensbildung, innerhalb der sunnitischen Rechtsschulen umstritten.[128] Nach der šafiʿitischen Lehre reicht ein lokaler Konsens

---

121 *Owsia,* ALQ 1991, 33, 40; *Yassari,* IJVO 2007, 1, 3f.

122 Zu dieser Einordnung *Krawietz,* Hierarchie der Rechtsquellen im tradierten sunnitischen Islam, 182ff.

123 So gründet der Rechtssatz, dass Wasser zur rituellen Reinigung nicht mehr geeignet ist, sofern es seine Farbe, den Geschmack oder den Geruch verändert hat, nur auf einer Meinungsübereinstimmung der Rechtsgelehrten, *Neumann,* Rechtsgeschichte, Rechtsfindung und Rechtsfortbildung im Islam, 16.

124 Beispielsweise Sure III:110 »Ihr (Gläubigen) seid die beste Gemeinschaft, die unter den Menschen entstanden ist. Ihr gebietet, was recht ist, verbietet, was verwerflich ist, und glaubt an Gott. Wenn die Leute der Schrift ebenfalls glauben würden (wie ihr), wäre es besser für sie. Es gibt (zwar) Gläubige unter ihnen. Aber die meisten von ihnen sind Frevler.«

125 Übersetzung nach *Neumann,* Rechtsgeschichte, Rechtsfindung und Rechtsfortbildung im Islam, 15.

126 *Taman,* Eur. J. L. Reform 2014, 221, 233.

127 *Kamali,* Ijma', in: Ansari/Nawwab, The Different Aspects of Islamic Culture, 583, 584.

128 »*There is no ijmaʿ about ijmaʿ*«, *Jokisch,* Ijtihād in Ibn Taymiyya's Fatāwā, in: Gleave/Kermeli, Islamic Law, 119, 126. So auch in *Jokisch,* ʿiǧmāʿ und Globalisierung – Praktikabiiltat und

nicht aus. Vielmehr ist die Übereinstimmung Gemeinschaft der muslimischen Gläubigen (*umma*), repräsentiert durch die Rechtsgelehrten einer jeweiligen Epoche, maßgeblich.[129] Weitestgehende Einigkeit besteht darüber, dass der Konsens seine Basis in der göttlichen Offenbarung, im Koran oder der *sunna*, finden muss.[130] Der *iǧmāʿ* wird demnach als das »Echo der großen Stimme des von Gott geleiteten Propheten, das die Gefährten wiederholten und die Nachfolger und Anhänger aufgriffen«[131] angesehen.

Die Entwicklung der Konsensbildung gilt als ein Grund für das Einschlafen der islamischen Rechtsentwicklung, da mit der wachsenden Zahl von Konsensentscheidungen Raum für selbstständige Rechtsfindung (*iǧtihād*) genommen wurde.[132]

b) Juristische Schlussverfahren

Der Begriff *qiyās* umfasst im islamischen Recht eine Vielzahl juristischer Schlussverfahren, die von Rechtsschule zu Rechtsschule in unterschiedlichem Maße akzeptiert und definiert werden.[133] Neben den *argumenta a minore ad maius*, *a maiore ad minus*, *a fortiori* und *e contrario* hat der Analogieschluss die wohl größte Bedeutung.[134] Mittels diesem wird für einen bisher unbekannten, nicht geregelten Sachverhalt unter Rückgriff auf die ersten drei Rechtsquellen eine vergleichbare Situation gesucht und dessen Lösung auf den Einzelfall übertragen.[135] *Qiyās* muss mithin an eine koranische Bestimmung, die *sunna*

Wandelbarkeit des islamischen Konsensusprinzips in der Gegenwart, in: Khalfoui/Ucar, Islamisches Recht in Theorie und Praxis, 105, 107.

129 Zur Entwicklung dieser Definition siehe *Zacharias,* Islamisches Recht und Rechtsverständnis, in: Muckel, Der Islam im öffentlichen Recht des säkularen Verfassungsstaates, 43, 142ff. Siehe außerdem *Khadduri,* Islamic Jurisprudence, Shāfiʿī's Risāla, 285ff.

130 *Möller,* Die Golfstaaten auf dem Weg zu einem modernen Recht für die Familie?, 19.

131 *Milliot/Blanc,* Introduction à l'étude du droit musulman, 113f., Übersetzung nach *Zacharias,* Islamisches Recht und Rechtsverständnis, in: Muckel, Der Islam im öffentlichen Recht des säkularen Verfassungsstaates, 43, 145.

132 Der *iǧmāʿ* steht über der durch *iǧtihād* getroffenen Entscheidung und gibt dieser definitiven Beweis. Folglich entsteht zuerst eine *iǧtihād*-Entscheidung, auf der basierend ein Konsens zustande kommt. Dies bedeutet: liegt eine *iǧmāʿ*-Entscheidung vor, so ist selbstständige Rechtfindung in dieser Frage ausgeschlossen, vgl. *Rohe,* Islamic Law in Past and Present, 75; *Gad Makhlouf,* Das Konzept des kollektiven iǧtihād und seine Umsetzungsformen, 52f.

133 *Neumann,* Rechtsgeschichte, Rechtsfindung und Rechtsfortbildung im Islam, 16. Zu einer eingehenden Darstellung und Behandlung der unterschiedlichen Kriterien und Typen von *qiyās* siehe *Kamali,* Principles of Islamic Jurisprudence, 264ff.

134 Vgl. *Rohe,* Islamic Law in Past and Present, 79.

135 *Rayner,* The Theory of Contracts in Islamic Law, 20f. Für eine genaue Erläuterung der Verfahrensweise s. *Hasan,* Analogical Reasoning in Islamic Jurisprudence, 15ff.

oder eine Konsensentscheidung anknüpfen und kann nicht alleine stehen.[136] Daher wird er auch als die »Verbindung der Offenbarung mit dem menschlichen Verstand«[137] beschrieben.

Maßgeblich für die analoge Anwendung einer Regelung ist ihre *ratio legis* (*'illa*), die dem unbekannten und dem bereits geregelten Sachverhalt gemeinsam ist. Sie muss deutlich, bestimmt und geeignet sein und darf keine Spezial- oder Ausnahmeregelung darstellen.[138] Kann die *'illa* auf den entscheidungsbedürftigen Fall übertragen werden, gilt für diesen die Lösung des bereits geregelten Sachverhalts.[139]

Mittels *qiyās* ist beispielsweise das Verbot des Genusses von Rebwein auf andere berauschende Getränke ausgedehnt worden, mit der Begründung, dass diese den Verstand trüben und so zur Erfüllung der Gebote Gottes unfähig machen.[140] Relevant ist darüber hinaus die Übertragung des durch den Koran gestützten Prinzips der Notwendigkeit (*ḍarūra*) mittels *qiyās* auf andere Sachverhalte. *Ḍarūra* wird auf Sure II:173 zurückgeführt: »Aber wenn einer sich in einer Zwangslage befindet, ohne (von sich aus etwas Verbotenes) zu begehren oder eine Übertretung zu begehen, trifft ihn keine Schuld. Gott ist barmherzig und bereit zu vergeben«. Darüber hinaus erlaubt der Koran den Verzehr von Schweinefleisch bei drohendem Hungertod.[141]

Seine Rechtfertigung als Rechtsquelle erhält der *qiyās* nach aš-Šāfiʿī aus dem Koran selbst: »Und von wo (immer) du herkommst, da wende dich (beim Gebet) mit dem Gesicht in Richtung der heiligen Kultstätte (in Mekka)! Und wo immer ihr (Gläubigen) seid, da wendet euch mit dem Gesicht in dieser Richtung!« (II:150).[142]

---

136 *Zacharias*, Islamisches Recht und Rechtsverständnis, in: Muckel, Der Islam im öffentlichen Recht des säkularen Verfassungsstaates, 43, 149.

137 *Milliot/Blanc*, Introduction à l'étude du droit musulman, 117, Übersetzung nach *Zacharias*, Islamisches Recht und Rechtsverständnis, in: Muckel, Der Islam im öffentlichen Recht des säkularen Verfassungsstaates, 43, 149.

138 *Hasan*, Analogical Reasoning in Islamic Jurisprudence, 16; *Rohe*, Islamic Law in Past and Present, 81.

139 *Rohe*, Islamic Law in Past and Present, 81.

140 *Yassari*, ZVglRWiss 2004, 103, 110f.

141 Sure VI:145: »Sag: In dem, was mir (als Offenbarung) eingegeben worden ist, finde ich nicht, daß etwas für jemand zu essen verboten wäre, es sei denn Fleisch von verendeten Tieren, oder Blut, das (beim Schlachten) ausgeflossen ist, oder Schweinefleisch – das ist Unreinheit –, oder Greuel (nämlich Fleisch), worüber (beim Schlachten) ein anderes Wesen als Gott angerufen worden ist.«

142 Vgl. *Hasan*, Analogical Reasoning in Islamic Jurisprudence, 28. Vgl. auch *Khadduri*, Islamic Jurisprudence, Shāfiʿī's Risāla, 288ff. Des Weiteren wird vor allem eine Überlieferung herangezogen, die von Abū Dāʿūd festgehalten wurde: »Als der Prophet beabsichtigte, Muʿāḏ b. Ǧabal als Richter in den Jemen zu schicken, fragte er ihn: ›Wie urteilst Du, wenn von Dir eine Entscheidung verlangt wird?‹ Er antwortete: ›Ich uteile in Übereinstimmng mit dem Buch Gottes.‹ Er fragte weiter: ›Was machst Du, wenn Du nichts im Buch Gottes findest?‹ Er

III. Grundsätze des islamischen Vermögensrechts

Da das islamische Recht auf den vier Quellen Koran, *sunna*, *iğmāʿ* und *qiyās* gründet und jede Rechtsfrage grundsätzlich anhand dieser anerkannten Quellen zu lösen ist, konnte sich eine Systematisierung der Rechtsnormen nicht entwickeln. Der Charakter des islamischen Rechts ist daher rein kasuistisch; Falllösungen haben keine Präjudizwirkung.[143] Die islamische Rechtstradition kennt dementsprechend auch keine allgemeine Betrachtung des Schuldrechts. Dreh- und Angelpunkt ist zumeist der Kaufvertrag, an dem fast alle schuldrechtlichen Bestimmungen diskutiert werden.[144] Darüber hinaus erstrecken sich die schuldrechtlichen Darstellungen überwiegend auf die Wirksamkeit oder die Nichtigkeit des Vertrages. Regelungen zur Inhaltskontrolle oder zur Abwicklung fehlgeschlagener Leistungspflichten finden sich nur sporadisch.[145]

Im Folgenden sollen drei Grundsätze dargestellt werden, die das islamische Schuldrecht in besonderem Maße prägen: das *ribā*-, das *ġarar*- und das *maīsir*-Verbot.[146]

1. Das Verbot von ribā

Das *ribā*[147]-Verbot ist einer der charakteristischen Aspekte des islamischen Rechts, der auch Juristen anderer Rechtskreise ein Begriff sein könnte. Ein Verstoß stellt im Islam eine schwere Sünde dar. *Ribā* wird für gewöhnlich mit »Wucher« übersetzt, was jedoch fachterminologisch zu eng gefasst ist, denn die Reichweite des *ribā*-Grundsatzes ist unter islamischen Juristen seit jeher heftig umstritten. Dies gründet insbesondere auf der Tatsache, dass weder Koran, noch

---

antwortete: ›Ich handle nach der Sunne des Propheten.‹ Er fragte: ›Was machst Du, wenn Du weder in der Sunna des Propheten noch im Buch Gottes etwas findest?‹ Er antwortete: ›Ich stütze mich auf meine eigene Meinung und werde nichts unversucht lassen.‹ Da klopfte ihm der Prophet auf die Brust und sagte: ›Allāh sei gelobt, der dem Gesandten des Propheten Erfolg verliehen hat, der dem Propheten gefällt.‹«, Sunan Abū Dāʿūd 3592, Übersetzung nach *Ebert/Heilen*, Islamisches Recht: ein Lehrbuch, 62. Der Text findet sich in englischer und arabischer Sprache unter https://sunnah.com/abudawud/25 (zuletzt besucht am 16.11.2020).

143 *Fikentscher*, Methoden des Rechts in vergleichender Darstellung I, Frühe und religiöse Rechte, Romanischer Rechtskreis, 318f., der auf ein unveröffentlichtes Seminarreferat von Heribert Schumann verweist.

144 *Mallat*, Comparative Law and the Islamic (Middle Eastern) Legal Culture, in: Reimann/Zimmermann, The Oxford Handbook of Comparative Law, 609, 631.

145 *Rohe*, Islamic Law in Past and Present, 132.

146 *Amereller*, Hintergründe des »Islamic Banking«, 33.

147 Das Wort *ribā* kann mit Zuwachs oder Wachstum übersetzt werden.

sunna den *ribā* klar definieren. Dementsprechend ist der genaue Gegenstand des *ribā*-Begriffs nur schwer zu erfassen.[148]

Der Koran setzt das Verständnis des *ribā* schlichtweg voraus. So lautet es in der – für diese Thematik wohl zentralen – zweiten Koransure *al baqara:* »Gott hat das Kaufgeschäft erlaubt und die Zinsleihe (den *ribā,* CL)[149] verboten« (II:275).[150] Daraus ergibt sich zunächst, dass nicht jeder Gewinn oder Zuwachs verboten ist, sondern nur solcher, der *ribā* darstellt. Hintergrund des koranischen *ribā*-Verbots war mutmaßlich ein vorislamischer Handelsbrauch, nach dem ein Schuldbetrag, der bei Fälligkeit vom Schuldner nicht zurückgezahlt werden konnte, im Gegenzug für den Aufschub seitens des Gläubigers erhöht wurde (*ribā al-ǧāhilīya*).[151]

In der Sunna lassen sich Überlieferungen des Propheten finden, die die Problematik des *ribā* etwas näher in den Blick nehmen.[152] Exemplarisch dafür wird in der Literatur häufig folgender *ḥadīṯ* zitiert: »Der Gesandte Gottes hat gesagt: Gold gegen Gold, Silber gegen Silber, Weizen gegen Weizen, Gerste gegen Gerste, Datteln gegen Datteln, Salz gegen Salz, gleiche [Mengen] gegen gleiche [Mengen], Zug um Zug. Wer mehr nimmt oder aufschlägt, macht ein *ribā*-Geschäft – derjenige, der nimmt, genauso wie der, der gibt.«[153]

Gemeinsam ist den Überlieferungen, dass die im Rahmen eines *ribā*-freien Austauschvertrags ausgetauschten Sachen quantitativ und qualitativ gleichwertig sein müssen und dass der Austausch zum Zeitpunkt des Vertragsschlusses stattzufinden hat. Außerdem ist erkennbar, dass sich die Überlieferungen grundsätzlich auf sechs Gegenstände beziehen, auf die das *ribā*-Verbot Anwendung findet: Gold, Silber, Weizen, Gerste, Datteln und Salz.[154]

---

148 Das *ribā*-Verbot in all seinen Facetten, seine Entwicklung und die verschiedenen Interpretationen zu beschreiben, würde den Rahmen dieser Arbeit sprengen und wenig zielführend sein. Es wird sich daher auf einen nur groben Überblick beschränkt. Eine gute Darstellung des *ribā*-Verbotes geben unter anderem *Wichard,* Zwischen Markt und Moschee, 180 ff. und *Lohlker,* Das Islamische Recht im Wandel.

149 Die Problematik um den *ribā*-Begriff wird bereits bei der Lektüre unterschiedlicher Koranübersetzungen deutlich. Während die hier herangezogene Übersetzung von Rudi Paret den Begriff des *ribā* mit »Zinsleihe« übersetzt, lautet es in der Übersetzung von Max Henning »Wucher«, *Henning,* Der Koran.

150 *Bälz,* Versicherungsvertragsrecht in den Arabischen Staaten, 17; *Lohlker,* Das Islamische Recht im Wandel, 24 f. Hinzu kommen die Koranverse IV:161–162 und III:130, die den *ribā* kategorisch verbieten. Eine frühere Sure (XXX:39) verbietet *ribā* nicht, lehnt ihn jedoch ab, *Amereller,* Hintergründe des »Islamic Banking«, 47.

151 *Oberauer,* Islamisches Wirtschafts- und Vertragsrecht, 97 f.

152 Siehe dazu die Darstellung von *Lohlker,* Das Islamische Recht im Wandel, 28 ff.

153 So zitiert von *Lohlker,* Das Islamische Recht im Wandel, 30, der unter anderem auf *Muslim* und *Abu Dā'ūd* verweist und *Vogel/Hayes,* Islamic Law and Finance, 73, die *Muslim* zitieren.

154 Weitere *aḥadīṯ* mit ganz ähnlichem Inhalt bei *Lohlker,* Das Islamische Recht im Wandel, 28 ff.

Davon ausgehend wird in der klassischen islamischen Lehre grundsätzlich zwischen zwei Arten von *ribā* unterschieden: Dem *ribā al-faḍl* liegt die Annahme zu Grunde, dass gleichartige *ribā*-Güter nur sofort und nur in exakt gleichen Mengen ausgetauscht werden können, während *ribā an-nasī'a* die Einräumung eines Leistungsaufschubs für unzulässig erklärt.[155] Unmittelbar aus den Primärquellen hergeleitet, ist *ribā* folglich der Überschuss beziehungsweise die zeitliche Verzögerung in Geschäften, die den Austausch von Gold, Silber und bestimmten Lebensmitteln zum Gegenstand haben. Das *ribā*-Verbot bezweckt mithin die Sicherstellung des Äquivalenzverhältnisses in einem gegenseitigen Vertrag: »Kein Überschuss ohne Gegenleistung«[156] und stellt damit ein Grundprinzip des Rechts der Austauschverträge dar.[157]

Die Bedeutung des *ribā*-Grundsatzes wurde von allen Rechtsschulen mittels Rückgriff auf die Analogie auf andere Güter ausgedehnt, was zu weiteren, intensiven Kontroversen führte.[158] Ohne an dieser Stelle näher auf die vielschichtigen und umfangreichen Diskussionen zum *ribā* eingehen zu wollen, bleibt festzuhalten, dass, zumindest nach jüngerer Auslegung, ein verzinsliches Darlehen unter das *ribā*-Verbot fällt und somit nach islamischem Recht unzulässig ist. Dies gilt, weil in der Überlassung von Kapital gegen Zins sowohl ein Leistungsaufschub, als auch eine Differenz zwischen Leistung und Gegenleistung derselben Gattung zu sehen ist.[159] Darauf gründet der Umstand, dass das *ribā*-Verbot in der Literatur häufig mit »Zinsverbot« übersetzt wird.

2. Das Verbot von *ġarar*

Das *ġarar*-Verbot gründet auf dem koranischen *maīsir*-Verbot.[160] *Maīsir* bezieht sich auf eine vorislamische Praxis, ein beduinisches »Spiel«, bei dem mit Lospfeilen um ein geschlachtetes und zerteiltes Tier gespielt wird.[161] Der Koran lehnt diesen Brauch mit der Begründung ab, er würde Feindschaft sähen und vom

155 *Amereller,* Hintergründe des »Islamic Banking«, 55; *Wichard,* Zwischen Markt und Moschee, 189ff.

156 *Wichard,* Zwischen Markt und Moschee, 180.

157 Vgl. *Bälz,* Versicherungsvertragsrecht in den Arabischen Staaten, 18f; *Krüger,* Recht van de Islam 1997, 67, 80.

158 Siehe dazu *Saleh,* Unlawful Gain and Legitimate Profit in Islamic Law, 17ff; *Amereller,* Hintergründe des »Islamic Banking«, 57ff.

159 Vgl. *Pohlhausen,* Unternehmensfinanzierung am Kapitalmarkt in den arabischen Staaten, 495f.

160 *Amereller,* Hintergründe des »Islamic Banking«, 34. Das Verbot von *maīsir* wird teilweise auch *qimār*-Verbot genannt. Die Begriffe *maīsir* und *qimār* werden in der arabischen Sprache als Synonyme verwendet, *Ashrafnia,* Scharia-konforme Finanzinstrumente, 42.

161 Zu den Details siehe *Oberauer,* Islamisches Wirtschafts- und Vertragsrecht, 93.

Gebet abhalten.[162] In der Koranexegese wird *maīsir* allgemein mit »Glücksspiel« übersetzt, sodass generell spekulatorische Glücksspiele als von dem Verbot umfasst angesehen werden.[163]

Das Glücksspielverbot wurde auf ein Verbot risikobehafteter Transaktionen (*ġarar*) ausgeweitet. Gemeinsamer Nenner ist der aleatorische Charakter, aus dem Konfliktpotential resultiert.[164] Dieses *ġarar*-Verbot findet sich ausdrücklich in der *sunna*, welche überliefert, dass der Prophet den riskanten Kaufvertrag verbot.[165] Folglich handelt es sich um ein Verbot von Risikogeschäften, das sich mit der Zeit zu einem allgemeinen Risikoverbot entwickelte, da unter dem Begriff *ġarar* sämtliche Transaktionen zusammengefasst werden konnten, die durch *aḥadīṯ* verboten und zunächst als Verbote eigener Art behandelt wurden.[166]

Das Verbot von *ġarar* verbietet – einfach gesagt – Transaktionen, die mit einem Unsicherheitsfaktor belastet sind, mithin also den Abschluss gegenseitiger Verträge, deren Inhalt im Zeitpunkt des Vertragsschlusses zu unbestimmt ist.[167] Alle wesentlichen Punkte einer Transaktion (charakteristische Merkmale der ausgetauschten Äquivalente, genaue Bestimmung der Art der Äquivalente, ihre Qualität und Zeitpunkt einer eventuell zukünftigen Lieferung) müssen bei Vertragsschluss explizit festgelegt sein.[168] Im Gegensatz zum *ribā*-Verbot wirkt das *ġarar*-Verbot jedoch nicht absolut. Problematisch ist die Abgrenzung von *ġarar* und dem üblichen Geschäftsrisiko, das unternehmerischen Aktivitäten inhärent ist.[169] Ein verbotenes Risiko liegt beispielsweise vor, wenn wesentliche Vertragsbestandteile wie der Kaufpreis oder die Rechte und Pflichten der Parteien unbestimmt bleiben.[170] Auch wenn der Vertragsgegenstand bei Vertragsschluss

---

162 Sure II:219: »Man fragt dich nach dem Wein und dem Losspiel. Sag: In ihnen liegt eine schwere Sünde. Und dabei sind sie für die Menschen (auch manchmal) von Nutzen. Die Sünde, die ihn ihnen liegt, ist aber größer als ihr Nutzen«; V:90–91: »Ihr Gläubigen! Wein, das Losspiel, Opfersteine und Lospfeile sind (ein wahrer) Greuel und des Satans Werk. Meidet es! Vielleicht wird es euch (dann) wohl ergehen. Der Satan will (ja) durch Wein und das Losspiel nur Feindschaft und Haß zwischen euch aufkommen lassen und euch vom Gedenken Gottes und vom Gebet abhalten. Wollt ihr denn nicht (damit) aufhören?«.

163 *Oberauer*, Islamisches Wirtschafts- und Vertragsrecht, 93f.

164 *Oberauer*, Islamisches Wirtschafts- und Vertragsrecht, 94, der den Ansatz Ibn Taymiyyas beschreibt.

165 *Wichard*, Zwischen Markt und Moschee, 148, der in Fn. 1 auf *al-Muwaṭṭa'* von Mālik verweist.

166 So beispielsweise das Verbot, Nahrungsmittel zu verkaufen, bevor man sie im Besitz hat, *Wichard*, Zwischen Markt und Moschee, 148.

167 *Lohlker*, Das Islamische Recht im Wandel, 54f.

168 *Saleh*, Unlawful Gain and Legitimate Profit in Islamic Law, 52.

169 *Bolsinger/Breschendorf*, ZBB 2009, 460, 462.

170 So ist beispielsweise der Verkauf von unreifen Datteln, die nach der Reife geliefert werden sollen, ein aufgrund von *ġarar* unzulässiger Vertrag, da bei Vertragsschluss noch nicht feststeht, ob die Leistung in der vereinbarten Art und Weise überhaupt erbracht werden kann, vgl. *Schacht*, An Introduction to Islamic Law, 147.

noch nicht existiert oder der Verkäufer nicht Eigentümer und Besitzer des Vertragsgegenstandes ist, ist *ġarar* anzunehmen.[171]

Das *ġarar*-Verbot beeinflusst das islamische Vermögensrecht an zahlreichen Stellen. Hier seien nur beispielhaft die Ablehnung des Schadensersatzes für entgangenen Gewinn, das Prinzip des sofortigen Leistungsaustausches und die Unzulässigkeit der aleatorischen Verträge, insbesondere des Versicherungsvertrages, genannt.

IV. Ausblick

Die Charakteristika des islamischen Rechts beruhen in besonderem Maße auf seiner Entstehungsgeschichte. Ausgangspunkt sind die gottgegebenen, prophetischen Quellen, die im Laufe der Zeit und unter Einfluss verschiedener politischer, gesellschaftlicher und sozialer Gegebenheiten immer wieder an neu aufkommende Sachverhalte angepasst werden mussten. Das klassische islamische Recht umfasst daher ein komplexes System aus Regeln, Normfindungsmethoden und Interpretationsansätzen, das eine ausgeprägte Vielfalt rechtlich-religiöser Auffassungen beherbergt. Diese lassen sich dem Grunde nach den vier heute weit verbreiteten Rechtsschulen des sunnitischen Islam zuordnen.

Während die vier Hauptquellen nach Vorbild aš-Šāfiʿīs in allen Rechtsschulen dem Grunde nach anerkannt sind, bestehen weiterhin Unterschiede bezüglich ihrer konkreten Anwendung und der Anerkennung weiterer Rechtsquellen. Dieser Meinungspluralismus und die daraus resultierende Ergebnisvielfalt sind dem Charakter des islamischen Rechts immanent.[172] Das *eine* islamische Recht gibt es nicht.[173]

Hinzu kommt, dass der Etablierung der vier sunnitischen Rechtsschulen eine beinahe Erstarrung der islamischen Rechtsentwicklung folgte, die (wenn auch nicht ganz unumstritten) in der Schließung des Tores des *iǧtihād* mündete. Über Jahrhunderte hinweg bestand das islamische Recht größtenteils in seinen klassischen Lehren fort, ohne weiteren Veränderungen ausgesetzt zu sein.

Die charakteristische Binnenpluralität einerseits und die Antiquiertheit der Rechtsregeln andererseits stehen einer Kodifikation des Rechts in einem islamisch geprägten Staat, so wie sie mittlerweile in den meisten muslimischen Staaten für das Vermögensrecht vorgefunden werden kann, grundsätzlich im Wege. Trotzdem ist im Hinblick auf die Zivilrechtskodifikationen der Staaten des

171 *Pohlhausen/Beck*, IStR 2010, 225, 228.

172 *Rohe*, Das islamische Recht, 15f.

173 Vgl. *Lohlker*, Schariʾa und Moderne, 11, der »die scheinbare Anarchie der Kasuistik des islamischen Rechts (…) als Versuch der Anwendung des Rechts auf die vielfältigen Erscheinungen der Realität« versteht.

Nahen Ostens häufig von einem Dualismus von rezipiertem europäischen Recht und islamischer Rechtstradition die Rede. Insbesondere die islamischen vermögensrechtlichen Grundsätze *ribā* und *ġarar* führten nicht nur in der klassischen islamischen Rechtslehre zu großen Kontroversen, sondern kollidierten bei der Schaffung moderner Zivilgesetzbücher in den muslimischen Staaten mit dem rezipierten europäischen Recht. Selbst Sanhūrī, Urvater der modernen Zivilrechtskodifikationen arabischer Länder,[174] sah diese Grundsätze als die wohl größten Hindernisse des Islams hin zur Entwicklung einer modernen Wirtschaft an.[175] Vor allem das verzinsliche Darlehen und der Versicherungsvertrag setzen sich dem Vorwurf aus, gegen diese Grundsätze zu verstoßen und damit nicht islamkonform zu sein.

Vor diesem Hintergrund wird in den folgenden Kapiteln die Rolle des islamischen Rechts in der Moderne, die Entstehung des Zivilgesetzbuches der Vereinigten Arabischen Emirate und seine Islamisierungs- und Säkularisierungstendenzen näher beleuchtet.

174 Siehe dazu eingehend unten unter § 2, II.2.a) *Das ägyptische Zivilgesetzbuch von 1948.*
175 *As-Sanhūrī,* Maṣādir al-ḥaqq fi 'l-fiqh al-islāmī, III, 1956, 14.

§ 2 Die Rolle des islamischen Rechts in der Moderne

Blickt man heute auf die Zivilrechtsordnungen islamisch geprägter Länder, so fällt auf, dass die meisten von ihnen das Normensystem des islamischen Rechts weitestgehend durch Kodifikationen nach europäischem Vorbild ersetzt haben. Dass das islamische Recht durch westliche Einflüsse verdrängt wurde, scheint die logische Schlussfolgerung zu sein. Jedoch steckt in diesen Rechtsordnungen mehr, als eine bloße Rezeption des europäischen Rechts. In vielen muslimischen Ländern ist die Rolle der Shari'a in der Verfassung verankert, was Auswirkungen auf die staatliche Gesetzgebung hat. So weist auch das Zivilgesetzbuch der Vereinigten Arabischen Emiraten eine islamische Prägung auf, die sich bereits in seinen ersten Artikeln zeigt. Es handelt sich um ein Gesetzbuch, das - ähnlich wie andere arabische Zivilgesetzbücher - säkulare und religiöse Rechtseinflüsse vereint.

Bevor das Zivilgesetzbuch der Vereinigten Arabischen Emirate näher in den Blick genommen werden kann, ist zunächst die Entwicklung des klassischen islamischen Rechts unter dem Einfluss der europäischen Kodifikationsidee darzustellen.

I. Die Kodifizierung zur Fortentwicklung des islamischen Rechts

Basierend auf der Kritik am *ius commune* wurden im Europa des 17. und 18. Jahrhunderts vernunftsrechtliche Theorien entwickelt, die zur Grundlage der Kodifikationsidee wurden.[176] Kodifikation bedeutet die »Zusammenfassung der Rechtssätze eines Rechtsgebietes in einem einheitlichen Gesetzeswerk«.[177] Der französische Code Civil (Cc) von 1804 entwickelte sich zur historisch wohl be-

176 *Zweigert/Kötz*, Einführung in die Rechtsvergleichung, auf dem Gebiete des Privatrechts, 84.
177 *Groh*, Kodifikation, in: Weber, Creifelds, Rechtswörterbuch.

deutsamsten Kodifikation, mit deren Übernahme in anderen europäischen Staaten (und darüber hinaus) der romanische Rechtskreis entstand.[178]

Im Gegensatz dazu galt in den Städten des Nahen Ostens das islamische Recht bis weit in das 19. Jahrhundert als das maßgebliche Regelsystem.[179] Rechtsanwendern stand eine Vielzahl an Rechtsbüchern, Kommentaren, Monografien und Rechtsgutachten islamischer *fuqahā'* für die Lösung eines Rechtsproblems zur Verfügung. So stellte es sich als zeitaufwendig und schwierig dar, in der Fülle an Material einen vergleichbaren Fall zu finden.[180] Bereits im 8. Jahrhundert, und somit fast ein Jahrtausend vor der Entwicklung der europäischen Kodifikationsidee, schlug Ibn al-Muqaffa, der Sekretär des Kalifen al-Manṣūr, daher vor, das Recht zu vereinheitlichen und zusammenzufassen, um dessen Rechtssicherheit und -anwendbarkeit zu verbessern.[181] Eine derartige Systematisierung wurde jedoch mit Hinweis auf die Vielfältigkeit des islamischen Rechts und aufgrund der Abneigung gegen eine Verbindung von Islam und Staat abgelehnt.[182]

1. Erste Kodifizierungen[183] als Reaktion auf westliche Einflüsse

Der Kontakt des Nahen Ostens mit der modernen westlichen Zivilisation ab dem 19. Jahrhundert führte schließlich jedoch zu notwendigen politischen, sozialen und wirtschaftlichen Veränderungen in den muslimischen Herrschaftsgebieten. Es eröffneten sich unbekannte Bereiche, wie Handel, Wirtschaft und Technik, die neuen Regelungsbedarf mit sich brachten. Das islamische Recht galt infolge jahrhundertelanger weitestgehender Stagnation und des bedingungslosen Festhaltens an einer der verschiedenen Rechtsschullehren (*taqlīd*) als antiquiert und unflexibel und stand nun vor dem Problem, auf die neuen Umstände und die sich damit entwickelnden Fragen eine Antwort finden zu müssen.[184] Mit den modernen Entwicklungen, insbesondere mit dem Überschwappen der europäischen

178 *Zweigert/Kötz*, Einführung in die Rechtsvergleichung, auf dem Gebiete des Privatrechts, 84, 96ff.

179 *Krüger*, Recht van de Islam 1997, 67, 69.

180 *Yassari*, Ausstrahlung des europäischen Privatrechts auf islamische Länder, in: Basedow/Hopt/Zimmermann u.a., Handwörterbuch des Europäischen Privatrechts, 150, 151.

181 *Coulson*, A History of Islamic Law, 52; *Schacht*, An Introduction to Islamic Law, 55; *Layish*, Die Welt des Islams 2004, 85, 86f.

182 Vgl. *Schacht*, An Introduction to Islamic Law, 56; *Mallat*, Introduction to Middle Eastern Law, 239; *Ebert*, Orient: Deutsche Zeitschrift für Politik, Wirtschaft und Kultur 2002, 365, 369.

183 Zum Begriff der Kodifikation siehe *Ebert*, GAIR-Mitteilungen 2014, 135, 137f.

184 Vgl. *Coulson*, A History of Islamic Law, 149; *Zacharias*, Islamisches Recht und Rechtsverständnis, in: Muckel, Der Islam im öffentlichen Recht des säkularen Verfassungsstaates, 43, 107; *Ebert*, Orient: Deutsche Zeitschrift für Politik, Wirtschaft und Kultur 2002, 365, 367.

Idee vom Nationalstaat, sahen sich die muslimischen Herrscher dem Bedürfnis ausgesetzt, auch das Rechtswesen zu reformieren und staatlich bestimmtes Recht einzuführen. Eine wirkliche Reform des islamischen Rechts wurde jedoch mit Zurückhaltung betrachtet. Die Ausweitung der religiösen Rechtsgrundsätze auf solche Rechtsbereiche, die in der Frühzeit des Islams noch keine Rolle spielten, würde zu weit von ihrer ursprünglichen und gottgegebenen Form abrücken. Letztlich wurde deshalb die Anwendung von rezipiertem europäischem Recht bevorzugt.[185] Ab Mitte des 19. Jahrhunderts wurden im Osmanischen Reich und in Ägypten mehrere Kodifikationen nach französischem Vorbild erlassen, für deren Durchsetzung säkulare Gerichte einbestellt wurden.[186] Fortan standen diese weltlichen Gerichte neben den Shari'a-Gerichten, die weiterhin für die Angelegenheiten des Familienrechts (im weitesten Sinne[187]) zuständig waren.[188]

2. Kodifizierung des islamischen Vermögensrechts

Es blieben jedoch Rechtsgebiete, so beispielsweise das Schuldvertragsrecht, die durch das klassische islamische Recht zumindest in Grundzügen ausgestaltet waren und für die sich daher eine reine Übernahme des säkularen, europäischen Rechts nicht überall durchsetzen konnte. So fand in diesen Bereichen erstmals auch eine Kodifizierung islamischer Regelungen statt.[189]

a) Die Mecelle

Das erste und wohl bekannteste systematisierte islamische Regelwerk, das nicht auf einen göttlichen Ursprung zurückgeführt werden kann und mit staatlicher Autorität in Kraft gesetzt wurde, stellt die *Mecelle*[190] dar.[191] Sie wurde im Os-

185 »[I]t seemed preferable to them to keep the *šarīa* intact and inviolate, as the perfect law which had, they believed, been applied in the glorious past and would be applied again, no doubt, in the Golden Age to come- even if this meant that it must today be quietly displaced in practice by another law more suited to the exigencies of modern life – rather than to allow any profane meddling with its immutable provisions.«, *Anderson,* ICLQ 1971, 1, 4.

186 Im Osmanischen Reich: ein Handelsgesetzbuch, ein Strafgesetzbuch, die Handelsprozessordnung und das Gesetz über den Seehandel; in Ägypten: ein Strafgesetzbuch, ein Handelsgesetzbuch, das Gesetz über den Seehandel und die beiden Zivilgesetzbücher von 1875 und 1883, vgl. *Anderson,* Islamic Law in the Modern World, 90f.; *Coulson,* A History of Islamic Law, 151f.; *Hallaq,* An introduction to Islamic law, 104f.

187 Dies beinhaltete beispielsweise Testament und Testamentsvollstreckung, Erbfolge, Schenkungen, sowie Ehe, Scheidung, Vaterschaft, Vormundschaft, *Anderson,* ICLQ 1971, 1, 3.

188 *Anderson,* ICLQ 1971, 1, 3; *Hill,* ALQ 1988, 33, 40.

189 *Schacht,* An Introduction to Islamic Law, 100.

190 *Mecelle-'i Aḥkām-ı 'Adlīye* (Buch der gesetzlichen Bestimmungen).

191 Vgl. *Anderson,* ICLQ 1971, 1, 2.

manischen Reich zwischen 1869 und 1876 nach und nach in Kraft gesetzt und beinhaltet in ihren 1851 Artikeln insbesondere vertragsrechtliche, mobiliarsachenrechtliche und prozessrechtliche Regelungen nach der ḥanafitischen Lehre.[192] Teilweise wird das Erscheinen der *Mecelle* als der Zeitpunkt für den Anbruch eines modernen islamischen Zeitalters angesehen.[193]

Wie bereits dargelegt, wurde im Osmanischen Reich ab Mitte des 19. Jahrhunderts eine Reihe von Gesetzbüchern, darunter ein Handelsgesetzbuch, erlassen, die sich stark am französischen Recht orientierten. Das Vermögensrecht jedoch blieb weiterhin unkodifiziert, sodass das islamische Recht für Rechtsstreitigkeiten, die in den Anwendungsbereich des Vermögensrechts fielen, direkt anwendbar blieb. Die neu errichteten weltlichen Gerichte standen fortan vor einigen Schwierigkeiten: Sie hatten das kodifizierte, westlich geprägte Handelsrecht anzuwenden, gleichzeitig das islamische allgemeine Zivilrecht, das durch eine Vielfalt von islamischen Rechtstexten und Lehrmeinungen geprägt war.[194] Um zu mehr Rechtssicherheit und Rechtseinheit zu gelangen, sollte daher ein einheitliches Zivilgesetzbuch geschaffen werden, das zwar weiterhin auf dem islamischen Recht beruhen, allerdings einheitlich anzuwendende Regelungen beinhalten sollte. Stimmen, die sich auch für den Bereich des Vermögensrechts für die Rezeption des französischen Code Civil aussprachen, konnten sich nicht durchsetzen. Im Jahr 1869 wurde daher eine Kommission unter der Leitung des Historikers und Juristen Aḥmad Ǧewdet Pāšā (gest. 1895) gebildet, die mit der Erstellung eines Gesetzestextes auf Basis der ḥanafitischen Rechtsschule betraut wurde.[195]

Die Zielsetzung der *Mecelle* kommt in der Einleitung der Kommission zum Ausdruck:

> »Ziel ist die Schaffung eines Werks über Rechtsgeschäfte, das präzise, leicht zugänglich, frei von Widersprüchen ist, ausgewählte Rechtsmaximen enthält und leicht zu lesen ist. Ein solches Buch wäre für alle Rechtsanwender und Mitglieder säkularer Gerichte von immensem Interesse [...], und ermöglicht die Aussöhnung von Prozessen und religiösem Recht.«[196]

192 *Krüger,* Zum Zeitlich-Räumlichen Geltungsbereich der Osmanischen Mecelle, in: Krüger/Mansel, Liber amicorum Gerhard Kegel, 43–63, 44ff.

193 *Krawietz,* Hierarchie der Rechtsquellen im tradierten sunnitischen Islam, 71, die auf *Badrān,* aš-šarīʿa al islāmīya, um 1976, verweist.

194 *Zweigert/Kötz,* Einführung in die Rechtsvergleichung, auf dem Gebiete des Privatrechts, 303; *Onar,* The Majalla, in: Khadduri/Liebesny, Law in the Middle East, 292, 294.

195 *Onar,* The Majalla, in: Khadduri/Liebesny, Law in the Middle East, 292, 293ff; *Krüger,* Zum Zeitlich-Räumlichen Geltungsbereich der Osmanischen Mecelle, in: Krüger/Mansel, Liber amicorum Gerhard Kegel, 43–63, 323.

196 Zitiert in *Mallat,* Introduction to Middle Eastern Law, 249.

Gegossen in Paragraphen ist die *Mecelle* zwar grundsätzlich europäisch in ihrer Form, behält jedoch den kasuistischen Charakter des islamischen Rechts bei und führt nur einige allgemeine Prinzipien ein. Dabei greift sie nicht nur auf die dominierende Lehrmeinung innerhalb der ḥanafitischen Rechtsschule zurück, sondern besteht aus einer Auswahl an unterschiedlichen, anerkannten Auffassungen.[197]

Der territoriale Anwendungsbereich der *Mecelle* erstreckte sich auf weite Teile der Balkanhalbinsel, Südosteuropa und – mit Ausnahme Ägyptens – auf die arabischen Territorien des Osmanischen Reiches.[198] Nach Auflösung des Osmanischen Reiches galt die *Mecelle* zwar in vielen Staaten fort, wurde jedoch nach und nach durch Erlass eigener Zivilgesetzbücher ersetzt.[199] Ägypten nahm eine Sonderstellung ein und lehnte ihre Geltung von Anfang an ab, da es seit Ende des 19. Jahrhunderts über eine Autonomie hinsichtlich der Gesetzgebung über interne Angelegenheiten genoss.[200] Auch in den Vereinigten Arabischen Emiraten galt die *Mecelle* niemals offiziell, wurde aber dennoch von den Richtern bis zum Inkrafttreten des Zivilgesetzbuches angewandt. Auch der Gesetzgeber des VAE-ZGB griff auf ihre Regelungen zurück. Am deutlichsten zeigt sich dies an den Art. 29–70 VAE-ZGB, die stark an die berühmten Art. 2–100 der *Mecelle*, den sogenannten »Grundregeln des *fiqh*«[201], angelehnt sind.[202]

b) Der Muršid al-ḥayrān

Die *Mecelle* fand in Ägypten keine direkte Anwendung. Vielmehr wurde dort im Jahre 1890 der vom ägyptischen Juristen Muḥammad Qadrī Pāšā (gest. 1886)[203] handschriftlich hinterlassene *Muršid al-ḥayrān*[204] erstmals veröffentlicht. Unter

197 *Krawietz*, Hierarchie der Rechtsquellen im tradierten sunnitischen Islam, 81 f; *Anderson*, ICLQ 1971, 1, 2.

198 *Krüger*, Zum Zeitlich-Räumlichen Geltungsbereich der Osmanischen Mecelle, in: Krüger/Mansel, Liber amicorum Gerhard Kegel, 43–63, 329.

199 Einen guten Überblick über den Geltungsbereich der Mecelle gibt *Krüger*, Zum Zeitlich-Räumlichen Geltungsbereich der Osmanischen Mecelle, in: Krüger/Mansel, Liber amicorum Gerhard Kegel, 43–63.

200 *Grapentin*, Das Markenrecht in Ägypten, 24f.; *Elwan*, Gesetzgebung und Rechtsprechung, in: Steinbach/Robert, Der Nahe und Mittlere Osten, 221, 228.

201 Für eine kurze Erläuterung und eine deutsche Übersetzung dieser Rechtsmaximen wird verwiesen auf *Mert*, HIKMA 2016, 170.

202 Siehe dazu unten unter § 5, II. Islamisch-rechtliche Grundsätze und Interpretationsregeln.

203 Zur Person Muḥammad Qadrī Pāšā siehe *Ebert*, GAIR-Mitteilungen 2014, 135.

204 *Muršid al-ḥayrān ilā ma'rifat aḥwāl al-insān fi-l-mu'āmalāt aš-šar'īya 'alā maḏhab al-imām al-a'ẓam Abī Ḥanīfa an-Nu'mān mulā'iman li-'urf ad-diyār al-miṣrīya wa-sā'ir al-umam al-islāmīya* (Der Führer für den Ratlosen zu Kenntnis über die Angelegenheiten des Menschen in den islamischen Rechtsgeschäften nach der Rechtsschule des ehrwürdigen Imāms Abū Ḥanīfa an-Nu'mān in Übereinstimmung mit dem in Ägypten und anderen islamischen Gebieten existierenden Gewohnheitsrecht).

Berücksichtigung der ägyptischen Verhältnisse und Besonderheiten kodifizierte auch dieses Werk das islamische Zivilrecht auf ḥanafitischer Grundlage, ohne jedoch jemals als Gesetz im formalen Sinne angenommen worden zu sein.[205] In Ägypten waren bereits zwei Zivilgesetzbücher erlassen worden, die auf rezipiertem europäischen Recht basierten. Bezogen auf den formalen Gesetzgebungsprozess handelt es sich beim *Muršid al-ḥayrān* somit nicht um eine Kodifikation.

Ähnlich wie bereits die *Mecelle* und von dieser Kodifizierung des islamischen Rechts wohl beeinflusst,[206] bediente sich auch Qadrī Pāšā bei der Erstellung des *Muršid al-ḥayrān* nicht nur einer Interpretation innerhalb der ḥanafitischen Rechtsschule. Er vermischte und kombinierte die Auffassungen Abū Ḥanīfas mit denen seiner Schüler aš-Šaibānī und Abū Yūsuf und schuf so ein »neues« ḥanafitisches Werkt.[207] Obwohl es nie offiziell in Kraft gesetzt wurde, gilt der *Muršid al-ḥayrān* heute als Referenzquelle bei der Auseinandersetzung mit zivilrechtlichen Normen des islamischen Rechts.[208] Da sowohl die *Mecelle* als auch der *Muršid al-ḥayrān* dem westlichen Muster der Kodifikation folgen, stellen sie das Recht der ḥanafitischen Rechtsschule im modernen Stil dar. Was den *Muršid al-ḥayrān* von der *Mecelle* unterscheidet, ist seine Systematik, die an westliche Zivilrechtskodifikationen erinnert. Im Gegensatz zur *Mecelle* findet sich im *Muršid* daher beispielsweise ein allgemeiner vertragsrechtlicher Teil (Art. 262–342).

Dass die *Mecelle* und der *Muršid al-ḥayrān* eine wichtige Rolle bei der Entstehung des Zivilgesetzbuches der Vereinigten Arabischen Emirate spielten, lässt sich dem 1987 erschienenen Kommentar des Justizministeriums zum VAE-ZGB entnehmen. Dieser verweist regelmäßig auf die beiden islamischen Kodifikationen. Bei der Interpretation der Normen des VAE-ZGB können die *Mecelle* und der *Muršid al-ḥayrān* folglich als Referenzquellen herangezogen werden.

3. Reformdiskussionen in der islamischen Rechtswissenschaft

Mit der Ausstrahlung der Kodifikationsbewegung auf die muslimische Welt und der Verabschiedung westlicher Gesetze, sowie der Schaffung der *Mecelle*, die zwar eine Kodifikation der ḥanafitischen Lehren war, sie jedoch, gerade wegen der Abkehr vom Meinungspluralismus den Grundsätzen der Wurzeln der islami-

205 *Ebert/Hefny*, Islamisches Zivilrecht der hanafitischen Lehre, 5, 18ff.

206 *Mallat*, Introduction to Middle Eastern Law, 254.

207 Siehe dazu die Übersetzung von *Ebert/Hefny* mitsamt einer Übersetzung der Fußnoten, in denen Qadrī-Pāšā seine Bestimmungen auf die jeweiligen Quellen stützt, *Ebert/Hefny*, Islamisches Zivilrecht der hanafitischen Lehre.

208 *Ebert/Hefny*, Islamisches Zivilrecht der hanafitischen Lehre, 5.

schen Rechtswissenschaft widerspricht, erkannten islamische Rechtswissenschaftler die Gefahr, dass das islamische Recht seine Eigenständigkeit verlieren könnte, indem es sich mit dem säkularen Recht europäischer Kolonialmächte verbindet oder gar gänzlich untergeht. Aus dieser Entwicklung gingen Reformbewegungen hervor, die die Forderung nach einer Erneuerung des islamischen Rechts und der Ermöglichung seiner fortwährenden Anwendbarkeit zum Inhalt hatten.[209] Dem liegen die Fragen zu Grunde, welche rechtsschöpferischen Möglichkeiten es gibt, das sakrosankte Rechtssystem der Shari'a zu reformieren, und inwieweit dies noch dem Wesen des islamischen Rechts entsprechen kann.

Insbesondere die Entwicklung einer arabischen Nationalstaatsidee und die damit verbundene Verstaatlichung des Rechts durch Kodifikation führt zu einer Abkehr von der »Überstaatlichkeit« des göttlichen Rechts.[210] Die Deutungshoheit der *fuqahā*ʾ wurde durch diejenige der jeweiligen Nationalstaaten verdrängt, weshalb die Möglichkeit privater islamischer Auslegung und Rechtsanwendung eingeengt und somit der dem islamischen Recht eigentlich immanente Meinungspluralismus verhindert wurde.[211] Dennoch blieb die Kodifikation aus mehreren Gründen Kerninhalt der Reformdiskussionen:

Gerade aufgrund der unerschöpflichen Vielfältigkeit der Interpretationen scheint das klassische islamische Recht hinreichend flexibel und dynamisch zu sein, um es an den Wandel der Zeit anzupassen und so auch inhaltlich zu modernisieren.[212] Durch die Auswahl (*taḫaiyur*) und Kombination (*talfīq*) verschiedener Lehrrichtungen können Gesetze geschaffen werden, die zwar vom klassischen islamischen Recht abweichen, aber dennoch auf ihm basieren. Dieses »juristische ›patchwork‹«[213] überwindet das bedingungslose Festhalten an einer der vier Rechtsschullehren (*talfiq*) und ermöglicht die Schaffung neuer islamischer Lösungen.[214]

Eine Verstaatlichung des islamischen Rechts gibt daher zwar den supranationalen Charakter des islamischen Rechtssystems auf, kann jedoch in der Form der Kodifizierung zur vereinheitlichten Anwendung des Rechts und damit zu mehr Rechtssicherheit führen. Gerade die klassischen islamischen Rechtswerke erfordern umfassende Kenntnisse der Koran- und *Ḥadīṯ*-Wissenschaft, sodass

209 *Zacharias,* Islamisches Recht und Rechtsverständnis, in: Muckel, Der Islam im öffentlichen Recht des säkularen Verfassungsstaates, 43, 107.

210 *Ebert,* GAIR-Mitteilungen 2014, 135.

211 Vgl. *Krawietz,* Hierarchie der Rechtsquellen im tradierten sunnitischen Islam, 81; *Neumann,* Islamisches Deliktsrecht und seine Relevanz für das Recht islamischer Staaten, 2.

212 Vgl. *Ashrafnia,* Scharia-konforme Finanzinstrumente, 28.

213 *Rohe,* Das islamische Recht, 56; *Rohe,* Islamic Law in Past and Present, 241.

214 *Dilger,* Das Schweigen des Gesetzgebers als Mittel der Rechtsfortbildung im Bereich des islamischen Rechts, in: Haarmann/Bachmann, Die Islamische Welt Zwischen Mittelalter und Neuzeit, 81, 83; *Ebert,* Orient: Deutsche Zeitschrift für Politik, Wirtschaft und Kultur 2002, 365, 369f. Vgl. auch *Krawietz,* Die Welt des Islams 2002, 3.

die Kodifizierung von Normen die Rechtsanwendung und Rechtsauslegung vereinfachen kann.[215]

Im Rahmen der Reformdiskussionen wurde jedoch nicht nur eine Modernisierung des islamischen Rechts durch Auswahl und Kombination klassischer Lehren gefordert. Teilweise wurde eine grundlegende Erneuerung des islamischen Rechts angestrebt. Gegenstand dessen war die Rückbesinnung auf die historischen Quellen des islamischen Rechts und deren Neuinterpretation mittels *iǧtihād* im Lichte der Bedürfnisse des modernen Zeitalters.[216] Das Festhalten an Rechtsnormen einzelner Rechtsschulen entsprach nicht den Anforderungen der Moderne.[217] Insbesondere die Schließung des Tores der selbstständigen Rechtsfindung, seine Wiedereröffnung oder gar die These, dass seine vermeintliche Schließung auf einem Irrtum beruhe, bildete daher einen Schwerpunkt der Diskussionen.[218] Nicht zuletzt wurde sich mit der Frage auseinandergesetzt, welche Regelungsabsicht einer bestimmten Norm zugrunde liegt, um so beispielsweise unter Bezugnahme auf eine Notlage (*ḍarūra*) oder die gesellschaftliche Notwendigkeit (*'umūm al-balwā*) eine Überwindung veralteter Normen zu erreichen.[219]

Gemeinsam war allen Bewegungen die Forderung nach einer Reislamisierung des positiven Rechts. Verkörpert wurde dies ab dem Jahr 1966 durch den durch das ägyptische Ministerium für religiöse Angelegenheiten neu einberufenen »Ausschuss zu Klärung der Prinzipien der islamischen Shari'a«, der dem »Obersten Rat für islamische Angelegenheiten« in Ägypten unterstellt wurde. Seine Aufgabe war es, die gesamte Shari'atische Überlieferung zu sammeln, aufzubereiten und der Wissenschaft zur Verfügung zu stellen, um so eine Grundlage zu schaffen, das positive Recht und die Shari'a in Einklang zu bringen.[220]

Die moderne Diskussion in der islamischen Rechtswissenschaft ist folglich von Reislamisierungsforderungen geprägt, die eine Kodifkation des islamischen Rechts und eine Verstaatlichung nicht in Frage stellen. Vielmehr stellt sie die

215 *Ebert,* GAIR-Mitteilungen 2014, 135, 138.

216 Dies wurde so wohl auch vom ägyptischen Verfassungsgerichtshof angenommen, der die »Prinzipien der islamischen Sharia« dahingehend interpretierte, dass der Gesetzgeber an die Grundsätze der islamischen *šarīʿa* insofern gebunden sei, als die von ihm erlassenen Gesetze keiner bestandskräftigen islamischen Regelung widersprechen dürften und dass bestandskräftige Regelungen nur solche allgemeinen Grundsätze und unveränderlichen Quellen des islamischen Rechts darstellten, die einer Auslegung nicht zugänglich seien. Siehe dazu unten unter § 3, II.4. Konkrete Bedeutung für den Gesetzgeber.

217 *Muranyi,* Ägypten, in: Ende/Steinbach, Der Islam in der Gegenwart, 344, 350.

218 Vgl. *Zacharias,* Islamisches Recht und Rechtsverständnis, in: Muckel, Der Islam im öffentlichen Recht des säkularen Verfassungsstaates, 43, 108 m. w. N.

219 Vgl. *Ebert,* GAIR-Mitteilungen 2009, 42, 43; *Rohe,* Islamic Law in Past and Present, 244f.

220 *Zacharias,* Islamisches Recht und Rechtsverständnis, in: Muckel, Der Islam im öffentlichen Recht des säkularen Verfassungsstaates, 43, 112; *Muranyi,* Ägypten, in: Ende/Steinbach, Der Islam in der Gegenwart, 344, 348.

Forderung nach einer »Neudefinition des islamischen Rechts im modernen Nationalstaat«[221] in den Mittelpunkt. Damit einher geht der Übergang der Deutungshoheit über das islamische Recht von den *fuqahā'* auf den Staat.

II. Kodifikationen des 20. Jahrhunderts

Obwohl zumindest die *Mecelle* einen großen territorialen Einfluss hatte, ist sie im letzten Jahrhundert durch eigene Zivilgesetzbücher der einzelnen arabischen Staaten verdrängt worden, deren Entstehung in die Zeit der Reformdiskussionen fällt. Der Großteil dieser Kodifikationen – das VAE-ZGB ist eines der jüngeren – steht in direktem Zusammenhang zueinander, weshalb sie einer Familie zugeordnet werden können.

Diese Verknüpfung lässt sich anhand zweier Punkte besonders deutlich erkennen: Einerseits räumen die Verfassungen fast aller dieser Länder der Shari'a eine besondere Stellung als Quelle der Gesetzgebung ein. Andererseits nimmt das ägyptische Zivilgesetzbuch eine Vorbildstellung ein, das insbesondere durch den Code Civil geprägt wurde und durch dessen Rezeption sich der französischrechtliche Einfluss auch auf die anderen Rechtsordnungen ausbreiten konnte.

1. Verankerung der Shari'a als Quelle der Gesetzgebung

Dass das islamische Recht in den modernen Rechtsordnungen der muslimischen Staaten eine Rolle spielt, ist im Allgemeinen unstrittig. Fast alle diese Länder verfügen heute über geschriebene Verfassungen, denen eine Orientierung an den europäischen Verfassungstexten gemeinsam ist, jedoch auch Elemente des Islam beinhalten.[222] Ab der Mitte des 20. Jahrhunderts erreichten die Reformbewegungen auch die Inkorporation des islamischen Rechts in die Verfassungstexte.[223] So ist in vielen Verfassungen des Nahen Ostens und Nordafrika[224] die Shari'a

221 *Bälz,* RabelsZ 1998b, 437, 462.

222 *Bälz,* Das moderne arabische Recht, in: Ebert/Hanstein, Beiträge zum islamischen Recht II, 175, 177.

223 *Lombardi/Brown,* A. U. Int. L. Rev. 2006, 379, 388f. Bis dahin war, wenn überhaupt, der Islam nur als Staatsreligion in der Verfassung verankert, *Brown/Sherif,* Inscribing the Islamic Shari'a in Arab Constitutional Law, in: Haddad/Stowasser, Islamic Law and the Challenges of Modernity, 55, 60f. Diese Tendenz lässt sich insbesondere auf einen im Jahre 1971 veröffentlichten Tätigkeitsbericht des »Ausschusses zur Klärung der Prinzipien der islamischen *šarī'a*« des ägyptischen »Obersten Rates für islamische Angelegenheiten« zurückführen, nach dem der Ausschuss das Ziel verfolge, »dass die Scharia zur Grundquelle (der gesamten Gesetzgebung) genommen werden möge oder wenigstens eines Teiles oder dass man aus der

mittlerweile als Quelle der Gesetzgebung verankert.[225] Nach ihrem Wortlaut lassen sie sich in mehrere Gruppen aufteilen, die der Shari'a auf den ersten Blick ein unterschiedliches Maß an Relevanz zusprechen.[226]

Ägypten, Qatar und Libyen bezeichnen die Prinzipien der islamischen Shari'a/die islamische Shari'a als *die Hauptquelle* der Gesetzgebung.[227] In diese Gruppe reihen sich die jemenitische und die omanische Verfassung ein, die die islamische Shari'a als *die Basis/Quelle* aller Gesetze festlegen.[228] Bahrain, Kuwait, Syrien und die Vereinigten Arabischen Emirate bezeichnen die islamische Shari'a/den islamischen *fiqh* hingegen als *eine Hauptquelle* der Gesetzgebung.[229] Das Regierungsgrundgesetz Saudi-Arabiens erklärt in seinem Art. 1 den »Heiligen Koran und die Sunna des Propheten« zur wahren Verfassung.[230]

Demnach stellt die Shari'a lediglich in Saudi-Arabien unmittelbar geltendes Recht dar.[231] Die anderen Verfassungsklauseln sprechen der Shari'a dagegen eine besondere Rolle bei der Gesetzgebung zu, indem sie sie zu *der* oder *einer Quelle* beziehungsweise *Hauptquelle* der Gesetzgebung erheben. Für den Gesetzgeber bedeutet dies je nach genauer Auslegung der verfassungsrechtlichen Islamklauseln, dass er das islamische Recht bei der Schaffung von Gesetzen berücksichtigen kann oder gar berücksichtigen muss.[232]

---

in der Scharia enthaltenen juristischen Einsicht (arab.: al-fiqh) bei der Gesetzgebung Nutzen ziehe.«, *Nagel*, Das islamische Recht, 338.

224 Zur Kompatibilität von Verfassung und Islam siehe *Ebert*, Die Interdependenz von Staat, Verfassung und Islam im Nahen und Mittleren Osten in der Gegenwart, 108ff.

225 Die Ausnahme bilden Jordanien, Irak, Tunesien, Marokko, Algerien, der Libanon und Israel.

226 Dass die aus dem Wortlaut erkennbare Bedeutung der Šarīʿa innerhalb der Gruppen unterschiedlich interpretiert wird, wird später am Beispiel der Vereinigten Arabischen Emirate aufgezeigt. Zu den Islamklauseln einiger islamischer Länder und ihrer Interpretation siehe *Lombardi*, A. U. Int. L. Rev. 2013, 733.

227 Art. 2 der ägyptischen Verfassung von 2014, in der Fassung von 2019; Art. 1 der qatarischen Verfassung von 2003; Art. 1 der libyschen Verfassung von 2011, in der Fassung von 2012. Der Verfassungsentwurf aus 2016 beschreibt die islamische Shari'a in Art. 8 als »die Quelle der Gesetzgebung nach den anerkannten Doktrinen und Interpretationen«. Der Zeitplan für ein Referendum ist jedoch unklar.

228 Art. 3 der jemenitischen Verfassung von 1991, in der Fassung von 2015; Art. 2 der omanischen Verfassung von 1996, in der Fassung von 2011.

229 Art. 2 bahreinische Verfassung von 2002, in der Fassung von 2017; Art. 2 kuwaitische Verfassung von 1992; Art. 3 der syrischen Verfassung von 2012; Art. 7 der emiratischen Verfassung von 1971, in der Fassung von 2009.

230 Art. 1 des saudi-arabischen Regierungsgrundgesetzes von 1992, in der Fassung von 2013.

231 Damit unterscheidet sich das saudi-arabische Rechtssystem grundlegend von dem anderer islamischer, jedoch weitgehend säkular geprägter Staaten.

232 Wie die Islamklausel der VAE-Verfassung auszulegen ist und was dies für das Verständnis des VAE-ZGB bedeutet, wird später erörtert, siehe unten unter § 3, II. Einfluss des islamischen Rechts auf die Gesetzgebung.

2. Entwicklung des *ägyptischen Rechtskreises*

Die Verkündung des ägyptischen Zivilgesetzbuches am 16. Juli 1948 markiert den Beginn der Entwicklung des *ägyptischen Rechtskreises*[233], in den sich fast vierzig Jahre später auch das VAE-ZGB einordnete.

a) Das ägyptische Zivilgesetzbuch von 1948

Vor Inkrafttreten des Ä-ZGB am 15. Oktober 1949 basierte das ägyptische Vermögensrecht auf dem *Code Civil Mixte* (1875), der für alle Rechtsstreitigkeiten mit mindestens einer ausländischen Partei zur Anwendung kam und dem französischem Code Civil in erheblichem Maße ähnelte, und dem *Code Civil Indigène* (1883), der auf ersterem basierte und bei Rechtsstreitigkeiten zwischen Ägyptern angewendet wurde.[234] Dass sich das ägyptische Rechtswesen vor allem auf das französische Recht berief, lässt sich nicht nur darauf zurückführen, dass sich Ägypten im 19. Jahrhundert zu dem Mittelpunkt europäischer Handelsinteressen entwickelte, dies zu einem erhöhten Ausländerzuzug führte und ein einheitliches Recht erforderte.[235] Ursächlich war vor allem auch der Umstand, dass das islamische Recht aufgrund seiner vermeintlichen Stagnation nach Schließung des Tores der selbstständigen Rechtsfindung nicht mehr den Bedürfnissen einer modernen Rechtsordnung entsprach.[236] Da die französische Rechtsausbildung in Ägypten eine große Rolle spielte und die Übernahme umfassender französischer Gesetze einfach umzusetzen war, konnte sich das Civil Law gegenüber dem Common Law durchsetzen, das auch beständig blieb, als Großbritannien *de facto* die Herrschaft in Ägypten erlangte.[237]

Mit der Erreichung der formellen Unabhängigkeit am 28. Februar 1922 und dem Vertrag von Montreux im Jahre 1937, durch den die gesetzliche und juristische Sonderstellung von Ausländern in Ägypten beendet wurde, wurden die gemischten Gerichte aufgehoben und die einheimischen Gerichte erlangten die Stellung nationaler Gerichte. Das ägyptische Zivilrecht musste deshalb als na-

233 Nach *Krüger*, Recht van de Islam 1987, 98, 108.

234 Vgl. *Dilger*, Die Entwicklung des islamischen Rechts, in: Ahmed/Schimmel/Schröder u. a., Islamische Kultur, zeitgenössische Strömungen, Volksfrömmigkeit, 60, 77f; *Yassari*, Ausstrahlung des europäischen Privatrechts auf islamische Länder, in: Basedow/Hopt/Zimmermann u. a., Handwörterbuch des Europäischen Privatrechts, 150, 152. Für eine Analyse der Ursachen für die Rezeption des französischen Rechts siehe *Pohlhausen*, Unternehmensfinanzierung am Kapitalmarkt in den arabischen Staaten, 33ff.

235 *Yassari*, Ausstrahlung des europäischen Privatrechts auf islamische Länder, in: Basedow/Hopt/Zimmermann u. a., Handwörterbuch des Europäischen Privatrechts, 150, 152.

236 Vgl. *al-Zarqa*, Islamic Jurisprudence and the Schools of Religious Law, in: Ansari/Nawwab, The Different Aspects of Islamic Culture, 707, 736.

237 *Mallat*, Introduction to Middle Eastern Law, 241f.

tionales Recht ausgestaltet werden.[238] Die bisherige Orientierung am französischen Recht war Auslöser für immer lauter werdende Forderungen, das stark französisch geprägte Recht zu reformieren und es unter Hinzuziehung des islamischen Rechts stärker an die Mentalität des Landes anzupassen.[239] Mit der Schaffung eines neuen Zivilgesetzbuches wurde der ägyptische Jurist ʿAbd ar-Razzāq as-Sanhūrī[240] betraut, der mit seiner Arbeit einen neuen Meilenstein setzte und in den Folgejahren auch bei der Entwicklung weiterer Gesetze vieler anderer islamischer Staaten des Nahen Ostens und Nordafrika maßgeblich mitwirkte.[241]

Sanhūrī, der als Schüler Edouard Lamberts[242] in Frankreich promovierte, nahm eine überragende Bedeutung für das ägyptische Rechtswesen des 20. Jahrhunderts ein. Er war Professor für Zivilrecht an der Universität Kairo, wurde im Jahre 1944 zum Justizminister ernannt und bekleidete von 1945 bis 1949 mit einer kurzen Unterbrechung das Amt des Erziehungsministers.[243] Ab Erlangen formeller Unabhängigkeit im Jahre 1922 befand sich Ägypten in einer Phase der Identitätsfindung, die geprägt war vom westlich-europäischen Liberalismus, dem entstehenden arabischen Nationalismus und dem Festhalten am islamischen Erbe.[244] In diesem Umfeld befand sich auch Sanhūrī bei der Erarbeitung des neuen ägyptischen Zivilgesetzes. Er verfolgte das Ziel, das islamische Recht als wichtigen Bestandteil der Rechtvergleichung zu etablieren und sah es daher als Notwendigkeit an, das islamische Recht an moderne Verhältnisse anzupas-

238 *Ebert/Hefny*, Islamisches Zivilrecht der hanafitischen Lehre, 21; *Dilger*, Die Entwicklung des islamischen Rechts, in: Ahmed/Schimmel/Schröder u. a., Islamische Kultur, zeitgenössische Strömungen, Volksfrömmigkeit, 60, 78.

239 Vgl. *Badr*, Tul. L. Rev. 1955–1956, 299, 301; *Bälz*, ZEuP 2000, 51, 59. Die Forderung war Teil einer größeren fundamentalistischen Bewegung, die vor allem von den Muslimbrüdern vorangetrieben wurde. Vgl. dazu *Ebert*, Die Interdependenz von Staat, Verfassung und Islam im Nahen und Mittleren Osten in der Gegenwart, 85ff; *Steinbach*, Einleitung: Vom islamisch-westlichen Kompromiß zur »Re-Islamisierung«, in: Ende/Steinbach, Der Islam in der Gegenwart, 198, 206ff; *Layish*, Islamic Law & Society 2014, 276, 296ff.

240 Zu Leben und Wirken as-Sanhūrīs sei insbesondere verwiesen auf: *Schneider*, Sanhūrī, as-, in: Stolleis, Juristen: ein biographisches Lexikon, 551; *Shalakany*, Sanhuri, and the historical origins of comparative law in the Arab World, in: Riles, Rethinking the Masters of Comparative Law, 152; *Hill*, ALQ 1988, 33; *Hill*, ALQ 1988, 182.

241 *Hill*, ALQ 1988, 182, 202.

242 Lambert war bis 1907 Direktor der Khedivischen Rechtsschule in Kairo und richtete danach ein *seminaire orientale d'études juridiques et sociales* im Rahmen eines Postgraduiertenstudiums für ägyptische Studenten an der Universität Lyon ein, das später als *Institut de droit comparé* der juristischen Fakultät angegliedert war, *Hill*, ALQ 1988, 33, 44. Zu seinen Arbeiten zur Rechtsvergleichung und dem islamischen Recht siehe *Corcodel*, Yearbook of Islamic and Middle Eastern Law 2016–2017, 134ff.

243 *Goldschmidt*, Biographical Dictionary of Modern Egypt, 180f.

244 Siehe dazu *Safran*, Egypt in Search of Political Community.

sen.[245] Mit dem neuen ägyptischen Zivilgesetzbuch versuchte er, eine »islamische Kodifikation« zu schaffen.[246]

Der Entstehungsprozess nahm einige Zeit in Anspruch, zumal Sanhūrī sich immer wieder gegen Stimmen durchsetzen musste, die eine reine Kodifizierung der Shari'a forderten.[247] Sanhūrī hingegen versuchte, eine Synthese von islamischen Rechtsprinzipien und modernen Rechtsordnungen zu entwickeln, um so ein Gesetzbuch zu schaffen, das islamisch geprägt und gleichzeitig an die modernen ägyptischen Verhältnisse angepasst ist und auf diese Weise aus dem Schatten des französischen Einflusses tritt.[248] Das Ergebnis Sanhūrīs gesetzgeberischer Tätigkeit ist ein Gesetzbuch, dessen Vorschriften auf gründlicher rechtsvergleichender Arbeit beruhen. Seine Methode wird nicht umsonst als »Al-Sanhūrī's legal pluralism«[249] bezeichnet: Unter Heranziehung der osmanischen *Mecelle* und des *Muršid al-ḥayrān* löste sich Sanhūrī von der Kasuistik des islamischen Rechts und extrahierte daraus – ganz nach dem Vorbild moderner europäischer Kodifikationen – allgemeine Rechtsprinzipien.[250] Darüber hinaus berücksichtigte er die bis dato geltenden Gesetze in Ägypten, die Rechtsprechung der ägyptischen Gerichte und Vorschriften moderner europäischer Gesetzbücher, insbesondere den französischen Code Civil.[251] Sanhūrī versuchte so nicht nur Rechtsinstitute des *fiqh* in das ZGB aufzunehmen, sondern suchte nach neuen Lösungen, die grundsätzlich mit dem islamischen Recht im Einklang

---

245 Dies drückte er bereits in seiner Dissertation aus, *as-Sanhūrī*, Le Califat, 578ff. Auf der Internationalen Konferenz für Rechtsvergleichung in Den Haag im Jahre 1932 forderte er die Rechtsfakultät der ägyptischen Universität auf, die Initiative zu ergreifen und eine Bewegung zur Reform des islamischen Rechts einzuleiten, weil er der Ansicht war, dies sei »just as vital for the Orient as was the rebirth of Roman Law for Europe a few centuries ago«, *Hill*, ALQ 1988, 33, 51, der *as-Sanhūrī*, L'Université égyptienne au congrès international de droit compare de la Haye, in: Majallat al-qanum wal-iqisad 2(5), 1932, 311f. zitiert.

246 Vgl.; *as-Sanhūrī*, Le Droit musulman comme élément de refonte du Code Civil Egyptien, in: Garraud, Introduction à l'étude du droit comparé, II, 621, 621f; *Hill*, ALQ 1988, 33, 57.

247 *Hill*, ALQ 1988, 182, 183f. Das Komitee zur Schaffung eines neuen Zivilgesetzbuches wurde bereits im März 1936 einberufen, dessen Besetzung sich dann noch zwei Mal änderte und letztlich nur noch aus Sanhūrī und seinem früheren Lehrer Lambert bestand, *Hill*, ALQ 1988, 182, 182.

248 *As-Sanhūrī*, al-Wasīṭ fī šarḥ al-qānūn al-madanī al-ǧadīd, I: Naẓarīyat al-iltizām bi-waǧh ʿāmm. Maṣādir al-iltizām, (Vorwort), zitiert in *Mallat*, Introduction to Middle Eastern Law, 263; *Bechor*, The Sanhuri Code, and the Emergence of Modern Arab Civil Law, 79ff.

249 .*Arabi*, Studies in modern Islamic law and jurisprudence, 75.

250 Vgl. *Hill*, ALQ 1988, 33, 34.

251 Vgl. *as-Sanhūrī*, al-Wasīṭ fī šarḥ al-qānūn al-madanī al-ǧadīd, I: Naẓarīyat al-iltizām bi-waǧh ʿāmm. Maṣādir al-iltizām, 50f; *Anderson*, RabelsZ 1966, 242, 250; *Yassari*, Ausstrahlung des europäischen Privatrechts auf islamische Länder, in: Basedow/Hopt/Zimmermann u.a., Handwörterbuch des Europäischen Privatrechts, 150, 154. Die methodische Vorgehensweise Sanhūrīs erinnert an das Prinzip des *taḫaiyur*, *Bechor*, The Sanhuri Code, and the Emergence of Modern Arab Civil Law, 79ff; *Pohlhausen*, Unternehmensfinanzierung am Kapitalmarkt in den arabischen Staaten, 42f.

stehen.[252] Darüber hinaus erhob er das islamische Recht erstmals zu einer formellen Rechtsquelle, auf die der Richter bei Rechtslücken zurückzugreifen hat.[253]

Obwohl Sanhūrī das Ä-ZGB im Hinblick auf die Quellen, die auf das Gesetz Einfluss genommen haben, als vielschichtig verkaufte, wurde es seit seinem Inkrafttreten immer wieder wegen seiner vermeintlichen Ignoranz gegenüber dem islamischen Recht kritisiert.[254] Anlass dazu wird die bis dato wohl ungewöhnliche Struktur des Gesetzes gegeben haben: Anders als noch in der *Mecelle* verzichtete Sanhūrī auf eine zentrale Stellung der Regelungen zum Kaufvertrag, der somit fortan nicht mehr als »Modell« für andere Vertragsarten dienen sollte. Stattdessen führte er eine allgemeine Vertragstheorie in das Gesetz ein.[255]

Demgegenüber geben die Aufzeichnungen der Revisionsaktivitäten die detaillierten und ausführlichen Überlegungen preis, die in das Ä-ZGB eingeflossen sind. Insbesondere zeigen sie, inwiefern und warum verschiedene Artikel entweder aus den islamischen Texten oder dem Geiste der Shari'a abgeleitet wurden.[256] Trotzdem beschrieb selbst Sanhūrī das Ä-ZGB einige Jahre später als westliches Gesetz.[257] Eine plötzliche Rückkehr zum islamischen Recht wäre nur schwierig umzusetzen gewesen und hätte für Verwirrung gesorgt. Der Gesetzgeber habe vielmehr geglaubt, einen Schritt hin zur Rückkehr zur islamischen Rechtswissenschaft gemacht zu haben.[258] Es gebe jedoch Regelungen, die nicht im Einklang mit der Shari'a stünden.[259] Das Ä-ZGB kann demnach eher beschrieben werden als ein vor allem westlich (französisch) geprägtes Zivilgesetzbuch, das im Großen und Ganzen mit dem islamischen Recht vereinbar ist. Direkte islamische Einflüsse finden sich aber nur wenige.[260]

---

252 Vgl. *Anderson*, Islamic Quarterly 1954, 29, 32ff.

253 Art. 1 (2): »Wenn der Richter keine entsprechenden Bestimmungen in diesem Gesetz findet, entscheidet er nach dem Gewohnheitsrecht und in Ermangelung von Gewohnheitsrecht, nach den Prinzipien des islamischen Rechts.« Für einen Vergleich dieser Bestimmungen mit den korrespondierenden und dennoch »islamischeren« Bestimmungen des J-ZGB und VAE-ZGB sei auf die Synopse verwiesen.

254 *Mallat*, Introduction to Middle Eastern Law, 266; *Hill*, ALQ 1988, 33, 35.

255 Vgl. *Mallat*, Introduction to Middle Eastern Law, 267f.

256 *Hill*, ALQ 1988, 33, 35.

257 »In truth, the new Egyptian civil code is a faithful representative of Western civilian culture«, *as-Sanhūrī*, al-qanun al-madani al-ʿarabi, 1962, 12, zitiert und übersetzt in *Shalakany*, Islamic Law & Society 2001, 201.

258 *Hill*, ALQ 1988, 182, 186.

259 Vgl. *Zanki*, ALQ 2016, 72, 89.

260 *Anderson* hat in einer detaillierten Analyse die islamisch-rechtlichen Einflüsse auf das Ä-ZGB in vier Gruppen aufgeteilt: 1. Das Erheben der Shari'a zu einer Quelle, auf die ein Richter bei Rechtslücken zurückzugreifen hat; 2. Das islamische Recht als Maßstab bei der Entscheidung zwischen gegensätzlichen Konzepten moderner europäischer Gesetzbücher; 3. Prinzipien oder Regelungen, die der Shari'a unmittelbar entnommen wurden; 4. Prinzipien oder Regelungen vorheriger Rechtsvorschriften, die auf der Shari'a gründen und in das neue ZGB übernommen wurden. Vgl. *Anderson*, Islamic Quarterly 1954, 29, 31ff.

Die politischen Stimmen, die eine Islamisierung des ägyptischen Rechtssystems bereits in früheren Jahren forderten, wurden daraufhin zunehmend stärker. Gründe dafür fanden sie vor allem in der Verwurzelung des ägyptischen Volkes im Islam, der Annahme, westliche Werte, Institutionen und Praktiken würden die islamische Kultur verdrängen, und der Niederlage im Sechs-Tage-Krieg im Juni 1967, die sie auf die Abkehr des ägyptischen Volkes von ihrer Religion zurückführten.[261] Die daraus hervorgehende allgemeine rechtspolitische Debatte[262] mündete in einer Verfassungsänderung im Jahre 1980, nach der die Verfassung fortan die Prinzipien des islamischen Rechts als *die* Hauptquelle der Gesetzgebung deklarierte.[263] Die ägyptische Regierung bezweckte damit die Überprüfung der existierenden Gesetze im Hinblick auf ihre Konformität mit der Shari'a. Nur solche Gesetze, die nachweislich dem islamischen Recht widersprechen würden, sollten aufgehoben werden.[264] Letztlich hatte die Verfassungsänderung jedoch mehr symbolischen Charakter, als dass eine Kehrtwende der Regierung hin zu einer rein islamischen Gesetzgebung tatsächlich stattgefunden hätte.[265] So wurde über den Entwurf eines neuen, vollständig islamkonformen Zivilgesetzbuches im ägyptischen Parlament schließlich nicht mehr debattiert.[266] Weiterhin gilt bis heute das Ä-ZGB von 1948, das als »arabisiertes französisches Recht«[267] und stellenweise freilich nur schwer als islam-konform bezeichnet werden kann.[268]

261 *Najjar,* Middle East Policy 1992, 62, 63f.

262 So vertrat der Präsident des ägyptischen Parlaments: »Die Anwendung des islamischen Rechts ist eine Notwendigkeit, die sich sowohl aus der Natur der Umstände als auch aus den Bestimmungen des heiligen Korans ergibt. Es geht um die Rückgewinnung der islamischen Identität und der arabischen Identität bei den arabischen Völkern.«, *Abū-Ṭālib,* Taṭbīq aš-šarīʿa al-islāmīya fi 'l-bilād al-ʿarabīya, 5, Übersetzung nach *Bälz,* Versicherungsvertragsrecht in den Arabischen Staaten, 161f.

263 *Peters,* ALQ 1988, 231, 236; *Najjar,* Middle East Policy 1992, 62, 64, der auf ägGBl. Nr. 26/1980 verweist; *Lombardi/Brown,* A. U. Int. L. Rev. 2006, 379, 390.

264 Bericht des Generalkomitees, der der Volksversammlung auf ihrer Tagung vom 15. September 1981 vorgelegt und von ihr gebilligt wurde, zitiert in *Verfassungsgerichtshof Ägypten,* 4.5.1985, ALQ 1, 100, 105.

265 *Mayer,* American Journal of Comparative Law 1987, 127, 138.

266 Dazu genauer *Hill,* ALQ 1988, 182, 214; *Peters,* ALQ 1988, 231, 236ff; *Bälz,* RabelsZ 1998b, 437, 448.

267 *Krüger,* EJIMEL 2013, 102.

268 Dies gilt insbesondere für die Zinsbestimmungen und die Regelungen zum Versicherungsvertrag. Siehe dazu unten unter § 10 Zinsverbot und § 11 Versicherungsvertragsrecht.

b) Rezeption des ägyptischen Vermögensrechts in den arabischen Staaten

Nachdem ab Mitte des 20. Jahrhunderts viele arabische Staaten nach jahrelanger Einflussnahme westlicher Kolonialmächte ihre Unabhängigkeit erlangten, mussten nationale Gesetze geschaffen werden, obwohl es an einheimischen ausgebildeten Juristen mangelte.[269] Eine Rechtsordnung nach westlichem Vorbild schien für die arabischen Regierungen unausweichlich, um ausländische Unternehmen und Investoren anzuziehen. Das islamische Recht als starres und wenig systematisiertes Rechtssystem passte nicht zu der Realität moderner und entwickelter Staaten. Ihr Modernitätsstreben veranlasste die arabischen Staaten daher zu einer Rezeption westlich inspirierter Gesetze.[270] Nicht nur der französische Einfluss, sondern insbesondere die politische und kulturelle Nähe zu Ägypten machten das ägyptische Zivilgesetzbuch von 1948 für die angestrebten Zivilrechtskodifikationen zu einem Referenzwerk.[271] Die Übernahme des ägyptischen Rechts funktionierte, obwohl die rezipierenden Staaten wirtschaftlich und sozial unterschiedlich aufgestellt waren. Dieser Umstand führte in der rechtswissenschaftlichen Literatur einerseits zu der Annahme, Sanhūrī habe ein »taugliches und elastisches Instrument« geschaffen, das die »überragende Leistung des Schöpfers [...] immer wieder neu bestätigt«.[272] Andererseits ließ er den Schluss zu, dass das Ä-ZGB »ideologisch so farblos« sei, »dass es ohne Rücksicht auf unterschiedliche politische Systeme in den arabischen Ländern rezipiert werden konnte«.[273]

Die arabischen Staaten rezipierten das Ä-ZGB jedoch keineswegs im Ganzen. Denn ähnlich der Entwicklung in Ägypten wurde auch in den rezipierenden Staaten die Renaissance des Islam und damit die Forderung nach einer »Reislamisierung« des Rechts immer präsenter.[274] Die Gesetzgeber nahmen daraufhin zwar keinen Abstand von säkularer Rechtssetzung, bemühten sich aber um den Erlass von Gesetzen (auf Grundlage des Ä-ZGB), die den Anspruch erhoben, islam-konform zu sein.[275] Dafür baten einige von ihnen wiederum Sanhūrī um Hilfe, der die Verschmelzung von islamischen Rechtsprinzipien und westlich geprägten Regelungen abhängig von den geltenden Gesetzen und dem rechts-

---

269 Vgl. *Krüger*, Zur Rezeption des ägyptischen Zivilrechts in der arabischen Welt, in: Heckel, Rechtstransfer, 9, 21.

270 *Pohlhausen*, Unternehmensfinanzierung am Kapitalmarkt in den arabischen Staaten, 36.

271 Vgl. *Badr*, Tul. L. Rev. 1955–1956, 299, 302.

272 *Krüger*, Zur Rezeption des ägyptischen Zivilrechts in der arabischen Welt, in: Heckel, Rechtstransfer, 9, 21.

273 *Dilger*, Tendenzen der Rechtsentwicklung, in: Ende/Steinbach, Der Islam in der Gegenwart, 170, 186; *Dilger*, Die Entwicklung des islamischen Rechts, in: Ahmed/Schimmel/Schröder u.a., Islamische Kultur, zeitgenössische Strömungen, Volksfrömmigkeit, 60, 83.

274 *Al-Muhairi*, ALQ 1996, 34, 42ff.

275 *Bälz*, Versicherungsvertragsrecht in den Arabischen Staaten, 159; *Al-Muhairi*, ALQ 1996, 34, 45f.

historischen Kontext des jeweiligen Staates zu perfektionieren versuchte.[276] Später bezeichnete er das irakische ZGB als sein Hauptwerk, in dem er nun tatsächlich islam-konforme Regelungen nach westlichem Vorbild entwickelt habe.[277]

Die Vereinheitlichung des Zivilrechts der arabischen Staaten ist somit insbesondere auf das Wirken Sanhūrīs zurückzuführen. Beeinflusst hat er (wenn auch mittelbar) mindestens elf arabische Staaten.[278] Und nicht nur die gesetzlichen Bestimmungen des Ä-ZGB haben in diesen Rechtsordnungen Einzug gefunden. Auch der Kommentar Sanhūrīs zum Ä-ZGB »*al-Wasīṭ*«[279] ist heute Referenzquelle in den Ländern des ägyptischen Rechtskreises.[280]

III. Fazit

Nach jahrhundertelanger Stagnation der Fortentwicklung des islamischen Rechts haben sich seit Mitte des 19. Jahrhunderts Veränderungen innerhalb der Rechtsordnungen muslimischer Staaten ergeben, die sich auch auf das islamische Recht auswirkten. Insbesondere der Einfluss westlicher Kolonialmächte veranlasste die Übernahme der europäischen Kodifikationsidee, die zunächst größtenteils durch Rezeption des europäischen Rechts umgesetzt wurde. Für solche Rechtsgebiete, die das islamische Recht zumindest dem Grunde nach umfasste, fanden gleichzeitig erste Bemühungen statt, das islamische Recht zu kodifizieren. Besondere Geltung erlangte die *Mecelle*, die in der zweiten Hälfte des 19. Jahrhunderts im Osmanischen Reich offiziell in Kraft gesetzt wurde und das Vermögensrecht nach hanafitischer Lehre kodifizierte. Die Kodifikation des islamischen Rechts stellte eine tiefgreifende Reform des gottgegebenen Rechts

276 *Hill*, ALQ 1988, 33, 39.

277 *Krüger*, Recht van de Islam 1997, 67, 92. Dies lag insbesondere daran, dass im Iraq bis dahin die *Mecelle* als Zivilgesetzbuch fungierte und nicht das rezipierte französische Recht wie in Ägypten. Da Sanhūrī seine Arbeiten immer auf die individuellen Umstände des jeweiligen Staates anpasste, konnte er im Iraq daher vielmehr auf die islamischen Lehren zurückgreifen als im französisch geprägten Ägypten, *Anderson/Coulson*, Saeculum 1967, 14, 40; *Hill*, ALQ 1988, 33, 54f.

278 Irak (I-ZGB), Libyen (L-ZGB), Kuwait (K-ZGB), Qatar (Q-ZGB), Somalia (So-ZGB), Algerien (A-ZGB), Jordanien (J-ZGB), Jemen (J-ZGB), Sudan (Su-ZGB), Vereinigte Arabische Emirate, Bahrain (B-ZGB), Oman (O-ZGB), Syrien (S-ZGB). Für einen kurzen Überblick über die Rezeptionsgeschichte wird verwiesen auf *Krüger*, Zur Rezeption des ägyptischen Zivilrechts in der arabischen Welt, in: Heckel, Rechtstransfer, 9ff.

279 *al-Wasīṭ fī šarḥ al-qānūn al-madanī al-ǧadīd* (Kommentar zum bürgerlichen Recht).

280 Krüger bezeichnet es gar als »faktische Rechtsquelle«, *Krüger*, Recht van de Islam 1997, 67, 76. Sanhūrī bezeichnete seinen Kommentar selbst als »arabischen Kommentar«, vgl. *Bälz*, ZEuP 2000, 51, 72.

dar, da mit ihr eine Abkehr von dessen überstaatlichem Charakter verbunden war und sie seinem heterogenen Charakter des widersprach.[281]

Das Eindringen westlicher Kodifikationen und die Verbindung des islamischen Rechts mit europäisch-inspirierten Gesetzen trat eine Reformdiskussion los, im Zuge derer eine Reislamisierung des staatlich gesetzten Rechts gefordert wurde. Als Möglichkeiten der Modernisierung wurde nicht nur die Auswahl und Verknüpfung von Interpretationsansätzen unterschiedlicher Lehrmeinungen angesehen, sondern auch eine gänzliche Neuinterpretation im Lichte moderner gesellschaftlicher Erfordernisse durch Rückbesinnung auf die Quellen des islamischen Rechtssystems.

Seit Mitte des 20. Jahrhunderts ist das Vermögensrecht in den arabischen Staaten, das zuvor teilweise in Form von rezipierten europäischen Kodifikationen Anwendung fand, neuerlich kodifiziert worden. Das im Jahre 1948 verabschiedete ägyptische Zivilgesetzbuch, stellte den Anfang der Kodifikationswelle dar und beeinflusste die nach und nach verabschiedeten Zivilgesetze dergestalt, dass mittlerweile von einem »*ägyptischen Rechtskreis*« gesprochen wird. Hauptakteur dieser Entwicklungen ist der ägyptische Jurist ʿAbd ar-Razzāq as-Sanhūrī, der versuchte, arabische Gesetzbücher in Form einer Synthese von europäischen Kodifikationen und dem islamischen Recht zu schaffen. Sein Erbe ist das entscheidende Charakteristikum des *ägyptischen Rechtskreises.*

Die Schaffung der arabischen Zivilgesetzbücher war den Reislamisierungsdebatten innerhalb der islamischen Rechtswissenschaften ausgesetzt. Anders als noch Ende des 19. Jahrhunderts wandten sich die Gesetzgeber von einer bloßen Rezeption des europäischen Rechts ab und versuchten, die Zivilgesetzbücher auf eine islamische Basis zu stellen. Für das Zivilgesetzbuch der Vereinigten Arabischen Emirate soll diese Islamisierung in einem vermeintlich westlichen Gesetz genauer untersucht werden. Zuvor werden jedoch die Entstehung des ZGB und die Rolle des islamischen Rechts im Rahmen der emiratischen Rechtsordnung beleuchtet.

281 Vgl. *Rohe,* Zum Wandel islamrechtlicher Normen im Kontext des säkularen Rechtsstaats, in: Elliesie/Anam/Hanstein, Islamisches Recht in Wissenschaft und Praxis, 269, der in diesem Prozess eine »Säkularisierung *par excellence*« sieht.

§ 3 Entstehung des Zivilgesetzbuches der Vereinigten Arabischen Emirate und die Rolle des islamischen Rechts in der emiratischen Rechtsordnung

Das folgende Kapitel umreißt den rechtshistorischen und verfassungsrechtlichen Hintergrund, vor dem das Zivilgesetzbuch der Vereinigten Arabischen Emirate zu betrachten ist. Insbesondere ist die Rolle, die das islamische Recht im Rahmen dieser Kodifikation spielt, zu definieren.

I. Historischer Kontext und Gesetzgebungsgeschichte

Auch das VAE-ZBG von 1985 lässt sich dem *ägyptischen Rechtskreis* zuordnen. Seine Gesetzgebungsgeschichte spiegelt die Reformbewegungen in den islamischen Staaten in Richtung einer Reislamisierung der staatlichen Gesetzgebung wider.

1. Die VAE als britisches Protektorat: Nebeneinander britischer und indigener Zuständigkeiten

Mit Etablierung der Handelsbeziehungen zu Indien durch die britische Ostindien-Kompanie war die Golfregion für Großbritannien aufgrund ihrer geographischen Lage von besonderer Bedeutung. Großbritannien übernahm die Verantwortung für die Absicherung der Handelsroute entlang der südlichen Golfküste.[282] Die Beduinen der Qawāsim, die sich dort ab der Mitte des 18. Jahrhunderts zunehmend Macht verschafften, bedrohten mit Piraterie gegen die Handelsschifffahrt auch den Indienhandel. Die militärischen Maßnahmen, mit denen Großbritannien reagierte, mündeten im Jahre 1820 in einen Friedens-

282 *Heard-Bey*, Vierteljahreshefte für Zeitgeschichte 1975, 155, 160; *Khalifa*, The United Arab Emirates: Unity in Fragmentation, 19f.

vertrag mit allen Emiraten.[283] Im Jahre 1853 wurde der »ewige Seefrieden« erklärt und die einzelnen Emirate wurden nach und nach zu Protektoraten Großbritanniens. Die zuvor als »Piratenküste« bekannte Region sollte fortan als »Vertragsküste« (Trucial Coast) bezeichnet werden.[284]

Trotz der britischen Vorherrschaft blieben die Emirate intern unabhängig. An ihrer Spitze standen absolute Herrscher.[285] Mit der durch die britischen Operationen in der Golfregion bedingte wachsende Zahl britischer Staatsbürger in der Region wurde Großbritannien in den 1950er Jahren jedoch die extraterritoriale Jurisdiktion zuteil, die britische Staatsbürger und Personen unter britischem Schutz, sowie britisches Eigentum, Schiffe und Luftfahrzeuge umfasste.[286] Neben den britischen extraterritorialen Gerichten operierten weiterhin die lokalen Gerichte, die Anfang des 20. Jahrhunderts in den wachsenden Küstenstädten eingerichtet worden waren und deren Rechtsprechung sich nach dem allgemein akzeptierten islamischen Recht richtete.[287] Zur Verfügung stand den Richtern jedoch nur wenig geschriebenes Recht. Einzig auf die *Mecelle*, die erste Kodifikation islamischer Grundsätze des Schuldrechts nach der ḥanafitischen Rechtsschule, nahmen sie Rückgriff, die dadurch mit der Zeit als Quasi-Zivilgesetzbuch fungierte.[288]

Mit der Förderung und dem Export von Öl ab den 1960er Jahren verschaffte sich die »Vertragsküste« eine zunehmend wichtigere Stellung in der Weltwirtschaft. Der Ölreichtum ermöglichte eine rasche Entwicklung und Modernisierung. Die Herrscher der Emirate begannen ihre Regierungssysteme neu zu strukturieren, eigene Gerichtssysteme einzurichten und eigene Gesetze zu erlassen.[289] Mit der Erklärung der britischen Regierung im Jahre 1968, sich bis Ende des Jahres 1971 aus dem Golf zurückzuziehen, wuchs auch der Wunsch nach einer Vereinigung der Emirate. Am 2. Dezember 1971 wurde die Gründung

283 *Heard-Bey*, Vierteljahreshefte für Zeitgeschichte 1975, 155, 161; *Al-Owais*, The role of the Supreme Court in the constitutional system of the United Arab Emirates: a comparative study, 17.

284 Vgl. *National Archives*, Historical Periods: British Era.

285 *Al-Owais*, The role of the Supreme Court in the constitutional system of the United Arab Emirates: a comparative study, 22.

286 Vgl. *Hawley*, The Trucial States, 178ff; *Brown*, The rule of law in the Arab world, 133; *Al-Muhairi*, ALQ 1996, 116, 124f.

287 Die Einrichtung solcher Gerichte war nötig geworden, da in den Küstenstädten immer mehr Personen ohne Stammesverbindung (insbesondere zugezogene Wüstenbewohner und Immigranten aus anderen Ländern) lebten und bis dato Rechtssysteme allein auf Stammesebene zu finden waren, *Al-Muhairi*, ALQ 1996, 116, 123.

288 *Ballantyne*, ALQ 1986, 245, 245f.

289 *Angell*, ALQ 1985–1986, 119, 121; *Al-Muhairi*, ALQ 1996, 116, 127.

eines unabhängigen, souveränen Staates mit dem Namen »Vereinigte Arabische Emirate« formell verkündet.[290]

2. Unabhängigkeit 1971: Schaffung einer emiratischen Rechtsordnung

Nach der Erklärung ihrer Unabhängigkeit im Jahre 1971 fanden sich die Vereinigten Arabischen Emirate in einem »legislativen Vakuum« wieder, das ohne die Hinzuziehung von qualifizierten Juristen aus anderen Ländern kaum gefüllt werden konnte.[291] Trotzdem dauerte es einige Jahre, bis es zu der Schaffung eines föderalen Gesetzesapparats kam. Zunächst blieben die hauptsächlich in den späten 60er Jahren ausgebauten lokalen Rechtssysteme der einzelnen Emirate weitestgehend unberührt.[292] Erst im Jahre 1978 wurde durch einen Beschluss des Ministerrates ein Ausschuss bestehend aus zwei Kommissionen gebildet, die mit der Islamisierung der emiratischen Rechtsordnung betraut wurden.[293] Damit reagierten auch die Vereinigten Arabischen Emirate auf die wachsende Tendenz einer Renaissance des Islams in der arabischen Welt.[294]

Anstatt die bestehenden Gesetze zu überprüfen und zu überarbeiten, wurden zahlreiche Entwürfe für föderale Gesetze erarbeitet, unter anderem für ein Zivilgesetzbuch.[295] Eine Orientierung am britischen Common Law hat hingegen nicht stattgefunden. Für die Herrscher in der Golfregion bedeutete das Bestehen von kodifiziertem Recht einen stärkeren Machterhalt und weitergehende legislative Kompetenzen, als in einem Common Law-System, das den Richtern erhebliche Autorität zusprechen würde.[296] Der britische Einfluss konnte sich auch deshalb nicht niederschlagen, weil die lokalen islamischen Gerichte und die britischen Juristen kaum miteinander in Berührung kamen. Anders als in Indien oder Pakistan hatte Großbritannien keine allgemeine Zuständigkeit inne, sodass

290 *Khalifa,* The United Arab Emirates: Unity in Fragmentation, 35; *National Archives,* Historical Periods: The Formation of the Federation.

291 *Al-Muhairi,* ALQ 1996, 116, 128.

292 *Angell,* ALQ 1985–1986, 119, 124.

293 Beschluss des Ministerrates Nr. 50/1978 zur Bildung von Ausschüssen, die die Gesetze des Staates überprüfen und Änderungen vorschlagen sollen, damit sie mit den definitiven Bestimmungen und den Grundprinzipien des islamischen *šarīʿa* entsprechen. Dieser Beschluss wurde nicht veröffentlicht, jedoch die Ausführungsbeschlüsse Nr. 27, 29, 30, 31, 31/1979 im Amtsblatt Nr. 69, *Al-Muhairi,* ALQ 1996, 350, 354. Die Gründungsverträge der Union finden sich auf der Homepage des National Archive, https://www.na.ae/en/archives/historicalarchives/union.aspx.

294 *Al-Muhairi,* ALQ 1996, 350, 352.

295 *Ghanem,* ALQ 1990, 143, 143; *Al-Muhairi,* ALQ 1996, 350, 356.

296 *Brown,* The rule of law in the Arab world, 155.

das lokale Rechtswesen und die britische extraterritoriale Jurisdiktion weitestgehend nebeneinander existierten.[297]

Darüber hinaus gilt das Nebeneinander der arabischen und englischen Sprache zur Zeit der britischen Vormachtstellung als Barriere, die eine gegenseitige Einflussnahme der beiden Rechtssysteme verhindert hat. Da nach Erlangen der Unabhängigkeit die Rechtssprache weiterhin Arabisch war, war es praktikabler, arabischsprachige Rechtsberater mit der Aufgabe der Schaffung einer Rechtsordnung zu betrauen.[298] Der Ausschuss bestand größtenteils aus ägyptischen Juristen, die sich nicht nur auf die ihnen vertraute ägyptische Rechtsordnung stützen konnten, sondern teilweise bereits an Islamisierungsprogrammen in anderen Staaten mitgewirkt hatten und somit von diesen Erfahrungen profitierten.[299]

Durch den dominierenden ägyptischen Einfluss gelangte das französische Rechtssystem in die emiratische Rechtsordnung, das in Ägypten und darauffolgend in anderen arabischen Staaten bereits rezipiert worden war. Es ist daher insbesondere die Nähe zu Ägypten, statt die Eignung des französischen Rechts, die diesem den Einzug in die arabischen Rechtsordnungen ermöglichte.[300]

3. VAE-ZGB als Teil des *ägyptischen Rechtskreises*

Das VAE-ZGB wurde 15. Dezember 1985 verabschiedet und trat am 29. März 1986 in Kraft. Sanhūrī, der bereits im Jahre 1971 verstorben war,[301] konnte auf den Entwurf eines emiratischen Zivilgesetzbuches nur noch mittelbaren Einfluss nehmen.[302] Als unmittelbare Vorbilder gelten die *Mecelle* einerseits, die die Lehren der ḥanafitischen Rechtsschule kodifiziert und vor Erreichen der Unabhängigkeit den lokalen indigenen Gerichten als Quasi-Gesetzbuch diente,[303] der *Muršid al-ḥayrān* und das jordanische Zivilgesetzbuch von 1976 andererseits,

297 *Liebesny,* The Law of the Near & Middle East, 111; *Möller,* Die Golfstaaten auf dem Weg zu einem modernen Recht für die Familie?, 78f. Für die Ausprägung des *Common Law* in Indien siehe *Zweigert/Kötz,* Einführung in die Rechtsvergleichung, auf dem Gebiete des Privatrechts, 220ff.

298 *Angell,* ALQ 1985–1986, 119, 124. Vgl. auch *Pohlhausen,* Unternehmensfinanzierung am Kapitalmarkt in den arabischen Staaten, 40.

299 *Al-Muhairi,* ALQ 1996, 350, 356.

300 *Pohlhausen,* Unternehmensfinanzierung am Kapitalmarkt in den arabischen Staaten, 39.

301 *Shalakany,* Sanhuri, and the historical origins of comparative law in the Arab World, in: Riles, Rethinking the Masters of Comparative Law, 152, 152.

302 Die Anfrage, bei der Entstehung föderaler Gesetzgebung mitzuarbeiten, musste er aufgrund seines Gesundheitszustandes ablehnen, der ihn daran hinderte, zur Beobachtung der lokalen Gegebenheiten zu reisen. Dies hielt er für eine Ausarbeitung der Gesetze für zwingend notwendig, *Hill,* ALQ 1988, 182, 202.

303 Vgl. *Ballantyne,* ALQ 1986, 245, 245f; *Ab Rahman,* ALQ 2008, 335, 353.

welches auf dem irakischen Zivilgesetzbuch von 1951 beruht.[304] Somit lässt sich auch das Zivilgesetzbuch der Vereinigten Arabischen Emirate dem *ägyptischen Rechtskreis* zuordnen, denn auch die irakische Zivilrechtskodifikation wurde maßgeblich von Sanhūrī verfasst, der in dieser Arbeit vielmehr als vorher versuchte, die traditionellen islamischen und die französischen Rechtsvorstellungen miteinander zu vereinbaren.[305]

Auch wenn das VAE-ZGB eine Kodifikation nach westlichem Vorbild darstellt, scheint das Ziel der Schaffung eines islamischen Gesetzes, zumindest im Hinblick auf den Gesetzestext, erreicht worden zu sein. Das Erläuternde Memorandum, das im Jahre 1987 veröffentlicht wurde,[306] bezieht sich in der Kommentierung fast jeder Norm auf ihren islamischen Ursprung. Als das VAE-ZGB in Kraft trat, wurde es in der Literatur als »further reassertion of the Shari'a«[307] betitelt. Der Einfluss des islamischen Rechts schien (noch) größer zu sein, als in den Rechtsordnungen, die dem emiratischen Gesetzgeber als Vorbild dienten.

4. Fazit

Infolge eines »Islamisierungsprogramms«[308], das nicht nur die Gesetzgebung der Vereinigten Arabischen Emirate beeinflusste, sondern in vielen arabischen Staaten im Laufe des 20. Jahrhunderts zum Thema wurde, trat im Jahre 1986 das VAE-ZGB in Kraft. Der Gesetzgeber bediente sich sowohl der *Mecelle*, einer rein islamischen Zivilrechtskodifikation der ḥanafitischen Lehren, als auch dem jordanischen ZGB, das bereits zuvor den Kampf zwischen europäischem Einfluss und Reislamisierungsbestrebungen ausgefochten hatte. Das VAE-ZGB fügt sich in den *ägyptischen Rechtskreis* ein und ist folglich ein »Urenkel« des durch den Code Civil geprägten Ä-ZGB,[309] gleichzeitig ein Beispiel für die Bestrebungen der Gesetzgeber jüngerer arabischer Zivilrechtskodifikationen, das geltende Recht wieder »islamischer« zu gestalten.

---

304 *Krüger*, Grundzüge des Privatrechts der Vereinigten Arabischen Emirate, in: Ebert/Hanstein, Beiträge zum Islamischen Recht VI, 101, 104f.

305 *Saleh*, ALQ 1993, 161, 163ff.

306 *UAE Ministry of Justice*, Al-Mudhakkira al-Iḍāḥīya, 1987.

307 *Ballantyne*, ALQ 1986, 245.

308 Nach *Al-Muhairi*, ALQ 1995, 287, 289.

309 *Krüger*, Zur Rezeption des ägyptischen Zivilrechts in der arabischen Welt, in: Heckel, Rechtstransfer, 9, 21.

II. Einfluss des islamischen Rechts auf die Gesetzgebung

Da der emiratische Gesetzgeber versuchte, das islamische Recht im VAE-ZGB wiederzubeleben, das vom französischen Vorbild im Ä-ZGB und den ihm folgenden Zivilrechtskodifikationen teilweise verdrängt worden zu sein schien, sind islamische Prägungen im VAE-ZGB unübersehbar. Bei der Beobachtung dieser Entwicklung stellt sich die Frage, welche Maßstäbe bei dem Versuch einer »Reislamisierung« der emiratischen Rechtsordnung an das islamische Recht angelegt wurden. Ist es bindende Vorgabe, sodass alle Normen – auch die vermeintlich westlich geprägten – dem Grunde nach dem islamischen Recht entsprechen müssen, oder dient es lediglich als Inspirationsquelle im Gesetzgebungsprozess und gegebenenfalls als Auffangtatbestand für Lücken im einfachen Recht?

Die Antwort auf diese Frage ist zunächst in der emiratischen Verfassung (VAE-Verfassung)[310] zu suchen, denn die emiratischen Bundesgesetze sind im Einklang mit der Verfassung zu erlassen (Art. 110 VAE-Verfassung). Die Verfassung stellt das Grundgesetz der Föderation dar.[311] Sie bietet die Grundlage der föderalen Gesetzgebung und ist Beleg dafür, dass die Shari'a nicht unmittelbar gilt, sondern sich staatlicher Kodifikation unterordnet.

Maßgebliche Norm ist ihr Art. 7:

> »Der Islam ist die Staatsreligion der Föderation. Die islamische Shari'a ist eine Hauptquelle der Gesetzgebung. Arabisch ist die Amtssprache der Föderation«[312]

Die Shari'a ist gemäß Art. 7 S. 2 VAE-Verfassung eine Hauptquelle der Gesetzgebung. Da die Norm an den Gesetzgeber gerichtet ist, bedeutet dies, dass die Shari'a grundsätzlich nicht zu unmittelbar geltendem Recht erhoben wird, sie jedoch als Maßstab für die staatliche Rechtssetzung dient.[313] Die Regeln des islamischen Rechts finden daher erst dann Anwendung, wenn der Gesetzgeber sie kodifiziert hat und stehen nicht über der Verfassung.[314]

In welchem Umfang islamische Rechtssätze im Gesetzgebungsprozess eine Rolle spielen, lässt sich der Formulierung des Art. 7 VAE-Verfassung jedoch nicht entnehmen.[315]Die Formulierung »*eine* Hauptquelle der Gesetzgebung« könnte

---

310 Vorläufige Verfassung der Vereinigten Arabischen Emirate vom 18.7.1971, Amtsblatt des Bundes Nr. 1/71, deren Vorläufigkeit durch Änderungsgesetz Nr. 1/1996 aufgehoben wurde. Die Verfassung wurde zuletzt durch Änderungsgesetz Nr 1/2009 vom 10.2.2009 geändert.

311 *Baumann/Ebert,* Die Verfassungen der Mitgliedsländer der Liga der Arabischen Staaten, 732.

312 Übersetzung nach *Baumann/Ebert,* Die Verfassungen der Mitgliedsländer der Liga der Arabischen Staaten, 740.

313 *Al-Muhairi,* ALQ 1996, 219, 225.

314 Gleichwohl wurde das Familienrecht in den VAE erst spät kodifiziert. Bis dahin kam unkodifiziertes islamisches Recht zur Anwendung, vgl. *Möller,* Die Golfstaaten auf dem Weg zu einem modernen Recht für die Familie?, 89ff.

315 *Ebert,* ZfR 1998, 3, 18.

zunächst darauf schließen lassen, dass die Shari'a auf gleichem Rang mit anderen Hauptquellen steht. Das Gerichtsverfassungsgesetz und das Verfassungsgerichtsgesetz beschreiben die Shari'a hingegen als *die* Hauptquelle der Gesetzgebung. So schreibt Art. 75 des Verfassungsgerichtsgesetzes[316] vor:

> »Der Oberste Gerichtshof soll die Vorschriften der islamischen Shari'a, Bundesgesetze und andere Gesetze anwenden, die in den einzelnen Emiraten der Union gelten und im Einklang mit der Shari'a sind. Genauso soll er die Regeln des Rechtsbrauchs und die Prinzipien des Naturrechts und der Rechtsvergleichung anwenden, die nicht im Widerspruch zur Shari'a stehen.«[317]

Auch das Gerichtsverfassungsgesetz[318] beschreibt in Art. 8:

> »Die Bundesgerichte wenden die Vorschriften der islamischen Shari'a, die Bundesgesetze und andere geltenden Gesetze an, genauso wie sie Regeln von Rechtsbrauch und generelle rechtliche Prinzipien anwenden, die nicht im Widerspruch zu den Vorschriften der Shari'a stehen.«[319]

Es stellt sich folglich die Frage, ob die Vorschriften des Verfassungsgerichtsgesetzes und des Gerichtsverfassungsgesetzes im Lichte des Art. 7 VAE-Verfassung auszulegen sind, oder ob sie die Islamklausel in der Verfassung dahingehend konkretisieren, dass die Shari'a als die maßgebliche Hauptquelle im Gesetzgebungsprozess heranzuziehen ist.

1. Auslegung der verfassungsrechtlichen Islamklausel am Wortlaut

Maßgeblich hängt davon ab, ob einfachgesetzliches Recht, das im Widerspruch zur Shari'a steht, verfassungsgemäß ist oder nicht. Im Vergleich zu Verfassungen anderer arabischer Länder ist Art. 7 S. 2 VAE Verfassung als schwache Islamklausel anzusehen.[320] Während die emiratische Norm von *einer* Hauptquelle der Gesetzgebung spricht, sehen beispielsweise die ägyptische und katarische Verfassung die Shari'a als *die* Hauptquelle der Gesetzgebung an.[321] Diese Formulierung lässt weniger Interpretationsspielraum zu. Offensichtlich ist der Gesetzgeber nach einer derart formulierten Regelung an die Bestimmungen des islamischen Rechts gebunden. Einfachgesetzliche Normen, die dem islamischen

316 Bundesgesetz Nr. 10/1973 vom 25. 7. 1973, Amtsblatt des Bundes Nr. 12/73, zuletzt geändert durch Dekret Nr. 12/2016 vom 26. 9. 2016.

317 Übersetzung nach *Amereller,* Hintergründe des »Islamic Banking«, 135.

318 Bundesgesetz Nr. 6/1978 vom 5. 6. 1978, Amtsblatt des Bundes Nr. 58/78, zuletzt geändert durch Änderungsgesetz Nr. 18/1991 vom 10. 6. 1991.

319 Übersetzung nach *Amereller,* Hintergründe des »Islamic Banking«, 135.

320 *Kischel,* Rechtsvergleichung, 909 ff.

321 Art. 2 Ä-Verfassung, Art. 1 K-Verfassung.

Recht widersprechen, sind verfassungswidrig.[322] Hinsichtlich der Interpretation des weniger eindeutigen Art. 7 S. 2 VAE-Verfassung haben sich hingegen zwei Ansätze entwickelt:

a) Liberale Ansicht: Die Shari'a steht auf gleichem Rang mit anderen Hauptquellen

Da die Verfassung von *einer* Hauptquelle der Gesetzgebung spreche, die Shari'a jedoch nicht als *die* Hauptquelle der Gesetzgebung bezeichne, kommen Vertreter einer liberalen Ansicht zu dem Ergebnis, die Shari'a stünde auf gleichem Rang mit anderen Hauptquellen. Um den Anforderungen einer modernen Gesellschaft zu genügen, sei es nötig und erstrebenswert, Rückgriff auf andere Quellen der Rechtsetzung zu nehmen. Der Gesetzgeber könne zwar Rechtsakte aus der Shari'a ableiten und rechtfertigen, müsse dies aber freilich nicht.[323]

b) Restriktive Ansicht: Die Shari'a ist die einzige Hauptquelle der Gesetzgebung

Eine strengere Auffassung vertritt hingegen den Standpunkt, die Shari'a sei als einzige Hauptquelle vom Gesetzgeber heranzuziehen und habe damit die Funktion eines Verfassungsmäßigkeitsmaßstabes inne. Dies ergebe sich aus dem Umstand, dass die Verfassung die Shari'a als *Hauptquelle* der Gesetzgebung bezeichne und keine weitere Quelle benenne. Ohne entsprechende Verfassungsnorm seien alle denkbaren Quellen der Rechtssetzung grundsätzlich gleichrangig. Durch spezifisches und einziges Benennen der Shari'a als Hauptquelle hätte der Verfassungsgeber zum Ausdruck gebracht, dass die Shari'a die hochrangigste Quelle darstellen soll. Dem Problem der Anpassungsfähigkeit islamischer Rechtsgrundsätze an Entwicklungen innerhalb einer modernen Gesellschaft entgegnet diese Ansicht mit dem Argument, dass das Tor des *iǧtihād* wieder geöffnet sei, und somit eine islam-konforme Rechtsfortbildung durchaus möglich und geboten sei. Außerdem erlaubten bestimmte Rechtfertigungsgründe des islamischen Rechts eine Abkehr von feststehenden Grundsätzen in bestimmten Fällen. Dies könne als theoretische Legitimation für die Einführung von westlich inspirierten Regelungen dienen.[324]

---

322 Art. 2 der ägyptischen Verfassung wurde am 22. 5. 1980 sogar dahingehend geändert, dass die *šarīʿa* fortan *die* Hauptquelle der Gesetzgebung darstellt.

323 *Al-Muhairi,* ALQ 1996, 219, 228 m. w. N. Diese Interpretation des Art. 7 S. 2 auch in *Baumann/Ebert,* Die Verfassungen der Mitgliedsländer der Liga der Arabischen Staaten, 735; *Fontana,* Universelle Frauenrechte und islamisches Recht, 178.

324 *Al-Muhairi,* ALQ 1996, 219, 228f. m. w. N.

Aus dem Wortlaut des Art. 7 S. 2 VAE-Verfassung lassen sich daher keine eindeutigen Schlüsse darüber ziehen, wie die Vorschrift auszulegen ist. Beide Ansichten lässt der Wortlaut grundsätzlich zu.

2. Entstehungsgeschichte der Islamklausel

Als Autor der VAE-Verfassung gilt Waḥīd Raʿfat, der zuvor Berater der kuweitischen Regierung war.[325] Es ist daher nicht verwunderlich, dass die kuwaitische Verfassung (K-Verfassung) als das unmittelbare Vorbild gilt. Die Artikel der K-Verfassung sind teilweise wörtlich vom emiratischen Verfassungsgeber übernommen worden, insbesondere auch der hier maßgebliche Art. 7.[326] Darüber hinaus lässt sich der emiratischen Verfassung auch ein ägyptischer Einfluss zusprechen. Nicht allein, weil die kuwaitische Verfassung ihrerseits auf der ägyptischen gründet, sondern weil sowohl Raʿfat ägyptischer Nationalität war, als auch der Großteil des Gremiums zur Erstellung des Verfassungsentwurfs.[327] Das kuweitische und ägyptische Verfassungsverständnis können daher für die Interpretation relevanter verfassungsrechtlicher Normen ausschlaggebend sein.

Auch der Schaffungsprozess der Klausel gibt keinen eindeutigen Aufschluss, welcher der obenstehenden Auffassungen zu folgen ist. Bereits in anderen muslimischen Ländern mit ähnlich formulierten Klauseln hat es um die Interpretation der Norm eindringliche Diskussionen gegeben. So wurde in Kuwait über insgesamt vier Anträge zur Änderung von Art. 2 K-Verfassung beraten, welcher die Shari'a auch als *eine* Hauptquelle der Gesetzgebung benennt. Sämtliche Anträge, die die Formulierung der Shari'a als *die* Hauptquelle beinhalteten, waren letztlich jedoch nicht erfolgreich.[328] In Ägypten führten die immer stärker werdenden islamistischen Bewegungen im Jahre 1980 zu einer Reform der Islamklausel in der Verfassung aus dem Jahre 1971, die fortan die Prinzipien der Shari'a nicht mehr als *eine* Hauptquelle, sondern als *die* Hauptquelle für die Gesetzgebung bezeichnete.[329]

---

325 Raʿfat wurde diese Aufgabe zugesprochen, nachdem *Sanhūrī*, der ursprünglich dafür eingesetzt wurde, erkrankt war und seine Arbeit nicht mehr fertigstellen konnte, vgl. *Al-Owais*, The role of the Supreme Court in the constitutional system of the United Arab Emirates: a comparative study, 50f.

326 Vgl. *Ballantyne*, ALQ 1986, 158, 158.

327 Vgl. *Al-Owais*, The role of the Supreme Court in the constitutional system of the United Arab Emirates: a comparative study, 196; *Al-Muhairi*, ALQ 1996, 219, 220f.

328 *Al-Moqatei*, ALQ 1989, 138, 143.

329 Vgl. *Rohe*, Verfassungsrechtliche Entwicklungen in der arabischen Welt: Das Verhältnis von Staat und Religion am Beispiel Ägyptens und Tunesiens, in: Menhofer/Otto, Recht nach dem Arabischen Frühling, 113, 116; *Peters*, ALQ 1988, 231, 236; *Lombardi/Brown*, A. U. Int. L. Rev. 2006, 379, 390. Die Verfassungsänderung sorgte für Diskussionen, vor allem in Bezug

Um anders als in Kuwait Klarheit zu schaffen und noch bevor die Islamklausel in der ägyptischen Verfassung reformiert wurde, schlug Raʿfat im Schaffungsprozess der VAE-Verfassung daher eine veränderte Formulierung vor, welche die Shari'a als *die* (nicht *eine) Haupt*quelle (nicht *Quelle*) der Gesetzgebung bezeichnete. Damit sollte deutlicher gemacht werden, dass der Gesetzgeber zwar zwingend die Prinzipien des islamischen Rechts zu beachten hat (denn die Shari'a ist die Hauptquelle), er aber bei der Bestimmung und Ausgestaltung der spezifischen Normen auf andere, subsidiäre Quellen zurückgreifen kann, sofern sie nicht dem Grunde nach dem islamischen Recht widersprechen (denn die Shari'a ist nicht die *einzige* Quelle, sondern lediglich die *Haupt*quelle).[330] Dieser Vorschlag wurde jedoch verworfen, da die Gegenseite befürchtete, die Klausel könnte falsch verstanden und als Anweisung an den Gesetzgeber ausgelegt werden, ausnahmslos und unverändert traditionelle Grundsätze der Shari'a zu kodifizieren. Demnach blieb der Verfassungsgeber letztendlich bei der kuwaitischen Formulierung.[331]

Vor diesem Hintergrund liegt der Schluss nahe, dass sich der Verfassungsgeber der Mehrdeutigkeit der in Art. 7 VAE-Verfassung formulierten Islamklausel durchaus bewusst war. Eine Andersformulierung wurde nur deshalb verworfen, weil eine zu strenge Auslegung verhindert werden sollte. Es scheint so, als sei die mehrdeutige Formulierung des Art. 7 VAE-Verfassung ein Kompromiss gewesen, um einerseits die Bedeutung der Shari'a in der Verfassung hervorzuheben, gleichzeitig aber keinen Raum für eine streng islamistische Gesetzgebung zu lassen. Die Diskussion um die Klausel indiziert jedenfalls die verfassungsgeberische Intention, die Shari'a als die maßgebliche Quelle für die Gesetzgebung zu deklarieren.

auf die Gültigkeit der bis dato bestehenden Rechtsakte, die dem islamischen Recht widersprachen. In seinem Grundsatzurteil aus dem Jahr 1985 (*Azhar*-Fall) hat der ägyptische Verfassungsgerichtshof den Anwendungsbereich des Art. 2 Ä-Verfassung eingeschränkt. Im Rahmen eines Normenkontrollverfahrens sollte die Verfassungsmäßigkeit des Art. 226 Ä-ZGB überprüft werden, der Zinsen als zulässig ansah. Obwohl Zinsen vom islamischen Recht als *ribā* und damit als unzulässig angesehen werden, bestätigte das Gericht die Verfassungsmäßigkeit des Gesetzes, da Art. 2 Ä-Verfassung ausschließlich auf nach der Verfassungsänderung erlassene Gesetze Anwendung fände und Art. 226 Ä-ZGB als vorkonstitutionelles Gesetz damit nicht in den Anwendungsbereich falle, *Verfassungsgerichtshof Ägypten*,4. 5. 1985, ALQ 1, 100, 104, 106; *Bälz*, RabelsZ 1998b, 437, 446f.

330 *Lombardi*, A. U. Int. L. Rev. 2013, 733, 759.

331 *Lombardi*, A. U. Int. L. Rev. 2013, 733, 759.

3. Einordnung durch das Oberste Bundesgericht

a) Überprüfungskompetenz für das geschriebene Recht

Die emiratische Verfassung legt die Entscheidung über die Verfassungsmäßigkeit von Gesetzen in die Hände eines säkularen Organs: Gemäß Art. 99 der VAE-Verfassung ist das Oberste Bundesgericht für die Prüfung der Verfassungsmäßigkeit von Föderationsgesetzen im Rahmen konkreter und abstrakter Normenkontrollverfahren zuständig.[332] Dabei stellt sich die Frage, ob Art. 7 VAE-Verfassung einen tatsächlich justitiablen legislativen Maßstab darstellt, und somit Gesetze aufgrund eines Verstoßes gegen die Islamklausel vom Obersten Bundesgericht als verfassungswidrig erklärt werden können, oder ob die Norm eher ein deklaratorisches, politisches Bekenntnis zum Islam verkörpert.

Mit einer Entscheidung[333] erst zehn Jahre nach Inkrafttreten der Verfassung hat der Verfassungsrechtssenat des Obersten Bundesgerichts zumindest implizit zu dieser Frage Stellung bezogen. Das Gericht hatte über die Verfassungsmäßigkeit eines Gesetzes aus dem Jahre 1970[334] zu entscheiden, das laut Kläger aufgrund seiner Zinsbestimmungen gegen Art. 7 VAE-Verfassung verstoße, da sie unter das *ribā*-Verbot fallen würden. Der Verfassungssenat bestätigte jedoch die Gültigkeit der Normen: Alle Rechtsakte, die bereits bei Inkrafttreten der Verfassung galten, seien weiterhin gültig, bis sie durch neue, Shari'a-konforme Rechtsakte ersetzt seien (arg. ex. Art. 148 VAE-Verfassung).[335] Mit dieser Entscheidung wird nicht nur deutlich, dass vorkonstitutionelle Gesetze nicht aufgrund eines Verstoßes gegen die Verfassung für unanwendbar erklärt werden

332 Art. 99: Das Oberste Gericht der Föderation ist für die Rechtsprechung in folgenden Angelegenheiten zuständig: […]
2. Prüfung der Verfassungsmäßigkeit von Föderationsgesetzen, wenn diese von einem oder mehreren Emiraten mit der Begründung angefochten werden, daß sie gegen die Verfassung der Föderation verstoßen. Prüfung der Verfassungsmäßigkeit von gesetzgeberischen Akten, die in einem der Emirate erlassen wurden, sofern diese von einer Föderationsbehörde mit der Begründung angefochten werden, daß sie gegen die Verfassung oder gegen Gesetze der Föderation verstoßen.
3. Prüfung der Verfassungsmäßigkeit von Gesetzen, gesetzgeberischen Akten und Verordnungen, sofern diese von Seiten eines Gerichtes der Vereinigten Arabischen Emirate im Zusammenhang mit einem bei diesem schwebenden Verfahren erbeten wird. Das betreffende Gericht ist verpflichtet, die Entscheidung des Obersten Gerichts der Föderation, die in diesem Zusammenhang ergeht, zu akzeptieren.
Übersetzung nach *Baumann/Ebert,* Die Verfassungen der Mitgliedsländer der Liga der Arabischen Staaten.

333 Sog. *Junatta Bank*-Fall, *Oberstes Bundesgericht,* Nr. 14/9, 28.6.1981, zitiert in *Al-Muhairi,* ALQ 1996, 219, 234ff; *Krüger,* Recht van de Islam 1997, 67, 85; *Tamimi,* ALQ 2002, 50. Siehe dazu auch § 10, III.1. Junatta Bank.

334 ZPO-Abu Dhabi, Gesetz Nr. 3/1970, Amtsblatt des Emirats Abu Dhabi 2/70.

335 Vgl. *Al-Muhairi,* ALQ 1996, 219, 234ff.

können. Sie impliziert auch, dass eine Überprüfungskompetenz des Gerichts im Bezug auf alle Gesetze hinsichtlich ihrer Konformität mit der verfassungsrechtlichen Islamklausel besteht, die nach Inkrafttreten der Verfassung verabschiedet wurden.

Demnach gibt die Islamklausel der Verfassung den konkreten Überprüfungsmaßstab für die Verfassungsmäßigkeit der emiratischen Gesetze hinsichtlich ihrer Islamkonformität vor. Das Oberste Bundesgericht hält diese Überprüfungskompetenz in der Hand. Dabei ist zu beachten, dass eine Vertretung islamischer Rechtsgelehrter im Obersten Bundesgericht weder in der Verfassung, noch in der Ausführungsgesetzgebung vorgesehen ist.[336] Anders als beispielsweise in Pakistan oder Iran liegt die Überprüfungskompetenz hinsichtlich der Islam-Konformität von Gesetzen nicht bei einem Bundesshariagericht oder dem sogenannten Wächterrat.[337]

b) Rechtsprechung des Verfassungsrechtssenats des Obersten Bundesgerichts

Die oben dargelegte restriktive Ansicht in der Auslegung der Islamklausel hat auch der Verfassungsrechtssenat des Obersten Bundesgerichts angenommen und mithin für etwas mehr Klarheit in der Diskussion gesorgt. Ausschlaggebend ist ein Urteil, das das Gericht im Jahre 1983 fällte.[338] Es ging dabei um das Gesetz über alkoholische Getränke in Abu Dhabi[339], das bestimmte Strafen für das Konsumieren alkoholischer Getränke an öffentlichen Orten vorsah, die nicht den von der Shari'a vorgesehenen Strafen für das Konsumieren alkoholischer Getränke (sog. *ḥadd*-Strafen, die in diesem Falle eine Bestrafung durch Stockschläge vorsehen[340]) entsprachen.[341] Das Gericht legte in seinem Urteil die Formulierung »*eine* Hauptquelle« in Art. 7 VAE-Verfassung aus und kam zu dem Ergebnis, dass in Verbindung mit Art. 75 des Verfassungsgerichtsgesetzes die Intention erkennbar sei, dass alle Gesetzgebung auf islamische Grundsätze gegründet sein

336 Art. 4 des Verfassungsgerichtsgesetzes verlangt allein, dass Richter am Obersten Bundesgericht einen Bachelor-Abschluss in Islamischem Recht halten müssen.

337 Art. 203D (1) P-Verfassung 1973 (in der Fassung aus 2015); Art. 4 I-Verfassung (in der Fassung aus 1989). Vgl. *Lombardi,* The Challenges and Opportunities of Islamic Review: Lessons for Afghanistan from the Experiences of other Muslim Countries, 4f; *Hohenlohe,* Die Rolle der Sharia in den Verfassungsordnungen muslimischer Länder, 14; *Brown/Revkin,* Islamic Law and Constitutions, in: Emon/Ahmed, The Oxford Handbook of Islamic Law, 779, 781f.

338 *Oberstes Bundesgericht,* Nr. 4/9, zitiert in *Sfeir,* MEJ 1988, 436; *Al-Muhairi,* ALQ 1996, 219, 241ff.

339 Gesetz Nr. 8/1976, Amtsblatt des Emirats Abu Dhabi Nr. 16/76.

340 *Al-Muhairi,* ALQ 1996, 219, 239.

341 Siehe dazu *Ballantyne,* The States of the GCC: Sources of Law, the Shari'a and the Extent to which it Applies, in: Ballantyne, Essays and addresses on Arab laws, 58, 75.

müsse. Dennoch hielt es die maßgebliche Norm des Alkoholgesetzes für nicht verfassungswidrig, da die vom islamischen Recht vorgesehenen *ḥadd*-Strafen neben den in Art. 17 des Gesetzes vorgesehenen Strafen angewendet werden könnten. Bei Auslegung der Verfassung hat das Oberste Bundesgericht mithin eindeutig die strengere Position eingenommen. Aus dem Urteil geht klar hervor, dass das Gericht die Shari'a als die vorrangige Quelle für die Gesetzgebung ansieht. Es handelt sich zwar um ein strafrechtliches Urteil, die Auslegung des Art. 7 VAE-Verfassung kann jedoch auch auf zivilrechtliche Fälle übertragen werden.[342]

Obwohl der Wortlaut der Islamklausel auch anders interpretiert werden kann, streitet sowohl der gesetzgeberische Hintergrund, als auch das Verständnis des Obersten Gerichtshofes für eine strenge Auslegung der Norm. Die Shari'a ist zwar nicht die *einzige* Quelle, jedoch *die Hauptquelle* der Legislative. Art. 7 VAE-Verfassung beschränkt das Ermessen des Gesetzgebers, denn die Shari'a ist »Geltungsgrund des staatlich gesetzten Rechts«.[343] Staatliche Rechtssetzungsakte dürfen dem islamischen Recht mithin nicht widersprechen. Für die spezifische Ausgestaltung der Normen und für Bereiche, für die das islamische Recht keine Lösungsansätze bereithält, kann auf subsidiäre Quellen zurückgegriffen werden.

4. Konkrete Bedeutung für den Gesetzgeber

Vor dem Hintergrund der Annahme, dass die Shari'a die maßgebliche Hauptquelle ist, an die sich der Gesetzgeber zu halten hat, ist zu bestimmen, was genau unter der »islamischen Shari'a« im Sinne des Art. 7 VAE-Verfassung zu verstehen ist. Die Vorschrift enthält keine genauere Anweisung dahingehend, insbesondere beschränkt sie die Vorgabe an den Gesetzgeber nicht durch Nennung einer bestimmten Rechtsschule. Im Hinblick auf die unterschiedlichen Auffassungen der verschiedenen Rechtsschulen und den heterogenen Charakter des islamischen

342 *Ballantyne,* The States of the GCC: Sources of Law, the Shari'a and the Extent to which it Applies, in: Ballantyne, Essays and addresses on Arab laws, 58, 75 Das Urteil gibt Anlass zu der Annahme, dass die *šarīʿa*-rechtlichen *ḥadd*-Strafen zu einer formellen Rechtsquelle erhoben wurden. Dies ist auch nicht fernliegend, da das betroffene Gesetz einen speziellen Anwendungsbereich erfasst, jedoch der Anwendungsbereich der *ḥadd*-Strafen nicht vollständig von der Regelung umfasst ist. Es handelt sich hier mithin um die Anwendbarkeit der Shari'a im Falle von Regelungslücken, wie sie beispielsweise auch in Art. 1 VAE-ZGB angeordnet wird. Man erkennt hierin die von *Al-Muhairi* festgestellte Neigung der Gerichte, in strafrechtlichen Fällen der Shari'a größere Geltung zu verleihen als in zivilrechtlichen Fällen, in denen die Gerichte (wie am Beispiel der Zinsen noch aufgezeigt werden soll) im Hinblick auf die internationale Funktionsfähigkeit der Rechtsordnung, die Shari'a eher unbeachtet lassen, vgl. *Al-Muhairi,* ALQ 1996, 219, 243.

343 Vgl. *Bälz,* RabelsZ 1998a, 437, 443, der die Islamklauseln des Ä-ZGB und des L-ZGB untersucht und dabei auf die Grundnormlehre von *Kelsen* verweist.

Rechts ist mit dem Wortlaut der Islamklausel allein noch keine Klarheit geschaffen.

Aussagekräftig ist vor allem die Intention Raʿfats zum ersten Entwurf dieser Vorschrift. Gemäß Sanhūrīs neuem Ansatz von der modernen Auslegung des islamischen Rechts und der darauf basierenden Gesetzgebung, der bereits in einigen Zivilgesetzbüchern muslimischer Länder (insbesondere im Ä-ZGB von 1948) umgesetzt worden war, wäre der Gesetzgeber verpflichtet, die allgemeinen Grundsätze des islamischen Rechts zu respektieren, die aus den verschiedenen Interpretationen des islamischen Rechts zu extrahieren seien. Die spezifischen Regeln könnten auf anderen Quellen, beispielsweise europäischen Zivil- und Handelsgesetzen, beruhen, sofern sie den allgemeinen islamischen Prinzipen nicht widersprächen.[344] Demnach wären die Gesetze nicht zwingend im Einklang mit den klassischen islamischen Rechtslehren zu erlassen, sondern dürften lediglich solchen universellen Prinzipien nicht widersprechen, die den diversen Interpretationen des islamischen Rechts gemeinsam sind und ihren Ursprung in den Primärquellen finden.[345]

Relevant ist insbesondere die Beantwortung der Frage, wem die Kompetenz zusteht, zu entscheiden, was unter der »islamischen Shari'a« im Sinne der verfassungsrechtlichen Islamklausel zu verstehen ist und inwieweit sie von den Gerichten durchgesetzt werden kann. Die VAE-Verfassung sieht keine Begutachtung von Gesetzen durch einen islamischen Rat, wie dies beispielsweise in Pakistan der Fall ist, vor.[346] Die Interpretation des Art. 7 VAE-Verfassung und die Ermittlung der genauen Bedeutung stehen zwar zunächst dem Gesetzgeber zu, jedoch hat das Oberste Bundesgericht nach Art. 99 VAE-Verfassung die Kompetenz inne, die Vorschriften der Verfassung zu interpretieren und Gesetze auf ihre Verfassungsmäßigkeit hin zu überprüfen. Eine Überprüfung eines nachkonstitutionellen Gesetzes hinsichtlich seiner Vereinbarkeit mit »der islamischen Shari'a« im Sinne des Art. 7 VAE-Verfassung durch den Verfassungssenat des Obersten Bundesgerichts hat es im Bereich des Vermögensrechts, soweit ersichtlich, bisher nicht gegeben.

Allein die umstrittene Frage der Verfassungsmäßigkeit von Zinsen sollte bisher verhandelt werden. Dabei handelte es sich jedoch um die Überprüfung eines vorkonstitutionellen Gesetzes, im Rahmen derer schließlich nur über die

344 *Lombardi,* A. U. Int. L. Rev. 2013, 733, 759.

345 Diese Ansicht vertrat wohl auch der Ministerrat in seinem Beschluss Nr. 50/1978 über die Bildung von Ausschüssen zur Überprüfung und zum Vorschlag von Änderungen der Gesetze des Staates, damit sie mit den *endgültigen Bestimmungen* und den *Grundprinzipien der islamischen Shariʿa* übereinstimmen.

346 Art. 227ff. der pakistanischen Verfassung von 1973, in der Fassung von 2017, vgl. *Tworuschka,* Die Rolle des Islam in den arabischen Staatsverfassungen, 37.

formelle Verfassungsmäßigkeit entschieden wurde.[347] Das Oberste Bundesgericht vertrat in diesen Fragen grundsätzlich, dass der Rückgriff auf die Shari'a eine politische Frage sei, die der Legislative überlassen sei.[348] Darin kann man durchaus die Annahme des Gerichts erkennen, dass dem Gesetzgeber eine gewisse Freiheit und Einschätzungsprärogative zustehen soll, die sicherlich nicht mit einem Festhalten und Adaptieren der klassischen Lehren des islamischen Rechts umgesetzt werden könnte.[349] Dies spiegelt sich auch in einem Urteil des Revisionssenats des Obersten Bundesgerichts[350] wider, in dem eine Übereinstimmung mit dem Ansatz Raʿfats zu erkennen ist. So gründete das Gericht die Zulässigkeit von Zinsen (vor Inkrafttreten des ZGB und des HGB) in handelsrechtlichen Transaktionen beispielsweise auf das allgemeine Prinzip der Notwendigkeit im Kontext moderner wirtschaftlicher Entwicklungen.[351]

Es lohnt sich außerdem ein Blick auf die gefestigte Rechtsprechung des ägyptischen Verfassungsgerichtshofs, »eines der einflussreichsten Rechtsprechungsorgane in der muslimischen Welt«[352], zur Interpretation der »Prinzipien der islamischen Shari'a« in Art. 2 der ägyptischen Verfassung. Der ägyptische Verfassungsgerichtshof interpretierte die ägyptische Islamklausel dahingehend, dass der Gesetzgeber an die Grundsätze der islamischen Shari'a insofern gebunden sei, als die von ihm erlassenen Gesetze keiner bestandskräftigen islamischen Regelung widersprechen dürften und dass bestandskräftige Regelungen nur solche allgemeinen Grundsätze und unveränderlichen Quellen des islamischen Rechts darstellten, die einer Auslegung nicht zugänglich seien (so insbesondere das Allgemeinwohlinteresse, und die Verwirklichung der Gerechtigkeit). Selbstständige Rechtsfindung (*iǧtihād*) sei zulässig, soweit Einzelregelungen im Sinne des Wandels der Zeit ausgelegt und dabei die Grenzen der Shari'a nicht überschritten würden.[353] Demnach ist nicht erforderlich, dass auf neu auftre-

347 Siehe dazu unten unter § 10, III. Emiratische Gerichtspraxis vor Inkrafttreten des Zivilgesetzbuches.

348 *Oberstes Bundesgericht*, Nr. 14/9, 28.6.1981, *Al-Owais*, The role of the Supreme Court in the constitutional system of the United Arab Emirates: a comparative study, 334ff.

349 Dafür spricht insbesondere auch, dass seit Inkrafttreten des Handelsgesetzbuches keine Überprüfung der Verfassungsmäßigkeit solcher Normen vorgenommen wurde, die Zinsen ausdrücklich vorsehen.

350 Sog. *Baruda Bank*-Fall, *Oberstes Bundesgericht*, Nr. 17/5, 6.9.1983, Arab Law Newsletter, September 1986, 4.

351 Dies geschah wohl aus Klarstellungsgünden, da der Revisionssenat zuvor auf das bindende Urteil des Verfassungssenats Nr. 14/9 verwies, nach dem Art. 7 nicht als Maßstab für die Überprüfung vorkonstitutioneller Gesetze gelten könne, vgl. *Al-Owais*, The role of the Supreme Court in the constitutional system of the United Arab Emirates: a comparative study, 345; *Amereller*, Hintergründe des »Islamic Banking«, 139, Fn. 34.

352 *Bälz*, Sharia kontra weltliches Recht?, in: Krawietz/Reifeld, Islam und Rechtsstaat, 133, 135.

353 Vgl. *Bälz*, Sharia kontra weltliches Recht?, in: Krawietz/Reifeld, Islam und Rechtsstaat, 133, 135, der auszugsweise die Entscheidung des ägyptischen Verfassungsgerichtshofs vom

tende Rechtsfragen im Sinne strikter Analogie reagiert werden muss.[354] In diesem Sinne legitimierte der ägyptische Verfassungsgerichtshof mittels einer zeitgemäßen Auslegung des islamischen Rechts dann in weiteren Entscheidungen solche Gesetze, die vermeintlich gegen das islamische Recht verstießen, wie beispielsweise das Verbot des Gesichtsschleiers an staatlichen Schulen oder die Reform des Scheidungsrechts.[355] Diese Entscheidungen sind zwar nach Inkrafttreten der VAE-Verfassung von 1971 ergangen, sodass sie selbst die verfassungsgeberische Intention nicht beeinflusst haben können. Sie lassen jedoch Rückschlüsse auf die Intention des ägyptischen Verfassungsgebers zu, der die Gesetzgebung der anderen arabischen Staaten erheblich beeinflusste. So kann zumindest vermutet werden, dass der emiratische Verfassungsgeber eine ähnliche Interpretation der Islamklausel vertreten hat.

Ohne nähere Erläuterungen im Verfassungstext kann die Shari'a demnach zwar als die einzige Hauptquelle im Gesetzgebungsprozess und somit als Bewegungsrahmen staatlicher Rechtssetzung angesehen werden und auch die Annahme, dass alle Gesetze demgemäß der Shari'a zu entsprechen haben, ist korrekt. Jedoch erlaubt die Interpretation der Islamklausel eine moderne Umsetzung dieser Vorgabe auf Grundlage der Extraktion allgemeingültiger Prinzipien. Dies eröffnet die Möglichkeit einer Gesetzgebung, die den Anforderungen einer modernen Gesellschaft Rechnung trägt, möglicherweise sogar aus Anleihen europäischer Rechtsordnungen besteht, und gleichzeitig den allgemeinen Prinzipien des islamischen Rechts entspricht. Die Konformität kann einerseits damit erreicht werden, dass auf Lehren der verschiedenen klassischen Rechtsschulen zurückgegriffen wird oder diese gar miteinander kombiniert werden (*taḫaiyur, talfīq*).[356] Andererseits können (mittels *iǧtihād*) neue, den in der klassischen islamischen Rechtswissenschaft erarbeiteten Doktrinen gar widersprechende

15. Mai 1993 zitiert; *Lombardi*, A. U. Int. L. Rev. 2013, 733, 757; *Lombardi/Brown*, A. U. Int. L. Rev. 2006, 379, 418ff; *Rohe*, Verfassungsrechtliche Entwicklungen in der arabischen Welt: Das Verhältnis von Staat und Religion am Beispiel Ägyptens und Tunesiens, in: Menhofer/Otto, Recht nach dem Arabischen Frühling, 113, 117; *Grote*, ZaöRV 2014, 575, 589f.

354 *Lombardi*, The Challenges and Opportunities of Islamic Review: Lessons for Afghanistan from the Experiences of other Muslim Countries, 11.

355 *Rohe*, Islamic Law in Past and Present, 246f; *Bälz*, Das moderne arabische Recht, in: Ebert/Hanstein, Beiträge zum islamischen Recht II, 175, 178f. In der Präambel der ägyptischen Verfassung von 2014 hat die Rechtsprechung des Verfassungsgerichts nunmehr explizite Erwähnung gefunden: »Wir arbeiten eine Verfassung aus, die bestätigt, dass die Prinzipien der islamischen Schari'a die Hauptquelle der Gesetzgebung sind und dass der Bezugspunkt für die Auslegung dieser Prinzipien in den entsprechenden Entscheidungen des Obersten Verfassungsgerichts liegt.«

356 Vgl. *Neumann*, Rechtsgeschichte, Rechtsfindung und Rechtsfortbildung im Islam, 236; *Krawietz*, Die Welt des Islams, 3.

gesetzgeberische Lösungen eingeführt werden, sofern sie den unabänderlichen Prinzipien der Shari'a Rechnung tragen.[357]

III. Zusammenfassung und Würdigung

Im Bereich des vermögensrechtlichen Privatrechts sind in den meisten arabischen Staaten heute staatliche Gesetze nach westlichem Vorbild erlassen worden. Nichtsdestotrotz finden sich darin Bestimmungen, die auf das islamische Recht zurückzuführen sind. Durch die Synthese mit europäischen Rechtsvorstellungen ist in dieser Entwicklung eine Abkehr von dem Festhalten am klassischen islamischen Recht zu erkennen, die insbesondere auf die Erfordernisse einer modernen und entwickelten Gesellschaft zurückzuführen ist. Der Grund dafür ist eindeutig: Die klassischen religiösen Rechtsnormen entsprechen nicht den Anforderungen des modernen Wirtschaftsverkehrs, sodass sich mit ihnen moderne Sachverhalte nicht mehr bewältigen lassen.[358]

Diese Tendenz kann als neue Entwicklung im Bereich des islamischen Rechts beschrieben werden: die Verschmelzung mit westlichen (vor allem französischen) Rechtsvorstellungen führt zu einer erhöhten Anpassungsfähigkeit islamischer Rechtsprinzipien und -gedanken in Bezug auf moderne Entwicklungstendenzen, gleichzeitig jedoch zu einer »Verstaatlichung« des religiösen Rechts, das dadurch seinen supranationalen Charakter verliert.[359]

Auch das VAE-ZGB ist dem *ägyptischen Rechtskreis* zuzuordnen und maßgeblich vom Jordanischen ZGB beeinflusst, dessen Normen in vielfacher Weise fast wörtlich übernommen wurden. Als junge Kodifikation innerhalb dieser Rechtsentwicklung wird in ihr die Tendenz hin zu einer »Reislamisierung« spürbar, die zu einem deutlich größeren Einfluss des islamischen Rechts geführt hat. Das klassische islamische Recht findet in der emiratischen Rechtsordnung grundsätzlich jedoch keine direkte Anwendung. Wie aufgezeigt wurde, ist die Shari'a als eine Hauptquelle der Gesetzgebung in der Verfassung verankert. Islamische Prinzipien finden daher erst dann Anwendung, wenn Sie einfachgesetzlich kodifiziert wurden und spielen daher nur in säkularisierter Form eine Rolle. Der Oberste Gerichtshof interpretiert Art. 7 S. 2 der VAE-Verfassung so, dass die Shari'a die einzige Hauptquelle der Gesetzgebung darstellt und somit die Gesetzgebung grundsätzlich den islamischen Prinzipien zu entsprechen hat. Das Zivilgesetzbuch muss daher im Lichte der Annahme interpretiert werden, dass

357 Vgl. *Lombardi,* The Challenges and Opportunities of Islamic Review: Lessons for Afghanistan from the Experiences of other Muslim Countries, 11f; *Layish,* Islamic Law & Society 2014, 276, 280.

358 *Krüger,* Recht van de Islam 1997, 67, 72.

359 *Bälz,* RabelsZ 1998b, 437, 462f; *Ebert,* GAIR-Mitteilungen 2014, 135f.

die Shari'a im Gesetzgebungsprozess als Maßstab herangezogen wurde. Vermeintliche Kollisionen mit dem islamischen Recht gilt es im Fortgang dieser Arbeit genau zu untersuchen. Die verfassungsrechtliche Vorgabe an den Gesetzgeber ist jedoch nur vage formuliert. Welche inhaltlichen Maßstäbe an die »islamische Shari'a« zu setzen sind, gibt die VAE-Verfassung nicht vor. Dementsprechend ist anzunehmen, dass die Shari'a als Quelle der Gesetzgebung nicht auf eine Lehrrichtung beschränkt ist. Jede Interpretation des religiösen Rechts ist grundsätzlich von der verfassungsrechtlichen Vorgabe umfasst. Letztendlich sind allein die allgemeinen und unveränderlichen Prinzipien des islamischen Rechts maßgeblich, die in ihrer konkreten Ausgestaltung einer modernen Umsetzung zugänglich sind. Es kann jedenfalls behauptet werden, dass das islamische Recht Veränderungen zugänglich ist und eine Verankerung der Shari'a in der Verfassung einer modernen Rechtsordnung nicht im Wege steht. Die Frage, ob man in dieser Form von einer »islamischen Rechtsordnung« sprechen kann, kann sicherlich unterschiedlich beantwortet werden.

Dass die Shari'a als maßgebliche Quelle für das VAE-ZGB gedient hat, bestätigt sich auch mit Blick in das Erläuternde Memorandum. Die Kommentierungen der einzelnen Normen bestehen in Großteilen aus Erläuterungen zum islamischen Vorbild, Darstellungen von Diskursen innerhalb der verschiedenen Rechtsschulen und Verweisen auf die osmanische *Mecelle* und den *Muršid al-ḥayrān*. Das Vorgehen des Gesetzgebers entspricht dem Prinzip des *takhayyur*[360], denn er wählt zwischen Ansätzen und Interpretationen unterschiedlicher Rechtsschulen aus und schafft damit ein neues Regelsystem, das weiterhin im Einklang mit dem islamischem Recht steht.[361]

Im Grunde genommen widerspricht diese staatliche, wenn auch islamische Gesetzgebung und die weite Auslegung der Shari'a dem Charakter des islamischen Rechts als sakrosanktem, supranationalem Normensystem.[362] Trotz Verankerung der Shari'a in der emiratischen Verfassung kann man lediglich von einer durch das islamische Recht geprägten und islam-rechtlich legitimierten Rechtsordnung sprechen. Dies sollte bei Auslegung der Normen des VAE-ZGB nicht außer Acht gelassen werden. Die Shari'a war zwar maßgebliche Inspirationsquelle des Gesetzgebers und gilt als Maßstab der Verfassungsmäßigkeit. Vermeintliche Widersprüche mit dem islamischen Recht können jedoch auch auf Mindermeinungen innerhalb der unterschiedlichen Rechtsschulen oder auf Neuinterpretationen zurückgeführt werden. Dass eine gesetzliche Bestimmung einen wirklichen Widerspruch zum islamischen Recht darstellt, ist daher erst dann anzunehmen, wenn sie gegen fundamentale Shari'a-Prinzipien verstößt.

360 Siehe dazu oben unter § 2, I.3. Reformdiskussionen in der islamischen Rechtswissenschaft.
361 *Al-Muhairi,* ALQ 1996, 34, 46.
362 *Al-Muhairi,* ALQ 1996, 34, 46.

Insofern steht dem Gesetzgeber die Deutungshoheit über das islamische Recht zu, die von einem staatlich eingesetzten Gericht kontrolliert wird.

Zwischen politischem Druck islamischer Bewegungen und wirtschaftlicher Notwendigkeit eines modernen Staates erscheint der Dualismus zwischen weltlichem und islamischem Recht[363] im VAE-ZGB als gelungener Kompromiss. Inwiefern islamische Rechtseinflüsse von dem europäischen Gegenspieler divergieren und somit eine merkliche Rolle in der Rechtspraxis spielen, gilt es im Fortgang dieser Arbeit zu überprüfen.

363 Vgl. *Stompfe*, Die Gestaltung und Sicherung internationaler Investor-Staat-Verträge in der arabischen Welt am Beispiel Libyens und Katars, 51 f; *Krüger*, Recht van de Islam 1997, 67, 73.

Zweiter Teil: Das VAE-ZGB als Ausdruck der Reislamisierung innerhalb des ägyptischen Rechtskreises: einzelne Beispiele

»It was some 60 years ago, in 1926, that Dr. Sanhouri first stated that a resurgence or reassertion of the Shari'a could never occur through abrupt change, for that would endanger the stability of existing legal relationships; therefore, it would have to be achieved gradually. He suggested that in the beginning, a legislative declaration could state that Islamic law should form the common law – that is, in the absence of an explicit text, Islamic law should be applied. This first step has been accomplished by the incorporation of the Shari'a in the Constitutions and Civil and Commercial Codes of the most of those Arab states in possession thereof. As a second step, Sanhouri advocated abrogation of those elements of the imported laws which appeared inferior or inconsistent with Islamic law. In view of recent measures in the UAE and elsewhere relating to commercial transactions, it now appears that Sanhouri's greater vision may soon be realised«

Arab Law Newsletter, Februar 1986, 2.

Nachdem der Einfluss des islamischen Rechts auf die Rechtsordnung der Vereinigten Arabischen Emirate erörtert wurde, soll nunmehr das Zivilgesetzbuch genauer in den Blick genommen werden. In den folgenden Kapiteln wird daher das Nebeneinander und das Miteinander der unterschiedlichen Rechtseinflüsse im VAE-ZGB dargestellt.

§ 4 Systematik und Gesetzgebungsstil

Das Zivilgesetzbuch ist die Grundlage des Rechtssystems der Vereinigten Arabischen Emirate im Bereich des bürgerlichen Rechts. Es findet Anwendung in jeglichen zivilrechtlichen Angelegenheiten, die nicht Spezialgesetzen unterliegen. Doch auch bei Anwendbarkeit von *lex specialis* ist immer dann auf das VAE-ZGB zurückzugreifen, wenn das Spezialgesetz zu bestimmten Angelegenheiten schweigt.[364]

Das VAE-ZGB besteht aus vier Büchern. Diesen geht ein einleitendes Kapitel (Art. 1–123 VAE-ZGB) voraus, welches zunächst in den Art. 1–28 VAE-ZGB Regeln über die Rechtsanwendung, das intertemporale Privatrecht und das internationale Privatrecht definiert. In den Art. 29–70 VAE-ZGB folgen islamisch-rechtliche Grundsätze und Interpretationsregeln, danach Normen über die Rechtsstellung natürlicher und juristischer Personen (Art. 71–94 VAE-ZGB). Es schließen sich Bestimmungen über Sachen, Rechte und den Beweis von Rechten an (Art. 95–123 VAE-ZGB).

Das erste Buch (Art. 124–488 VAE-ZGB) umfasst den allgemeinen Teil des Schuldrechts, sowie Normen über die Grundsätze, Wirkungen und Erfüllung von Verträgen, das Recht der ungerechtfertigten Bereicherung, der Geschäftsführung ohne Auftrag und das Deliktsrecht. Das zweite Buch (Art. 489–1132 VAE-ZGB) enthält die Normen über das besondere Schuldrecht. Hier lassen sich unter anderem auch die Bestimmungen über den Kauf verorten. Im dritten Buch (Art. 1133–1398 VAE-ZGB) finden sich sachenrechtliche Regelungen. Das vierte und letzte Buch (Art. 1399–1528 VAE-ZGB) hat die Eigentumssicherung zum Inhalt. Seit Inkrafttreten des ZGB in 1986 wurden, bis auf eine Ausnahme,[365] keine Änderungen vorgenommen.[366]

364 *Cave*, The United Arab Emirates, 13.

365 Änderungsgesetz Nr. 1/1987 v. 14.2.1987, das den sachlichen Geltungsbereich einschränkt. Siehe dazu unten unter § 10, V. Nachträgliche Gesetzesänderung und Inkrafttreten des Handelsgesetzbuches.

366 Als Gesetz über zivilrechtliche Rechtsgeschäfte folgt das VAE-ZGB systematisch nicht der römisch-rechtlichen Dreiteilung nach Personen, Sachen und Vermögensrechten.

Die Aufteilung des Schuldrechts in einen allgemeinen und einen besonderen Teil ist Ergebnis des Einflusses europäischer Rechtswerke, denn das islamische Recht kennt diese Systematik grundsätzlich nicht.[367] Dies lässt sich, wie oben bereits erläutert, auf dessen Entstehungsgeschichte zurückführen. Die Vorrangstellung des Kaufvertrages als Modellvertrag im klassischen islamischen Recht musste im VAE-ZGB einer abstrakten und allgemeinen Theorie des Schuldrechts weichen.[368]

Gleichzeitig lässt sich im detailversessenen Gesetzgebungsstil des VAE-ZGB eine »islamische Note« erkennen. Denn an vielen Stellen adaptiert das Gesetz den kasuistischen Gesetzgebungsstil, der aus dem *Muršid al-ḥayrān* und der *Mecelle* bekannt ist. So bedarf es beispielsweise weitaus mehr Bestimmungen zum Vertragsschluss oder zur Vertragsauslegung als im Ä-ZGB.[369] Auf bestimmte, dem *Muršid al-ḥayrān* und der *Mecelle* immanente Charakteristika, wie die Ergänzung der Rechtssätze durch Beispiele,[370] verzichtet das VAE-ZGB. Es ist folglich weitaus abstrakter als die islamischen Kodifikationen und gleichzeitig detailreicher als manches europäische Vorbild.

Blickt man genauer auf den Wortlaut der einzelnen Normen, so wird auch in der Wortwahl einiger Begriffe ein Vorzug des islamischen Vorbildes erkennbar. Auffällig ist dies beispielsweise bei dem Begriff der Haftung: das VAE-ZGB verwendet das Wort *ḍamān*, das in *fiqh*-Werken und der *Mecelle* verwendet wird, während sich das Ä-ZGB des modernen Begriffs *masʾūlīa* bedient.[371] Viele Regelungsbereiche lassen aufgrund ihrer ungenauen oder mehrdeutigen Formulierung großen Interpretationsspielraum zu. *Whelan* musste dies bei seiner erstmaligen Übersetzung des Gesetzestextes ins Englische feststellen und bringt die damit verbundenen Schwierigkeiten in der emiratischen Rechtspraxis auf den Punkt:

> »The translator has held many difficult but entertaining sessions with Arab lawyers, both of UAE origin and from other Arab countries, practising in the UAE, attempting to extract a definitive meaning from some of the more obscure passages in the Code. In some cases it is a question of quot homines tot sententiae, or Allahu a'alam – God knows best.«[372]

367 Siehe oben unter § 1, III. Grundsätze des islamischen Vermögensrechts.

368 Vgl. *Mallat*, Introduction to Middle Eastern Law, 296.

369 Dazu eingehend unten unter § 6, III. Auslegung von Verträgen und IV. Der Vertragsschluss.

370 So beispielsweise Art. 346 *Muršid al-ḥayrān:* »[...] Falls also jemand an einen Mann schreibt ›Ich habe Deinen Sklaven für soundso viel gekauft‹ und der Herr des Sklaven an diesen schreibt ›Ich habe ihn an Dich verkauft‹, liegt ein Verkauf vor.«, Übersetzung nach *Ebert/Hefny*, Islamisches Zivilrecht der hanafitischen Lehre, 116f.; Art. 171 *Mecelle:* »Wenn das Futur im Sinne eines bloßen Versprechens verwendet wird, wie beispielsweise die Aussage ›Ich werde kaufen‹ oder ›Ich werde verkaufen‹, so wird kein Kaufvertrag geschlossen.«

371 Vgl. *Mallat*, Introduction to Middle Eastern Law, 293, 296. Siehe zum Beispiel die Überschrift vor Art. 163 Ä-ZGB und den Wortlaut des Art. 282 VAE-ZGB.

372 *Whelan/Hall*, The Civil Code of the United Arab Emirates, translated from Arabic into English, 1987, Vorwort iii.

§ 5 Anspruch des islamischen Rechts in den Eingangsartikeln

I. Umsetzung der verfassungsrechtlichen Vorgabe und direkte Anwendung des islamischen Rechts bei Rechtslücken

Die islamische Shari'a ist nach Auslegung der Islamklausel in der VAE-Verfassung als *die* Hauptquelle der emiratischen Gesetzgebung anzusehen.[373] Im Lichte dieser Interpretation sind auch die einfachgesetzlichen Normen zu betrachten, die die Rolle der Shari'a beschreiben. In Bezug auf das emiratische Zivilrecht ist Ausgangspunkt dafür Art. 1 VAE-ZGB:

> »Die gesetzlichen Bestimmungen dieses Gesetzes regeln alle Angelegenheiten, auf welche sich der Wortlaut oder der Sinn dieser Bestimmungen bezieht, dabei gibt es keinen Raum für eigene Meinung bei Vorhandensein eines eindeutigen Textes. Wenn der Richter keine entsprechenden Bestimmungen in diesem Gesetz findet, entscheidet das Gericht nach den Bestimmungen der islamischen Sharia. Dabei sind die geeigneten Lösungen aus den Lehrmeinungen der Imame Malik und Ahmed Ibn Hanbal zu suchen, in Ermangelung solcher ist auf die Lehrmeinung der Imame Asch-Schaf'y und Abu Hanifa gemäß dem allgemeinen Interesse zurückzugreifen.
> In Ermangelung solcher Bestimmungen entscheidet der Richter nach dem Gewohnheitsrecht, solange dieses nicht gegen die öffentliche Ordnung oder Sitten verstößt. Wenn dieses Gewohnheitsrecht nur für ein bestimmtes Emirat gilt, gelten seine Bestimmungen nur in diesem Emirat.«[374]

Die Vorschrift macht deutlich: Es gilt zunächst das geschriebene Gesetz. Infolge der obigen Auslegung der Islamklausel in der Verfassung bedeutet dies, dass der Gesetzgeber bei Schaffung des Zivilgesetzbuches auf die Shari'a als Hauptquelle zurückgreifen musste. Das Gesetz muss also bereits Shari'a-konform zustande gekommen sein. Alle dem islamischen Recht widersprechenden Normen wären ansonsten verfassungswidrig. Art. 2 VAE-ZGB führt dies fort und ordnet an, dass

373 Siehe dazu oben unter § 3, II. Einfluss des islamischen Rechts auf die Gesetzgebung.
374 Übersetzung nach *Salama,* Vereinigte Arabische Emirate, in: Bergmann/Ferid/Henrich, Internationales Ehe- und Kindschaftsrecht: mit Staatsangehörigkeitsrecht, 26.

bei der Auslegung, der Anwendung und der Interpretation der Vorschriften des Zivilgesetzbuches die Shari'a als Bezugspunkt heranzuziehen ist.[375]

Fehlt es an einschlägigen Normen, so ordnet Art. 1 VAE-ZGB weiter an, dass die Shari'a direkt gilt, und zwar nach Maßgabe der Rechtsschulen, die in den Emiraten vorherrschend sind (folglich die mālikitische und ḥanbalitische), subsidiär nach den šafiʿitischen und ḥanafitischen Lehren. Der Ansicht, hier sei ein offener Widerspruch zwischen Verfassungs- und Privatrecht zu erkennen, da nach Art. 1 VAE-ZGB die einfachgesetzliche Konkretisierung für die Rechtsanwendung Priorität vor der Shari'a besitze, die nach der Verfassung primäre Rechtsquelle sei,[376] ist an dieser Stelle zu widersprechen. Während Art. 1 VAE-ZGB eindeutig an die Judikatur gerichtet ist, spricht die Islamklausel in der Verfassung den Gesetzgeber an. Dies bedeutet, dass das (nachkonstitutionelle) geschriebene Gesetz, das nach Art. 1 VAE-ZGB Anwendungsvorrang vor den islamischen Prinzipien hat, bereits unter den verfassungsmäßigen Voraussetzungen des Art. 7 VAE-Verfassung zustande gekommen ist. Es ist daher anzunehmen, dass die Vorschriften des VAE-ZGB unter Rückgriff auf die Shari'a als Hauptquelle der Gesetzgebung geschaffen worden sind. Räumt das ZGB dem kodifizierten Recht die Vorrangstellung ein, dann ist darin die Annahme miteingeschlossen, dass dieses bereits dem islamischen Recht entspricht. Sofern Rechtslücken bestehen, ist das islamische Recht in seinem überstaatlichen Charakter direkt anzuwenden. Ein Unterschied zwischen der Anweisung an den Gesetzgeber aus der Verfassung und dem an die Judikatur gerichteten Art. 1 VAE-ZGB besteht darin, dass letzterer die Anwendung des islamischen Rechts auf die klassischen Lehren der vier sunnitischen Rechtsschulen beschränkt. Der Ansatz eines modernistischen islamischen Rechts spielt somit nur auf legislativer Ebene eine Rolle, nicht jedoch im Rahmen der Füllung von Gesetzeslücken durch die Gerichte.

Der Vorrang des geschriebenen Rechts bedeutet daher gleichzeitig, dass sich der Richter gerade dort, wo das Gesetz Regelungen bereithält, nicht an eine andere Lehrmeinung als die im Gesetz kodifizierte halten kann. Demgemäß gilt zwar (aufgrund des Shari'a-Vorbehaltes in der Verfassung) das islamische Recht in Form der im VAE-ZGB gewählten Regelungen. Die Kodifikation schränkt die Vielfältigkeit des islamischen Rechtes jedoch ein. Eine Kodifizierung der islamischen Regelungen bedeutet nämlich immer einen Widerspruch zu den Grundsätzen der Quellen des islamischen Rechts. Erst subsidiär, und zwar bei Schweigen des Gesetzgebers zu bestimmten Rechtsfragen, gilt der Anwendungsbereich des

375 Art. 2 VAE-ZGB: »Für das Verständnis, die Auslegung und Deutung der Bestimmungen dieses Gesetzes sind die Quellen und Grundsätze des islamischen Rechts maßgeblich.«, Übersetzung nach Salama, Vereinigte Arabische Emirate, in: Bergmann/Ferid/Henrich, Internationales Ehe- und Kindschaftsrecht: mit Staatsangehörigkeitsrecht, 26.

376 Vgl. *Stompfe*, Die Gestaltung und Sicherung internationaler Investor-Staat-Verträge in der arabischen Welt am Beispiel Libyens und Katars, 54.

islamischen Rechts – und damit die Rechtsfindung auf Grundlage der islamischen Quellen – direkt. Ausgefüllt wird dieser durch die Vorgaben der mālikitischen und ḥanbalitischen Rechtsschulen und ist damit nicht so flexibel, wie das islamische Recht als Referenzsystem, aus dem der Gesetzgeber schöpfen kann.

Erst wenn weder im Gesetz, noch nach islamischen Regeln keine Lösung gefunden werden kann, wird Gewohnheitsrecht angewandt, sofern es nicht gegen die öffentliche Ordnung oder die guten Sitten verstößt. In Art. 3 VAE-ZGB wird ausdrücklich normiert, was unter öffentlicher Ordnung zu verstehen ist. Dazu gehört unter anderem das Ehe-, Kindschafts- und Erbrecht und die Freiheit des Handels. Als Grenze gilt hier wiederum das islamische Recht, mit dem die Grundsätze der öffentlichen Ordnung nicht in Konflikt geraten dürfen.[377]

Die Hierarchie der Rechtsquellen aus Art. 1 VAE-ZGB bestätigt das Bild, das sich schon bei Betrachtung der Verfassungsgerichtsurteile zu Art. 7 VAE-Verfassung gezeichnet hat. Das Rechtssystem der Vereinigten Arabischen Emirate – und darin eingeschlossen das Zivilrecht – soll auf dem islamischen Recht gegründet sein. Die Shari'a ist Dreh- und Angelpunkt. Sie dient nicht nur als Hauptquelle der Gesetzgebung, sondern füllt Regelungslücken entweder direkt oder subsidiär indirekt, indem nur Gewohnheitsrecht herangezogen werden darf, das nicht in Konflikt mit der Shari'a steht. So wird bereits in den Eingangsartikeln der »islamische Anspruch«[378] des Gesetzes deutlich.

Blickt man auf die korrespondierende Bestimmung des Ä-ZGB (Art. 1) so fällt auf, dass im Falle von Gesetzeslücken erst dann Prinzipien des islamischen Rechts zur Anwendung kommen sollen, wenn der Richter vergeblich versucht hat, eine Lösung nach Gewohnheitsrecht zu finden.[379] Das VAE-ZGB ordnet die Reihenfolge neu an und stellt die direkte Anwendung der Shari'a an die zweite Stelle. Wenn bereits das Erläuternde Memorandum zum Ä-ZGB erklärt, dass durch die Erhebung der »Prinzipien der islamischen Shari'a« zu einer formellen Rechtsquelle der Stellenwert des islamischen Rechts in der neuen Zivilrechtskodifikation an prominenter Stelle herausgestellt werden sollte,[380] dann gilt dies erst recht und noch stärker für das VAE-ZGB.

---

377 Art. 3: »Zu der allgemeinen Ordnung gehören die Bestimmungen des Personalstatuts wie Eheschließung, Erbschaft, Abstammung und die Bestimmungen über die Herrschaftssysteme, Handelsfreiheit, Zugänglichkeit der Güter, Grundlagen des Privateigentums sowie jegliche Bestimmungen und Grundlagen, auf die sich die Gesellschaft stützt, solange diese keinen eindeutigen Bestimmungen oder Grundprinzipien der islamischen Sharia widersprechen.« Übersetzung nach *Salama,* Vereinigte Arabische Emirate, in: Bergmann/Ferid/Henrich, Internationales Ehe- und Kindschaftsrecht: mit Staatsangehörigkeitsrecht, 26.

378 *Bälz,* ZEuP 2000, 51, 60.

379 Gleiches gilt beispielsweise in Jordanien, Art. 2 J-ZGB, und Kuweit, Art. 1 K-ZGB. Für einen Vergleich der Normen des VAE-ZGB, J-ZGB und Ä-ZGB sei verwiesen auf die Synopse im Anhang.

380 Vgl. *Bälz,* ZEuP 2000, 51, 61, der auf das Erläuternde Memorandum zum Ä-ZGB verweist.

Folglich haben die Vereinigten Arabischen Emirate, die nach der Verfassung ihr Recht auf die Prinzipien der Shari'a ausrichten, mit dem VAE-ZGB ein Gesetzesvorhaben realisiert, das sich inhaltlich an die Normen der Shari'a anlehnt und der Begründung nach auf ihnen aufbaut. Dies erkennt man am Erläuternden Memorandum, das für die einzelnen Vorschriften islamische Referenzquellen, häufig die *Mecelle*, heranzieht.[381]

II. Islamisch-rechtliche Grundsätze und Interpretationsregeln

Ein Merkmal, das dem VAE-ZGB auf den ersten Blick einen islamischen Charakter verleiht, sind die Art. 29–70 VAE-ZGB, die islamisch-rechtliche Grundsätze und Interpretationsregeln enthalten und an die Eingangsartikel der *Mecelle* (Art. 2–100)[382] angelehnt sind.[383]

Besonderheit dieser Artikel ist ihre prominente Stellung im einleitenden Kapitel des Zivilgesetzbuchs. Ein solcher Abschnitt über die »Grundregeln des *fiqh*« findet sich im J-ZGB nicht, was den wohl größten Unterschied zwischen den beiden im Übrigen sehr ähnlichen Gesetzbüchern ausmacht und somit ein islamisches Alleinstellungsmerkmal des VAE-ZGB darstellt.[384] *Krüger* kommt jedoch zu dem Schluss, dass bisher weder der Kassationshof in Dubai, noch der Oberste Gerichtshof in Abu Dhabi in ihren Urteilen auf diese Grundsätze zurückgegriffen haben.[385] Auch bis zur Fertigstellung dieser Arbeit konnte kaum ein solcher Verweis gefunden werden.[386] Es bleibt daher zu vermuten, dass die »Grundregeln des *fiqh*« vor allem programmatischer Natur sind und die Intention des Gesetzgebers – die Rückbesinnung auf das vom französischen Recht in anderen islamischen Staaten zurückgedrängte islamische Recht – widerspiegeln sollen.

381 Vgl. beispielhaft für das Recht der Stellvertretung *Whelan*, UAE Civil Code and Ministry of Justice commentary, 2–61.

382 Dazu *Mallat*, Introduction to Middle Eastern Law, 250f; *Mert*, HIKMA 2016, 170.

383 Vgl. dazu die Verweise auf die *Mecelle* in den Kommentierungen zu den jeweiligen Normen, beispielsweise *Whelan*, UAE Civil Code and Ministry of Justice commentary, 1–141. Diese »Grundregeln des *fiqh*« (kava'id-i fikhiyye) sind an dieser Stelle jedoch nicht vollständig übernommen worden. Einige der Regelungen finden sich im VAE-ZGB beispielsweise auch im Abschnitt zur Vertragsauslegung, siehe dazu unten unter § 6, III. Auslegung von Verträgen.

384 Im J-ZGB wie auch im irakischen ZGB finden sich einige der Rechtsmaximen aus der *Mecelle* weniger demonstrativ im Abschnitt über die Auslegung von Verträgen (Art. 220–224, 226–238 J-ZGB, Art. 155–167 I-ZGB). Dies hat der emiratische Gesetzgeber in knapper Form in den Art. 257–264 übernommen, siehe unten unter § 6, III. Auslegung von Verträgen.

385 *Krüger*, Grundzüge des Privatrechts der Vereinigten Arabischen Emirate, in: Ebert/Hanstein, Beiträge zum Islamischen Recht VI, 101, 106.

386 So ist der Verfasserin allein eine Entscheidung bekannt, in der der Kassationshof Dubai auf Art. 47 und 50 VAE-ZGB verweist, *Kassationshof Dubai*, Nr. 321/2002, 22.12.2002, Sader Annotated Civil Code, Art. 47.

§ 6 Allgemeines Vertragsrecht

Dem islamischen Recht ist eine allgemeine Theorie des Vertragsrechts fremd.[387] Da der Kaufvertrag nach islam-rechtlicher Auffassung der Grundtyp aller Verträge ist, werden allgemeine vertragsrechtliche Grundsätze aus dem Kaufvertragsrecht abgeleitet.[388] Das VAE-ZGB hat hingegen die Struktur seiner Vorbildrechtsordnungen - letztendlich mithin der französischen - übernommen und einen allgemeinen vertragsrechtlichen Teil vor die Klammer gezogen. Die Art. 125–275 VAE-ZGB umfassen generelle vertragsrechtliche Bestimmungen, Bestimmungen zu den Elementen, der Wirksamkeit und den Wirkungen eines Vertrages, der Auslegung von Verträgen und der Lösung vom Vertrag.

Eingeleitet wird der allgemeine Teil des emiratischen ZGBs mit einer Norm, die die Quellen der Obligationen benennt, nämlich den Vertrag, das einseitige Rechtsgeschäft, die unerlaubte Handlung, das Quasidelikt (ungerechtfertigte Bereicherung, Geschäftsführung ohne Auftrag etc.) und das Gesetz, Art. 124 VAE-ZGB. Die Norm gibt zugleich die Struktur des ersten Kapitels im ersten Buch vor. Die Obligation wird in Art. 108 VAE-ZGB als eine Rechtsbeziehung zwischen Gläubiger und Schuldner definiert, die dem Gläubiger gegenüber dem Schuldner einen Anspruch auf Übertragung eines dinglichen Rechts oder auf ein Tun oder Unterlassen zuspricht.

I. Der Vertragsbegriff

Das islamische Recht hat - seiner Natur als wenig dogmatisches, kasuistisches Rechtssystem wegen - keine allgemeine Vertragstheorie und damit auch keine allgemeine Definition des Vertrages hervorgebracht. Erst in den späteren isla-

387 *Rayner*, The Theory of Contracts in Islamic Law, 86; *Vogel*, Contract Law of Islam and the Arab Middle East, in: David/Egawa/Graveson u. a., International Encyclopedia of Comparative Law, 28.

388 *Schacht*, An Introduction to Islamic Law, 144f.

mischen Kodifizierungen, der *Mecelle* und dem *Muršid al-Ḥairān*, wurden Vertragsdefinitionen aufgenommen. Dies spiegelt freilich das allgemeine Ziel dieser Gesetzeswerke wider, das islamische Recht zu systematisieren und seine einheitliche Anwendung zu ermöglichen.[389]

Anders als noch im Ä-ZGB[390] wird der Begriff des Vertrages auch im VAE-ZGB nicht nur vorausgesetzt, sondern in Art. 125 (1) ausdrücklich definiert:

> »Ein Vertrag ist das Aufeinandertreffen von einem Angebot, das von einer der Vertragsparteien ausgeht, und einer Annahme durch die andere Partei zusammen mit der Übereinstimmung in der Weise, dass die Rechtsfolgen über das Vertragsobjekt festgesetzt werden, wodurch jeder Partei verbindliche Verpflichtungen gegenüber der Verpflichtung der anderen Partei auferlegt werden.«

Diese Definition entspricht dem Vertragsbegriff im jordanischen ZGB (Art. 87) und ist an die Vertragsbegriffe aus der *Mecelle* (Art. 103) und dem *Muršid al-Ḥairān* (Art. 262) angelehnt.[391] Der letzte Halbsatz »*wodurch jeder Partei verbindliche Verpflichtungen gegenüber der Verpflichtung der anderen Partei auferlegt werden*« stiftet jedoch Verwirrung: Zum einen hinterlässt dieser Teil der Vertragsdefinition den Eindruck, dass einseitig verpflichtende Verträge nicht unter den Anwendungsbereich des Art. 125 VAE-ZGB fallen würden, da sie nur einer Partei eine Leistungspflicht auferlegen (wie zum Beispiel bei der Bürgschaft oder beim Schenkungsversprechen). Da sowohl die Bürgschaft (Art. 1056ff. VAE-ZGB) als auch die Schenkung (Art. 614ff. VAE-ZGB) im zweiten Buch unter dem Titel »Verträge« geregelt sind, ist nach dieser Interpretation der Definitionsteil zu eng gefasst und ruft Zweifel über die Intention des Gesetzgebers beziehungsweise die Auslegung der Norm hervor. Zum anderen umfasst die Anforderung des Auferlegens gegenseitiger Verpflichtungen nicht jede Rechtswirkung, die ein Vertrag innehaben kann. So würden unter diese Definition nur schwerlich solche Verträge gefasst werden können, die die Übertragung einer Schuld, die Änderung einer Verpflichtung oder den Erlass einer Schuld zum Gegenstand haben. Es sei hier nur am Rande erwähnt, dass der kuwaitische Gesetzgeber aus diesem Grund vom jordanischen Vorbild abgewichen ist und eine eigene Definition in das K-ZGB implementiert hat, die stattdessen »die Herbeiführung einer Rechtswirkung« (Art. 31 K-ZGB) verlangt.[392]

Der problematische letzte Halbsatz stellt eine Übernahme des Art. 262 *Muršid al-Ḥairān* dar, der scheinbar vom emiratischen Gesetzgeber nicht hinterfragt

389 Dazu siehen oben unter § 2, I. Die Kodifizierung zur Fortentwicklung des islamischen Rechts.

390 Art. 89 Ä-ZGB regelt den Vertragsschluss. Das Gesetz kommt ohne eine Vertragsdefinition aus.

391 Vgl. *Saleh,* ALQ 1990, 101, 106f.

392 *Saleh,* ALQ 1990, 101, 106 mit Verweis auf das Erläuternde Memorandum zum K-ZGB.

wurde. Letztlich wird die Vertragsdefinition allerdings weiter ausgelegt werden müssen, da das Gesetz offensichtlich auch von Verträgen ausgeht, die nicht die gegenseitige Verpflichtung der Vertragsparteien zum Inhalt haben. Es ist deshalb geboten – so wie der kuwaitische Gesetzgeber dies bereits sechs Jahre vor Inkrafttreten des VAE-ZGB getan hat – die Herbeiführung von Rechtswirkungen als maßgebliche Anforderung an einen Vertrag anzusehen und die missglückte Definition des Art. 125 VAE-ZGB dahingehend auszulegen. Die Rechtsprechung scheint – sofern überhaupt vorhanden – diese Interpretation übernommen zu haben.[393]

Während Art. 125 VAE-ZGB versucht, den Vertrag im Allgemeinen zu definieren, regelt Art. 130 VAE-ZGB den Vertragsschluss. Er lautet:

> »Ein Vertrag kommt zustande, sobald Angebot und Annahme aufeinandertreffen, unter Berücksichtigung dessen, was das Gesetz über bestimmte Umstände des Vertragsabschlusses verlangt«.

II. Vertragsfreiheit

Die Frage nach der Vertragsfreiheit hat in der klassischen islamischen Rechtsdebatte zum Vermögensrecht eine besondere Bedeutung, die sich auch auf die Diskussionen bei Schaffung der Zivilgesetzbücher des ägyptischen Rechtskreises ausgewirkt hat. Denn um eine moderne, wettbewerbsfähige Zivilrechtsordnung zu schaffen, erschien eine absolute Vertragsfreiheit unumgänglich zu sein. Da man jedoch gleichzeitig versuchte, islam-konforme Gesetze zu entwickeln, war fraglich, ob die Normierung ebendieser mit dem islamischen Recht überhaupt vereinbar sein würde.

1. Islam-rechtlicher Hintergrund

Die Existenz der Vertragsfreiheit, insbesondere die Frage nach der freien Wählbarkeit des Inhalts und der Form eines Vertrages, stellt einen der wohl umstrittensten Aspekte unter den sunnitischen Rechtsschulen im Kontext des islamischen Schuldrechts dar. Begründet ist die Diskussion in dem Umstand, dass das klassische islamische Vertragsrecht auf einem numerus clausus von fest gefügten Verträgen basiert. Frühe islamische Juristen haben weder den Vertrag definiert, noch sich um eine allgemeine Vertragstheorie bemüht. Vielmehr

393 »Every agreement generating legal effects, binding to the parties thereto, is considered a contract«, *Oberstes Bundesgericht*, Nr. 671/2005, 20.2.2005, Sader Annotated Civil Code, Art. 125.

gründet die Entwicklung des islamischen Vertragsrechts auf Einzelfällen; jede Vertragsart wurde isoliert behandelt. Dementsprechend hat auch keine Auseinandersetzung mit der Frage nach der Anerkennung atypischer Verträge stattgefunden.[394] Im Grunde genommen haben sich im Laufe der Zeit zwei Meinungen dazu gebildet, die ihre Ansätze jeweils auf Koranstellen und *aḥadīṯ* gründen und bei Interpretation ebendieser Quellen zu unterschiedlichen Ergebnissen kommen.

Insbesondere die Anhänger der ḥanafitischen Rechtsschule lehnen eine vertragliche Gestaltungsfreiheit ab.[395] Dabei stützten sie sich in erster Linie auf Koran II:229 »Das sind die Gebote Gottes. Übertretet sie nicht! Diejenigen, die sie übertreten, sind die (wahren) Frevler.« und auf Koran IV:14 »Wer aber gegen Gott und seine Gesandten widerspenstig ist und seine Gebote übertritt, den lässt er in ein Feuer eingehen, damit er (ewig) darin weile«, zusammen mit einem überlieferten *ḥadīṯ*, gemäß dem Muḥammad gesagt haben soll: »Warum stellen manche Menschen Bedingungen, die nicht in Allāhs Buch enthalten sind? Wer immer eine Bedingung stellt, die nicht in Allāhs Gesetzen steht, dann ist diese Bedingung ungültig, selbst wenn er hundert Bedingungen stellt, denn Allāhs Bedingungen sind verbindlicher und zuverlässiger«[396].[397] So argumentieren Anhänger dieser restriktiven Ansicht mit dem kasuistischen Charakter des islamischen Rechts. Alle Übereinkünfte, die nicht in den islamischen Texten gründen und auch nicht vom Konsens erfasst wurden, seien mithin ungültig.[398]

Die Ḥanbaliten Taqī ad-Dīn Aḥmad bin Taimīya (gest. 1328)[399] und Ibn Qaiyim al-Ǧauziya (gest. 1350)[400] entwickelten einen gegenläufigen Ansatz: es sei alles erlaubt, was nicht ausdrücklich durch Koran und *sunna* verboten werde. Alle Verträge, die nicht gegen islamrechtliche Grundsätze wie das *ribā*- oder

394 Nach *Hamid* war die Entwicklung des islamischen Rechts hin zu einem »Recht der Verträge« keine beabsichtigte: »Although the treatment of contracts in the jurists manuals may suggest that Islamic Law is a law of contracts, it is submitted that such treatment was not part of a conscious scheme to limit the sphere of contract. It was an inevitable by-product of the process of Islamicization in which the jurists were engaged.«, *Hamid*, Journal of Islamic and Comparative Law 1969–76, 1, 9.

395 *Schacht*, An Introduction to Islamic Law, 144; *Linant de Bellefonds*, Traité de Droit Musulman Comparé, 224ff; *Krüger*, Recht van de Islam 1997, 67, 79f; *Yassari*, IJVO 2007, 1, 13.

396 Ṣaḥīḥ al-Buḫārī 2155. Der Text findet sich in englischer und arabischer Sprache unter https://sunnah.com/bukhari/34 (zuletzt besucht am 16.11.2020).

397 Zitiert in *Rayner*, The Theory of Contracts in Islamic Law, 92.

398 *Rayner*, The Theory of Contracts in Islamic Law, 92f.

399 *Laoust*, Ibn Taymiyya, in: Bearman/Bianquis/Bosworth u.a., Encyclopaedia of Islam, Second Edition.

400 *Laoust*, Ibn Ḳayyim al- Djawziyya, in: Bearman/Bianquis/Bosworth u.a., Encyclopaedia of Islam, Second Edition.

ġarar-Verbot verstoßen, seien zulässig.[401] Vertreter dieser Auffassung ziehen den Koranvers V:1 »Ihr Gläubigen! Erfüllt die Verpflichtungen (die Gott euch auferlegt hat)!« heran und argumentieren, dass ein solch allgemein formuliertes Gebot nicht die Ausnahme zu dem Grundsatz darstellen könne, es gebe keine Vertragsfreiheit.[402] Zudem werde durch den Koranvers VI:119 »[Gott hat] euch doch auseinandergesetzt (…), was er euch verboten hat« die grundsätzliche Erlaubtheit aller Dinge vermutet.[403] Auch wenn die ḥanbalitische Rechtsschule grundsätzlich als die traditionellste und konservativste Rechtsschule des sunnitischen Islams angesehen wird, nimmst sie hinsichtlich der Anerkennung der Vertragsfreiheit den liberalsten Standpunkt ein.[404]

Zu internationaler Bekanntheit dieser ḥanbalitischen Auffassung hat der Schiedsspruch in der Sache *Saudi Arabia v. Arabian American Oil Company (Aramco)* aus dem Jahr 1958 verholfen.[405] Die amerikanische Ölgesellschaft Aramco hatte im Jahr 1933 mit den Saudis einen Konzessionsvertrag geschlossen, wonach Aramco Öl fördern und die Technologie für die Aufbereitung des Öls zur Verfügung stellen sollte. Nachdem die saudische Regierung im Jahr 1954 einen weiteren Vertrag mit dem griechischen Reeder Onassis schloss, der das exklusive Recht zum Inhalt hatte, das geförderte Öl auf unter saudischer Flagge fahrenden Tankern zu transportieren, beanspruchte Aramco dieses Transportrecht für sich selbst. In dem darauffolgenden Schiedsverfahren wurde auch die Rechtsnatur des Konzessionsvertrages thematisiert, der der in Saudi-Arabien vorherrschenden ḥanbalitischen Rechtsschule unbekannt war. Unter Berufung auf die Lehren von Ibn Taimīya wurde der Konzessionsvertrag ausdrücklich als zulässig anerkannt.[406]

---

401 *Wichard*, Zwischen Markt und Moschee, 236; *Krüger*, ZVglRWiss 1998, 360, 366f; *Yassari*, IJVO 2007, 1, 13f. Zum Ansatz Ibn Taimīyas ausführlich *Oberauer*, Islamisches Wirtschafts- und Vertragsrecht, 87ff.

402 *Hamid*, Journal of Islamic and Comparative Law 1969–76, 1, 8. Für diese Annahme werden darüber hinaus die Koranverse VI:153 und XVII:34 herangezogen, *Rayner*, The Theory of Contracts in Islamic Law, 93, Fn. 35; *Hamid*, Journal of Islamic and Comparative Law 1969–76, 1, 7.

403 Zitiert in *Rayner*, The Theory of Contracts in Islamic Law, 93; *Hamid*, Journal of Islamic and Comparative Law 1969–76, 1, 8. Die Versnummer wurde angepasst.

404 *Stompfe*, Die Gestaltung und Sicherung internationaler Investor-Staat-Verträge in der arabischen Welt am Beispiel Libyens und Katars, 88f.

405 Saudi Arabia vs. Arabian American Oil Company (Aramco), 23.8.1958, ILR 1963, 117–233.

406 Saudi Arabia vs. Aramco, 23.8.1958, ILR 1963, 163f.

2. Vertragsfreiheit in den älteren Zivilgesetzbüchern des ägyptischen Rechtskreises

In seinem Werk *Maṣādir al-ḥaqq* machte auch Sanhūrī seinen Standpunkt bezüglich der Frage nach der Existenz einer Vertragsfreiheit deutlich. Er übernahm dabei den ḥanbalitischen Ansatz und legte dar, dass jede Übereinkunft einen wirksamen Vertrag darstelle, sofern die Wirksamkeitsvoraussetzungen des *fiqh* eingehalten würden.[407] Die frühen Juristen hätten sich nur mit den damals üblichen Vertragstypen auseinandergesetzt. Daraus könnten jedoch allgemeine Prinzipien entwickelt werden, die auf die Auseinandersetzung mit neuen Vertragsformen angewandt werden könnten. Insbesondere würden die Grundsätze von *ribā* und *ġarar* Wirksamkeitsschranken und somit Grenzen der grundsätzlichen Vertragsfreiheit darstellen.[408]

Diesen Ansatz setzte Sanhūrī im ägyptischen Zivilgesetzbuch um.[409] Aus Art. 147 Ä-ZGB folgt, dass geschlossene Verträge die Parteien binden und sie in der Ausgestaltung ihrer vertraglichen Bestimmungen im Rahmen des Gesetzes grundsätzlich frei sind. Ähnliche Bestimmungen finden sich in den anderen Zivilgesetzbüchern, die dem *ägyptischen Rechtskreis* zugeordnet werden können.[410]

3. Normierung im VAE-ZGB

Im Sinne dieser Auffassung normiert auch das emiratische Zivilgesetzbuch den Grundsatz der Vertragsfreiheit ausdrücklich: Gemäß Art. 257 VAE-ZGB ist das Einvernehmen der Parteien die Grundlage des Vertrages. Vertragsgegenstand kann alles sein, was nicht gegen ein Gesetz, die öffentliche Ordnung oder die guten Sitten verstößt, Art. 126 (d) VAE-ZGB. Für klassische und häufig vorkommende Vertragstypen hat der Gesetzgeber zwar teilweise eigene Regelungen geschaffen.[411] Art. 128 VAE-ZGB stellt dennoch klar, dass die allgemeinen Bestimmungen über Verträge nicht nur auf die gesetzlich geregelten Verträge, sondern auch auf Innominatverträge Anwendung finden. Den Parteien steht es

407 »Wenn die Zivilisation andere Verträge (als die anerkannten Typenverträge) hervorbringt und sie die vom *fiqh* festgelegten Voraussetzungen erfüllen, handelt es sich um wirksame Verträge«, *as-Sanhūrī*, Maṣādir al-ḥaqq fi 'l-fiqh al-islāmī, I, 81. Übersetzung nach *Bälz*, Versicherungsvertragsrecht in den Arabischen Staaten, 49.

408 *As-Sanhūrī*, Maṣādir al-ḥaqq fi 'l-fiqh al-islāmī, I, 79ff.

409 Vgl. *as-Sanhūrī*, al-Wasīṭ fī šarḥ al-qānūn al-madanī al-ǧadīd, I: Naẓarīyat al-iltizām bi-waǧh ʿāmm. Maṣādir al-iltizām, 167ff.

410 Z.B. Art. 147 L-ZGB; Art. 196 K-ZGB; Art. 213, 88 (4) J-ZGB.

411 Siehe z.B. für das Kaufrecht Art. 489–606.

daher grundsätzlich frei, einen Vertrag abzuschließen und inhaltlich zu gestalten; der Vertrag bildet das Gesetz zwischen den Parteien.[412] Durch Aufgabe des schuldrechtlichen Typenzwangs wandelt sich der dem islamischen Recht immanente Kasuismus in eine allgemeine Theorie des Schuldrechts.

Wie in Art. 126 (d) VAE-ZGB angeordnet, finden sich die Grenzen der Vertragsfreiheit im Gesetz, in der öffentlichen Ordnung und den guten Sitten. Diese werden maßgeblich durch das islamische Recht bestimmt. So finden sich im VAE-ZGB vertragsrechtliche Vorschriften, die beispielsweise das *ġarar*-Verbot verkörpern.[413] Darüber hinaus öffnet der Gesetzgeber den Anwendungsbereich des islamischen Rechts als Anknüpfungspunkt für die Definition der »öffentlichen Ordnung« gemäß Art. 3 VAE-ZGB.

4. Fazit

Das Vertragsrecht der Vereinigten Arabischen Emirate auf den Grundsatz der Vertragsfreiheit zu stützen, war eine bewusste Entscheidung des Gesetzgebers, um Vertragsparteien größtmögliche Gestaltungsspielräume zu erlauben. Mit der Anerkenntnis der absoluten Vertragsfreiheit legte er den Grundstein für ein modernes Vermögensrecht in den Vereinigten Arabischen Emiraten. Dass der Gesetzgeber dies mit der in dieser Frage liberalsten islamischen Rechtsschule legitimieren kann, ist allein deshalb möglich, weil die verfassungsrechtliche Islamklausel dem Gesetzgeber keine konkreten Vorgaben zur Umsetzung des Islamvorbehalts gibt.

Das Erläuternde Memorandum zum Zivilgesetzbuch legt ausdrücklich dar, dass das VAE-ZGB den ḥanbalitischen Ansatz übernommen hat.[414] Die Begründung orientiert sich an Sanhūrīs Argumentation in seinem Werk *Maṣādir al-ḥaqq*. Mit seinem Vorgehen war es dem Gesetzgeber möglich, Anforderungen einer liberalen Gesellschaftsordnung und Notwendigkeiten des internationalen Rechtsverkehrs nachzukommen und die Umsetzung einer grundsätzlichen vertraglichen Gestaltungsfreiheit dennoch mit dem islamischen Recht (in seiner ḥanbalitischen Auslegung) zu legitimieren. Gleichzeitig dienen islam-rechtliche Grundsätze (beispielsweise *ribā* und *ġarar*) als materielle Schranken der Vertragsfreiheit.[415]

---

412 *Krüger*, Grundzüge des Privatrechts der Vereinigten Arabischen Emirate, in: Ebert/Hanstein, Beiträge zum Islamischen Recht VI, 101, 118.

413 Als Beispiel seien die Anforderungen an den Vertragsgegenstand genannt, siehe unten unter § 6, IV.3. Gegenstand und Grundlage des Vertrages.

414 *Whelan*, UAE Civil Code and Ministry of Justice commentary, 2.

415 *Bälz*, Versicherungsvertragsrecht in den Arabischen Staaten, 54.

Die Thematik der Vertragsfreiheit macht die Bestrebungen des emiratischen Gesetzgebers deutlich, zwar einerseits eine international wettbewerbsfähige Zivilrechtsordnung zu schaffen, jedoch gleichzeitig an den islamischen Wurzeln des Landes festzuhalten. So zeigt sich hier die Eigenschaft des an Einzelfällen entwickelten, religiösen Rechts als flexibles und anpassungsfähiges Referenzsystem für die Schaffung moderner Zivilgesetzbücher.

Der Rückgriff auf die ḥanbalitische Rechtsschule ist sicherlich damit zu begründen, dass ihre Ansicht hinsichtlich der Anerkennung einer grundsätzlichen Vertragsfreiheit den Bedürfnissen einer modernen Zivilrechtsordnung entspricht. Der Gesetzgeber hatte jedoch, obwohl die anderen sunnitischen Rechtsschulen die Frage der Vertragsfreiheit restriktiver beantworten, keine Rechtfertigungsforderungen zu befürchten, da die ḥanbalitische Rechtsschule in den Vereinigten Arabischen Emiraten verbreitet ist.[416] So hat auch die Rechtsprechung mit der kodifizierten Vertragsfreiheit keine Schwierigkeiten und erkennt Vertragsarten, die nicht oder nur teilweise im VAE-ZGB normiert sind, als gültig an, wenn sie von den Parteien wirksam vereinbart worden sind.[417]

III. Auslegung von Verträgen

Bei der Schaffung von Normen zur Auslegung von Verträgen und der Auseinandersetzung mit den europäischen Vorbildrechtsordnungen hatten sich die Gesetzgeber der arabischen Zivilgesetzbücher zwangsläufig mit dem in Europa geführten Theorienstreit um die objektive und subjektive Vertragsauslegung zu beschäftigen. Auf diesen soll an dieser Stelle nicht vertiefend eingegangen werden; es bleibt jedoch festzustellen, dass der Code Civil (Art. 1188 n. F.; Art. 1156 a. F.) und die Rechtsprechung der französischen Gerichte in der Theorie grundsätzlich von der Ermittlung der »commune intention des parties«, und somit von einer subjektiven Auslegungsmethode ausgehen,[418] während das

416 Zudem weist Art. 1 VAE-ZGB ihr eine höhere Stellung in der Auslegung der Normen zu, als anderen Rechtsschulen. Dass die Schaffung der Normen an dieser Stelle dieser Hierarchie entspricht, ist sicherlich vor dem islamischen Hintergrund der Vereinigten Arabischen Emirate zufriedenstellend, jedoch eher eine Ausnahme.

417 So zum Beispiel das erstinstanzliche Zivilgericht in Dubai zum Franchise-Vertrag, *Alfridi & Angell, Legal Consultants*, ALQ 1996, 50, 57.

418 Mit der Reform im Jahre 2016 sind im Code Civil auch neue Regelungen über die Vertragsauslegung eingeführt worden, die dem Grunde nach jedoch weiterhin einen subjektiven Auslegungsansatz verkörpern. Lässt sich die Absicht der Parteien nicht ermitteln, so wird mit Art. 1188 (2) Cc nunmehr das Verständnis einer »vernünftigen Person« als Maßstab festgelegt, *Neumann/Berg*, Einführung in das französische Recht, 73.

deutsche und das englische Recht im Ergebnis einen objektiven Ansatz verfolgen.[419]

Auch der islamische Ansatz ist in dieser Hinsicht als objektiv zu charakterisieren.[420] Der Wille der Parteien, auf dem typischerweise der Vertrag beruht, wird mittels einer objektiven Analyse der von den Parteien abgegebenen Erklärungen erörtert. Grund dafür ist der Vertrauensschutz der Vertragsparteien und die Bestandskraft des Vertrages, unabhängig von dem wechselhaften inneren Willen der Parteien.[421] Dieses Argument bewog Sanhūrī bei Darlegung seiner Gründe für die Notwendigkeit eines neuen Ä-ZGB und dessen Ausgestaltung zu dem Ergebnis, dass die objektive Tendenz, die dem islamischen Recht immanent sei, dem ägyptischen Recht »größere Stabilität und Genauigkeit« verleihen würde.[422]

Obwohl das Ä-ZGB und somit mittelbar der gesamte *ägyptische Rechtskreis* vor allem auf dem französischen Code Civil basiert, hat der ägyptische Gesetzgeber bei der Vertragsauslegung eine objektive Tendenz übernommen: Ist der Vertragswortlaut eindeutig, so kann nicht im Wege der Auslegung davon abgewichen werden (Art. 150 (1) Ä-ZGB). Sofern der Vertrag jedoch der Auslegung zugänglich ist, ist der gemeinsame Wille anhand von objektiven Anhaltspunkten (Art des Geschäfts, Verkehrssitte) zu erforschen (Art. 150 (2) Ä-ZGB). Bei verbleibenden Zweifeln ist der Vertrag grundsätzlich zu Gunsten des Schuldners auszulegen (Art. 151 Ä-ZGB). Der Gesetzgeber sieht diese Normen selbst als Übernahme der objektiven Tendenz des deutschen Rechtskreises an, die auch dem islamischen Recht entspräche.[423] Gleichzeitig bleibt der Rückgriff auf das französische Recht aber unverkennbar, denn der in Art. 150 (1) Ä-ZGB enthaltene Grundsatz ist dort als Lehre von den »clauses claires et précises« bekannt.[424]

Im VAE-ZGB ist die Vertragsauslegung ausführlicher normiert worden (Art. 257–266). Während Art. 265 und Art. 266 aus dem Ä-ZGB entnommen worden sind, entstammen die Art. 257–264 der osmanischen *Mecelle*, die den

---

419 *Zweigert/Kötz*, Einführung in die Rechtsvergleichung, auf dem Gebiete des Privatrechts, 399; *Schmidt*, Der Vertragsschluss, 135ff; *Vogenauer*, Auslegung von Verträgen, in: Basedow/Hopt/Zimmermann u. a., Handwörterbuch des Europäischen Privatrechts, 134, 135f.

420 Vgl. *as-Sanhūrī*, Maṣādir al-ḥaqq fi 'l-fiqh al-islāmī, VI, 35; *Wichard*, Zwischen Markt und Moschee, 224ff. *Mallat* hingegen sieht in dieser Thematik unter Bezugnahme der *Mecelle* eine Inkohärenz innerhalb des islamischen Rechts, vgl. *Mallat*, Introduction to Middle Eastern Law, 251f.

421 *Whelan*, UAE Civil Code and Ministry of Justice commentary, 2–310.

422 *As-Sanhūrī*, Le Droit musulman comme élément de refonte du Code Civil Egyptien, in: Garraud, Introduction à l'étude du droit comparé, II, 621, 629.

423 *Bälz*, ZEuP 2000, 51, 65 mit Nachweisen zum Erläuternden Memorandum zum Ä-ZGB.

424 *Zweigert/Kötz*, Einführung in die Rechtsvergleichung, auf dem Gebiete des Privatrechts, 398; *Bälz*, ZEuP 2000, 51, Fn. 53, der dies darüber hinaus auch für den Grundsatz »in dubio pro debitore« feststellt. Diese beiden Grundsätze haben mittlerweile Einzug in den Code Civil gefunden (Art. 1190, 1192 Cc).

Grundsatz der objektiven Auslegung detailreich ausgestalten.[425] Der Einzug dieser Regelungen in das VAE-ZGB ist wiederum auf den Rückgriff auf das jordanische Zivilgesetzbuch zurückzuführen. Das J-ZGB ist erheblich durch die *Mecelle* beeinflusst worden, da diese in Jordanien bis zum Inkrafttreten des Zivilgesetzbuches galt. An dieser Stelle kann man jedoch erkennen, dass der emiratische Gesetzber die Normen des J-ZGB nicht einfach kopierte. Einige Regelungen des Abschnitts über die Auslegung von Verträgen im jordanischen Gesetz entstammen den Grundregeln des *fiqh* in der *Mecelle*, die der emiratische Gesetzgeber vor die Klammer zog und – wohl aus Gründen der Islamisierung des Gesetzes – an den Anfang des ZGB stellte.[426]

Das Erläuternde Memorandum zum VAE-ZGB begründet die Wahl der Auslegungsregelungen mit Verweis auf den deutschen Rechtskreis, der einen solchen objektiven Ansatz verfolge und dem islamischen Recht daher näherstehen würde, als der romanische.[427] Da jedoch bereits das Ä-ZGB den Grundsatz der objektiven Auslegung übernommen hat, ist hier nicht von einer Reislamisierungstendenz innerhalb des ägyptischen Rechtskreises zu sprechen. Gegenüber den in Ägypten vor Inkrafttreten des Ä-ZGB angewendeten Gesetzbüchern, die eine nahezu vollständige Übernahme des Code Civil darstellten, zeigt sich in den Regelungen zur Vertragsauslegung also bereits im Ä-ZGB eine Annäherung an das islamische Recht. *Bälz* kommt in Bezug auf die Entstehung des Ä-ZGB zu dem Ergebnis, dass das islamische Recht als »Schiedsrichter in dem aus Europa importierten Theorienstreit« fungiert habe.[428] Dieses Ergebnis lässt sich auch auf die in den Folgejahren entstandenen arabischen Zivilgesetzbücher, unter ihnen das VAE-ZGB, treffen. Die verfassungsmäßige Vorgabe einer islamischen Gesetzgebung konnte hier dementsprechend auf »sicherem Boden« umgesetzt werden, denn die Rückbesinnung auf das islamische Recht führte nicht zu einer Abweichung von europäischen Regelungen; vielmehr zogen die Gesetzgeber die Shari'a als normative Referenzquelle heran. Gegenüber dem Ä-ZGB ist das VAE-ZGB nur deshalb auch in Bezug auf die Auslegungsregelungen als »islamischer« zu bezeichnen, weil mittels Übernahme von Normen aus der *Mecelle* deren detailreicher Gesetzgebungsstil im VAE-ZGB erkennbar wird.

425 So beispielsweise Art. 259 VAE-ZGB »Das Implizierte soll gegenüber dem Ausdrücklichen außer Acht gelassen werden«.

426 Siehe oben unter § 5, II. Islamisch-rechtliche Grundsätze und Interpretationsregeln. Zum Vergleich der Normen aus dem VAE-ZGB mit dem J-ZGB und dem Ä-ZGB siehe die Synopse im Anhang.

427 *Whelan*, UAE Civil Code and Ministry of Justice commentary, 2–310.

428 *Bälz*, ZEuP 2000, 51, 65, der dies für das ägyptische Zivilgesetzbuch feststellt.

IV. Der Vertragsschluss

Der Abschnitt des VAE-ZGB zum Vertragsschluss wird einem europäischen Rechtsanwender grundsätzlich keine Schwierigkeiten bereiten. Dies liegt sicherlich daran, dass sich die Technik des Vertragsschlusses im islamischen Recht im Grunde nicht von europäischen Rechtsordnungen unterscheidet. Der emiratische Gesetzgeber konnte die vermeintlich westlich geprägten Normen anderer arabischer Gesetzbücher übernehmen und diese trotzdem als islamkonform legitimieren (so beispielsweise bei der Geschäftsfähigkeit und dem Gegenstand und der Grundlage des Vertrages).[429]

Der Teufel steckt jedoch im Detail: so ist der Abschnitt zum Vertragsschluss deutlich länger, als beispielsweise im Ä-ZGB. Dies liegt an den kleinen vertragsrechtlichen Eigenarten des islamischen Rechts, die im VAE-ZGB normiert wurden. Beispiele für die islam-rechtliche Legitimierung rezipierter Regelungen und die Einführung islamischer Normen sollen im Folgenden vorgestellt werden.

1. Einigung

Als wesentliche Vertragsbestandteile setzt Art. 129 VAE-ZGB die Einigung der Vertragsparteien über den wesentlichen Vertragsinhalt und einen hinreichend bestimmten und gesetzlich zulässigen Vertragsgegenstand voraus. Eine Einigung kommt durch die Abgabe eines Angebots und die korrespondierend abgegebenen Annahme zustande, Art. 130 VAE-ZGB.

Gemäß Art. 131 VAE-ZGB sind Angebot und Annahme Willenserklärungen[430] in Bezug auf den Abschluss eines bestimmten Vertrages, wobei die Erklärung, die zuerst erfolgt, das Angebot und die darauffolgende Erklärung die Annahme darstellt. Das Angebot muss so bestimmt sein, dass mit der entsprechenden Annahme der Vertrag zustande kommt.[431]

Eine Willenserklärung kann nach Art. 132 VAE-ZGB mündlich oder schriftlich erfolgen, in einer Sprache, die beide Parteien verstehen können. Bestimmte Worte oder Redewendungen (»ich kaufe« oder »ich verkaufe«) müssen nicht

---

429 Siehe dazu beispielsweise den Verweis auf die *Mecelle* und den *Muršid al-ḥayrān* im Erläuternden Memorandum zu Art. 125, *Whelan*, UAE Civil Code and Ministry of Justice commentary, 2–3.

430 Anders als das jordanische Vorbild verwendet das VAE-ZGB an dieser Stelle einheitlich den Terminus der »Willenserklärung« und räumt Ungenauigkeiten in Bezug auf die Möglichkeiten der Abgabe aus. Hier wird deutlich, dass der emiratische Gesetzgeber nicht einfach von anderen Rechtsordnungen »abgeschrieben« hat. Zu Ungenauigkeiten im jordanischen Zivilgesetzbuch siehe *Goussous*, Der Vertrag nach dem Jordanischen ZGB von 1976, 29f.

431 *Oberstes Bundesgericht*, Nr. 771/2004, 5.12.2004, Sader Annotated Civil Code, Art. 131; *Kassationshof Dubai*; Nr. 300/2006, 19.9.2006, Sader Annotated Civil Code, Art. 131.

verwendet werden.[432] Das Gesetz lässt auch Zeichen oder Handlungen zu, die unzweifelhaft auf die beiderseitige Zustimmung zum Vertragsschluss schließen lassen.[433] Ein Vertragsschluss durch konkludentes Verhalten ist im ZGB mithin ausdrücklich vorgesehen.

a) Tempora von Angebot und Annahme

Die Wahl der Zeitform, in der ein Angebot und eine Annahme erfolgen, spielt im islamischen Recht eine bedeutende Rolle und beruht auf der objektiven Tendenz, die das islamische Recht bei der Auslegung von Willenserklärungen innehat. Zudem lässt sich das *ġarar*-Verbot anführen, welches jegliche Ungewissheit im Rahmen eines Vertragsschlusses verbietet.[434] Gemäß islamischer Rechtsauffassung wird mittels einer Erklärung in der Vergangenheitsform die Abgeschlossenheit der Handlung ausgedrückt, sodass eine bloße Absichtserklärung ausgeschlossen werden kann.[435] Zweifel über den Vertragsschluss bestehen nicht und die hinter der Erklärung stehende Absicht der Parteien muss für diese Annahme gar nicht in Betracht gezogen werden.

Die Verwendung der arabischen Präsensform kann hingegen unklar und mehrdeutig sein. Sie beinhaltet auch Elemente des deutschen Futurs, sodass durch Verwendung dieser Form sowohl ein sofortiger, als auch ein zukünftiger Vertragsschluss gemeint sein kann.[436] Daher kann ein Vertragsschluss nur dann bejaht werden, wenn die Absicht der Parteien, einen Vertrag zu schließen, eindeutig ist.[437]

Eine Erklärung in Befehls- oder Frageform reicht nach zumindest überwiegender islamrechtlicher Auffassung nicht aus, um als Angebot gewertet zu werden; vielmehr liegt eine bloße Absichtserklärung vor, oder die Erklärung bewegt sich noch im Stadium der Verhandlung.[438] Angebot und Annahme in einer Futurform stellen nach islamischem Recht nur das Versprechen eines Vertrages, nicht jedoch den Vertragsschluss selbst dar.[439]

---

432 *Whelan,* UAE Civil Code and Ministry of Justice commentary, 2–22.

433 »Thereafter it makes no difference whether it is in words or in writing or by some sign or act.«, *Whelan,* UAE Civil Code and Ministry of Justice commentary, 2–22.

434 *Rayner,* The Theory of Contracts in Islamic Law, 106.

435 *Goussous,* Der Vertrag nach dem Jordanischen ZGB von 1976, 34; *Eisenberg,* Sources and Principles of Islamic Law, in: Nethercott/Eisenberg, Islamic Finance, 19, 56. Für die hanafitische Rechtsschule *Wichard,* Zwischen Markt und Moschee, 111.

436 Vgl. *Goussous,* Der Vertrag nach dem Jordanischen ZGB von 1976, 34.

437 Vgl. *Whelan,* UAE Civil Code and Ministry of Justice commentary, 2–22; *Rayner,* The Theory of Contracts in Islamic Law, 106.

438 *Wichard,* Zwischen Markt und Moschee, 112.

439 *Rayner,* The Theory of Contracts in Islamic Law, 106.

Von diesen islamischen Grundsätzen beeinflusst bestimmt Art. 132 VAE-ZGB, dass eine Willenserklärung sowohl in der Vergangenheits- als auch in der Gegenwartsform abgegeben werden kann. Auch eine Erklärung im Imperativ kann eine Willenserklärung darstellen. Da sie jedoch mehrdeutig ausgelegt werden kann, muss auch in diesem Falle die Absicht der Parteien in Bezug auf den Vertragsschluss eindeutig aus der Erklärung hervorgehen.[440] Eine Erklärung, die in der Zukunftsform abgegeben wird und ein reines Versprechen darstellt, kann gemäß Art. 133 VAE-ZGB zum Vertragsabschluss führen, wenn und soweit dies der Absicht der Vertragsparteien entspricht.

Aus der Differenzierung der unterschiedlichen Zeitformen folgt, dass der Parteiwille als subjektives Element nur subsidiär heranzuziehen ist, nämlich dann, wenn objektiv ein Vertragsschluss nicht eindeutig angenommen werden kann. Die Mehrdeutigkeit der objektiven, sprachlichen Auslegung einer Willenserklärung wird durch die Heranziehung des Parteiwillens relativiert. Grenze der Auslegung bleibt aber der Sinngehalt der Erklärung. Hieran wird der islamisch-rechtliche Einfluss deutlich: Der innere Wille der Parteien soll grundsätzlich nicht an rechtliche Wirkungen geknüpft sein.[441] Auf Ebene der Willenserklärungen zeigt sich die bei den Bestimmungen zur Auslegung von Verträgen bereits dargelegte objektive Tendenz des islamischen Rechts.

Die detailreichen Regelungen der Tempora von Angebot und Annahme im VAE-ZGB sind folglich eine Besonderheit, die auf das islamische Recht zurückzuführen ist und einen bereits auf den ersten Blick erkennbaren Unterschied zu europäischen Rechtsordnungen darstellt. Als Vorbilder dienten die entsprechenden Regelungen der *Mecelle* (Art. 168–175) und des *Muršid al-ḥayrān* (Art. 345–347),[442] die bereits in das J-ZGB (Art. 91 und 92) implementiert wurden.[443] Im Ä-ZGB, dessen Gesetzgeber sich weniger an der *Mecelle* und dem *Muršid al-ḥayrān*, als an den überwiegend französisch inspirierten Gesetzen orientierte, ist dieser islamische Einschlag nicht zu finden.

b) Die Vertragssitzung

So wie das VAE-ZGB für die Auslegung von Willenserklärungen Kriterien normiert hat, die dem islamischen Recht zuzuordnen sind, so finden sich auch in Fragen zur Bindung an das Angebot beziehungsweise zum Zeitpunkt, in welchem

440 *Whelan*, UAE Civil Code and Ministry of Justice commentary, 2–22.

441 Vgl. *Wichard*, Zwischen Markt und Moschee, 112.

442 *Whelan*, UAE Civil Code and Ministry of Justice commentary, 2–22.

443 *Rayner* ist daher zu widersprechen, wenn sie behauptet, dass »this detail of tenses is taken up in modern legislation solely by the UAE Civil Code«, *Rayner*, The Theory of Contracts in Islamic Law, 106.

der geschlossene Vertrag Bindungswirkungen entfaltet, islamisch-inspirierte Regelungen.

aa) Islam-rechtlicher Hintergrund

Die »Vertragssitzung«[444] (*maǧlis*) stellt einen Kompromiss zwischen einem immer geltenden Angebot und einem solchen, das immer mit einem Ablaufdatum versehen werden müsste, dar. Eine Einigung muss innerhalb einer Vertragssitzung erzielt werden.[445] Ein Angebot bleibt nur so lange gültig, wie die Parteien zusammenbleiben und verhandeln. Wenn die Parteien auseinandergehen oder sich eine der Parteien einer anderen Beschäftigung zuwendet, endet der *maǧlis*, denn das Verhalten wird als Zeichen der Ablehnung gewertet.[446]

Innerhalb der islamischen Rechtsentwicklung fungierte die Idee des *maǧlis* als einfache und passende Lösung im Rahmen der damaligen Gegebenheiten, denn Vertragsschlüsse fanden überwiegend unter Anwesenden statt. Der *maǧlis* konstituierte daher einen plastischen Rahmen für Angebot und Annahme in der greifbaren Realität.[447] Gingen die Parteien auseinander, war die Vertragssitzung beendet.[448] Hatten sich die Parteien in diesem Zeitpunkt noch nicht geeinigt, so war der Vertrag nicht zustande gekommen. Das Bild des *maǧlis* ließ auf diesem Kommunikationsweg keinen Spielraum für Zweifel und ermöglichte Rechtssicherheit.

Nach überwiegender Ansicht der islamischen Rechtsschulen kann ein einmal abgegebenes Angebot bis zur Annahme frei widerrufen werden.[449] Somit ist der Anbietende bis zu diesem Zeitpunkt nicht an sein Angebot gebunden. Uneinigkeit besteht zwischen den verschiedenen Rechtsschulen jedoch hinsichtlich der Frage, ob ein innerhalb der Vertragssitzung geschlossener Vertrag vor Ende der Vertragssitzung widerrufen werden kann, ob also ein sogenanntes »Widerrufsrecht der Sitzung« (*ḫiyār al-maǧlis*) besteht. Während die ḥanbalitische und šafiʿitische Rechtsschule diese Möglichkeit anerkennen, sehen die Mālikiten und Ḥanafiten einen einmal geschlossenen Vertrag als unwiderruflich an, selbst wenn

444 *Trappe/Meyer-Reumann*, Vertrags- und Schari'a Recht in den arabischen Golfstaaten, in: Boehmer, Deutsche Unternehmen in den arabischen Golfstaaten, 199, 212.

445 *Rayner*, The Theory of Contracts in Islamic Law, 107.

446 *Wichard*, Zwischen Markt und Moschee, 114.

447 *Wichard*, Zwischen Markt und Moschee, 113f; *Rohe*, Islamic Law in Past and Present, 140; *Saleh*, ALQ 2001, 346–357, 347f.

448 Nicht nur das Auseinandergehen der Parteien wurde als Beendigung der Vertragssitzung angesehen, sondern auch andere Handlungen, wie beispielsweise die Gebetspause oder die Zuwendung zu einem neuen Diskussionsthema, vgl. *Rayner*, The Theory of Contracts in Islamic Law, 107.

449 *Rayner*, The Theory of Contracts in Islamic Law, 108f; *Wichard*, Zwischen Markt und Moschee, 112.

die Parteien noch nicht auseinandergegangen sind.[450] Dementsprechend divergiert je nach Ansicht der Zeitpunkt, in dem der geschlossene Vertrag Bindungswirkung entfaltet.

Auf einen Vertragsschluss *inter absentes* waren die Maßstäbe des *maǧlis* nicht so einfach zu übertragen, denn seine örtliche und zeitliche Dimension half an dieser Stelle nicht weiter. Dennoch wurde der Grundgedanke einer plastischen Vertragschlusssphäre aufrechterhalten: Wurde ein Angebot mittels eines Briefes oder eines Boten übersendet, so galt die Vertragssitzung als eröffnet, sobald der Brief empfangen oder das mündliche Angebot durch den Boten mitgeteilt wurde. Die Vertragssitzung galt als aufgelöst, sofern der Empfänger des Angebotes nach ununterbrochener Beachtung dessen nicht auf den Brief oder die Übermittlung der mündlichen Erklärung antwortete.[451]

bb) Normierung im VAE-ZGB

Der emiratische Gesetzgeber verwendet in Art. 136 VAE-ZGB ausdrücklich den Begriff des *maǧlis:*

> »Vom Zeitpunkt der Abgabe des Angebotes bis zum Ende der Vertragssitzung (maǧlis) haben die Vertragsparteien die Möglichkeit zu widerrufen. Das Angebot ist unwirksam und eine Annahme ist wirkungslos, wenn der Anbietende seine Willenserklärung zurücknimmt bevor das Angebot angenommen wurde, oder wenn sich eine der Vertragsparteien durch Wort oder Tat von dem Angebot abwendet.«

Die Norm indiziert zunächst, dass ein Vertrag *inter praesentes* im Rahmen einer Vertragssitzung zustande kommt. Dies gilt entsprechend für einen Vertragsschluss via Telefon, denn in diesem Fall wird der *maǧlis* gemäß Art. 143 VAE-ZGB fingiert.

Nach Art. 136 VAE-ZGB kann der Anbietende sein Angebot bis zum Ende der Vertragssitzung widerrufen, jedoch nur dann, wenn es noch nicht angenommen wurde. Das emiratische Recht kennt daher keine Bindung an den Antrag und der Annehmende trägt das Risiko des Widerrufes. Eine Ausnahme zu diesem Grundsatz beinhaltet Art. 139 VAE-ZGB für den Fall, in dem ein Zeitraum der Annahmemöglichkeit im Vorhinein festgesetzt wurde.

Ob ein (einseitiges) Widerrufsrecht der Parteien vor Beendigung des *maǧlis* besteht, so wie dies von der ḥanbalitischen und šafiʿitischen Rechtsschule anerkannt wird, lässt sich dem Wortlaut des Art. 136 VAE-ZGB nicht eindeutig entnehmen. Zumindest nach seinem ersten Satz (»Vom Zeitpunkt der Abgabe des Angebotes bis zum Ende der Vertragssitzung (*maǧlis*) haben die Vertrags-

450 *Rayner,* The Theory of Contracts in Islamic Law, 109; *Wichard,* Zwischen Markt und Moschee, 115ff; *Mallat,* Introduction to Middle Eastern Law, 274; *Oberauer,* Islamisches Wirtschafts- und Vertragsrecht, 26f; *Saleh,* ALQ 2001, 346–357, 148.

451 *Oberauer,* Islamisches Wirtschafts- und Vertragsrecht, 27f.; *Saleh,* ALQ 2001, 346–357, 348.

parteien die Möglichkeit, zurückzutreten.«) könnte dies angenommen werden.[452] Jedoch wäre der zweite Satz (»Das Angebot ist unwirksam und eine Annahme ist wirkungslos, wenn der Anbietende seine Willenserklärung zurücknimmt bevor das Angebot angenommen wurde, oder wenn sich eine der Vertragsparteien durch Wort oder Tat von dem Angebot abwendet.«) überflüssig, der die Unwirksamkeit des Angebotes feststellt, sofern das Angebot *vor Annahme* zurückgenommen wurde. Dass nach Annahme des Angebots eine Abstandnahme vom Vertrag nicht mehr möglich ist, wird letztlich durch das Erläuternde Memorandum bestätigt und mit der Übernahme der ḥanafitischen Rechtsschule begründet.[453] Daher muss der wage formulierte Satz 1 des Art. 136 VAE-ZGB im Lichte des zweiten Satzes und des Erläuternden Memorandums dahingehend ausgelegt werden, dass er den Zeitraum des *maǧlis* auf den Zeitpunkt der Annahme beschränkt. Nur nach dieser Interpretation ergibt sich kein Widerspruch innerhalb der Regelung und mit dem Erläuternden Memorandum.

Daraus ergibt sich, dass der Vertrag unmittelbar nach der Annahme Bindungswirkung entfaltet. Selbst wenn die Parteien danach noch nicht auseinandertreten und somit objektiv gesehen die Vertragssitzung weiterhin besteht, hat der *maǧlis* keine rechtliche Wirkung mehr.

Im Ergebnis definiert Art. 136 VAE-ZGB drei wichtige Aspekte im Rahmen des Vertragsschlusses: Erstens ist der Antragende grundsätzlich bis zur Annahme nicht an sein Angebot gebunden.[454] Zweitens wird mittels des *maǧlis* der Zeitraum der Annahmefähigkeit des Angebotes festgelegt. Drittens gewährt das objektive Fortbestehen der Vertragssitzung kein Widerrufsrecht nach Abschluss des Vertrages, sodass der Vertrag ab der Annahme bereits Bindungswirkung entfaltet.

cc) Problem des Vertragsschlusses inter absentes

Bezüglich einer (zumindest zeitlichen) Vertragsschlusssphäre beim Vertragsschluss *inter absentes* schweigt das VAE-ZGB, sodass insbesondere die Annahmefähigkeit des Angebotes per Gesetz nicht zeitlich begrenzt wird.[455] Dass der Gesetzgeber hier die oben dargestellte islamische Lösung nicht umgesetzt hat, lässt sich sicherlich auf den Umstand zurückführen, dass Vertragsschlüsse unter

452 Angenommen wird dies auch von *Whelan/Hall*, in der ersten englischen Übersetzung des VAE-ZGB, siehe *Whelan/Hall*, The Civil Code of the United Arab Emirates, translated from Arabic into English 1987, Notiz zu Art. 136.

453 *Whelan*, UAE Civil Code and Ministry of Justice commentary, 2–30. Dies vertritt auch *Saleh*, ALQ 2001, 346–357, 348.

454 Ausnahme: Art. 139 VAE-ZGB.

455 Zum Vertragsschluss unter Abwesenden bestimmt Art. 142 (1) VAE-ZGB lediglich den Zeitpunkt des Vertragsschlusses als den Zeitpunkt, in dem der Anbietende von der Annahme Kenntnis erlangt.

Abwesenden im modernen Geschäftsverkehr durchaus einen längeren Zeitraum in Anspruch nehmen können. Die Annahme, dass die fingierte Vertragssitzung mit erstmaliger Nichtbeachtung der Offerte beendet ist, ist in der modernen Realität praxisfern. Anders als das VAE-ZGB, oder auch das J-ZGB,[456] hat der kuweitische Gesetzgeber diesen Fall speziell geregelt. Art. 48 (1) K-ZGB bestimmt, dass das einem Abwesenden gegenüber unterbreitete Angebot so lange gültig bleibt, wie unter regelmäßigen Umständen mit dem Erreichen des Angebots, der Annahme des Angebots und dem Zugang der Annahme beim Anbietenden zu erwarten ist. Mit Übernahme einer solchen Norm hätte der emiratische Gesetzgeber für mehr Rechtssicherheit sorgen können. In den VAE ist es auch aufgrund dieses Umstandes gängige Praxis, ein Angebot inter absentes zu befristen.[457]

dd) Fazit

Letztlich folgt der Gesetzgeber mit dem Rechtsinstitut des *mağlis* zwar dem islamischen Recht, entspricht damit jedoch auch dem den *ägyptischen Rechtskreis* prägenden französischen Vorbild, das – zumindest bis zur Reform im Jahre 2016 – im Grundsatz die freie Widerruflichkeit der Offerte bis zum Zeitpunkt der Annahmeerklärung anerkannte und einen Widerruf infolge einer Annahme ausschloss.[458] Der Rückgriff auf die ḥanafitische Rechtsschule kann daher wohl nicht allein auf die Nähe zum J-ZGB und deshalb auch zur *Mecelle*[459] zurückgeführt werden.[460] Bereits im Ä-ZGB wurde das Rechtsinstitut des *mağlis* normiert,[461] wobei auch Sanhūrī ausdrücklich auf das ḥanafitische System verwies.[462] Vor dem Hintergrund der Zielsetzung Sanhūrīs, ein modernes und dennoch islamisch geprägtes Zivilgesetzbuch zu schaffen, und seiner französisch-rechtlich geprägten Ausbildung, lässt sich vermuten, dass der Rückgriff auf die ḥanafitischen Lehren auch auf der Ähnlichkeit zum französischen Recht beruht und eine Verbindung von französischem und islamischem Einfluss relativ einfach geschaffen werden konnte. Der Gesetzgeber hat demnach die islamisch-inspirierten

456 Vgl. Art. 96 J-ZGB.

457 Vgl. *BITKOM-Fachausschuss »AGB und juristische Leitfäden«/Schlüter/Graf & Partner*, Vertragsgestaltung im Auslandsgeschäft – VAE, 8.

458 Vgl. *Ferid/Sonnenberger*, Erster Teil: Allgemeine Lehren des Französischen Zivilrechts: Einführung und Allgemeiner Teil des Zivilrechts, 437f. Nach § 1116 (1) Cc n.F. kann das Angebot nun erst nach Ablauf einer vorgesehenen oder vernünftigen Frist widerrufen werden.

459 Art. 181ff. *Mecelle.*

460 Als ḥanafitische Gesetze kennen sie die *ḫiyār al-mağlis* freilich nicht.

461 Art. 94 Ä-ZGB.

462 *As-Sanhūrī*, al-Wasīṭ fī šarḥ al-qānūn al-madanī al-ğadīd, I: Naẓarīyat al-iltizām bi-waǧh ʿāmm. Maṣādir al-iltizām, 1964, 214, zitiert in *Mallat*, Introduction to Middle Eastern Law, 2007, 272.

Regelungen gewählt, die gleichermaßen europäischen Rechtsregelungen entsprechen. In der Praxis kommt dem islamisch bedingten Fokus auf den *maǧlis* daher keine große Bedeutung zu.

Die Übernahme des *maǧlis* in das moderne emiratische ZGB scheint die Annahme einer »further reassertion of the Shari'a«[463] zu bestätigen, die durch die Verweise auf islamische Kodifikationen oder Lehrrichtungen im Erläuternden Memorandum nochmals unterstrichen wird.[464] Bei genauerer Betrachtung erkennt man jedoch, dass der Gesetzgeber durch geschickte Ausgestaltung der Normen und durch den Rückgriff auf Vorbilder bestimmter Rechtsschulen einen Weg gefunden hat, der das Zivilgesetzbuch praktisch nicht maßgeblich von westlichen oder westlich geprägten Gesetzbüchern unterscheidet. An dieser Stelle ist daher festzustellen, dass der islamische Einfluss auf sprachlicher Ebene durchgreift, die substantielle Ebene dagegen nicht so berührt, als dass sich ein Alleinstellungsmerkmal ergäbe. Dies bestätigt die Annahme, dass »this never-ending debate regarding the debt of the Egyptian (and many other Arab) codes to Islamic law highlights vocabulary and structure over substance«.[465]

2. Die Geschäftsfähigkeit

Art. 157 VAE-ZGB, der das Erfordernis der Geschäftsfähigkeit normiert, ähneln dem Art. 1145 Cc (Art. 1123 a. F.), der, wie das VAE-ZGB, eine Vermutungswirkung anordnet.[466] Gleichzeitig übernimmt der Gesetzgeber bei Ausgestaltung der Anforderungen an die Geschäftsfähigkeit jedoch die Grundsätze des islamischen Rechts.

a) Islam-rechtlicher Hintergrund

Auch das islamische Recht erfordert für einen wirksamen Vertragsschluss die Geschäftsfähigkeit der Vertragsparteien. Anknüpfungspunkt ist der freie Wille, der bei Volljährigkeit und klarem Verstand angenommen wird.[467]

---

463 *Ballantyne,* ALQ 1986, 245.

464 Vgl. *Whelan,* UAE Civil Code and Ministry of Justice commentary, 2–0030, 2–0032.

465 *Mallat,* Comparative Law and the Islamic (Middle Eastern) Legal Culture, in: Reimann/Zimmermann, The Oxford Handbook of Comparative Law, 609, 630.

466 »Toute personne peut contracter, si elle n'en es pas déclarée incapable par la loi.«

467 *Rayner,* The Theory of Contracts in Islamic Law, 125; *Rohe,* Islamic Law in Past and Present, 140.

Volljährigkeit wird mit Eintritt der Geschlechtsreife, spätestens mit Vollendung des 15. Lebensjahres, angenommen.[468] Neben der Volljährigkeit muss eine gewisse Einsicht in Vermögensangelegenheiten hinzutreten, die, je nach Rechtsschule, anhand unterschiedlicher Anhaltspunkte bemessen wird.[469] Dies wird auf den Koranvers IV:6 »Und prüft die Waisen (ob sie reif genug sind)! Wenn sie schließlich das Heiratsalter erreicht haben und ihr an ihnen feststellt, daß sie (in Geldsachen) verständig sind, dann händigt ihnen ihr Vermögen aus!« gegründet.[470] Weist ein Minderjähriger eine solche Einsichtsfähigkeit auf, so gilt er als beschränkt geschäftsfähig und kann solche Verträge schließen, die für ihn allein vorteilhaft sind.[471] Verträge, die nicht einsichtsfähige Minderjährige schließen, sind nichtig (*bāṭil*).[472]

Auch Personen, die unter einer Geisteskrankheit leiden, gelten aufgrund ihrer mangelnden Einsichtsfähigkeit als geschäftsunfähig. Eine Person, die als vorübergehend Geisteskrank gilt, kann in »wachen« Phasen bestimmte Verträge wirksam schließen. Sie wird ähnlich einem einsichtsfähigen Minderjährigen behandelt. Ähnliche Maßstäbe werden an solche Zustände angelegt, in denen eine Person zeitweise nicht willensfähig ist. Dazu zählen der Zustand des Schlafens und der Bewusstlosigkeit, zudem die Trunkenheit, deren Rechtsfolgen im Einzelnen jedoch zwischen den Rechtsschulen umstritten sind.[473]

b) Normierung im VAE-ZGB

Die Regelungen zur Geschäftsfähigkeit im VAE-ZGB basieren auf dem islamischen Vorbild und sind insbesondere an die Regelungen der *Mecelle* angelehnt. Dies wird insbesondere mittels der zahlreichen Verweise im Erläuternden Memorandum deutlich gemacht.[474]

Die Geschäftsfähigkeit ist im allgemeinen Vertragsrecht in den Art. 157ff. VAE-ZGB geregelt und stellt eine grundlegende Voraussetzung für einen wirksamen Vertrag dar. Das VAE-ZGB ordnet den Grundsatz an, dass jede Person, die

468 *Rayner,* The Theory of Contracts in Islamic Law, 122; *Wichard,* Zwischen Markt und Moschee, 223; *Oberauer,* Islamisches Wirtschafts- und Vertragsrecht, 19.

469 *Rayner,* The Theory of Contracts in Islamic Law, 122; *Wichard,* Zwischen Markt und Moschee, 223. Die Šāfiʿīten bemessen die erforderliche Einsicht danach, wie sich eine Person im öffentlichen Leben bewährt, *Wichard,* Zwischen Markt und Moschee, 223. Die *Mecelle* erfordert ein Verständnis von Kauf und Verkauf und dessen Rechtsfolgen, vgl. Art. 943 *Mecelle.*

470 *Rayner,* The Theory of Contracts in Islamic Law, 122.

471 *Rohe,* Islamic Law in Past and Present, 140.

472 *Rayner,* The Theory of Contracts in Islamic Law, 123.

473 *Rayner,* The Theory of Contracts in Islamic Law, 124f; *Oberauer,* Islamisches Wirtschafts- und Vertragsrecht, 19.

474 Vgl. die Verweise im Erläuternden Memorandum, insbesondere auf Art. 946, 957, 961, 962, 975, 978, 979, 980, 990, 993, 994 *Mecelle.*

nicht entsprechend dem Gesetz für geschäftsunfähig erklärt wurde, sich wirksam verpflichten kann (Art. 157 VAE-ZGB). Aus dieser Vermutungswirkung ergibt sich, dass die Partei, die sich auf die Geschäftsunfähigkeit beruft, dies auch zu beweisen hat.[475] Von der Vermutung macht das VAE-ZGB Ausnahmen für den Minderjährigen und aufgrund von Geisteskrankheit, Geistesschwäche, Verschwendungssucht und Leichtgläubigkeit entmündigte Personen.

aa) Minderjährigkeit

Eine Person ist minderjährig, wenn sie das 21. *hiǧra*-Lebensjahr[476] noch nicht vollendet hat (Art. 85 (2) VAE-ZGB).[477] Gemäß Art. 168 (1) VAE-ZGB ist der Minderjährige ipso iure entmündigt. Welche Rechtsfolgen die Entmündigung hat, bestimmt sich nach islamischem Vorbild danach, ob der Minderjährige Unterscheidungsvermögen besitzt oder nicht.

Nach Art. 86 (1), 158 (1) VAE-ZGB darf der nicht unterscheidungsfähige Minderjährige nicht über sein Vermögen verfügen. Alle Verfügungen sind nichtig (*bāṭil*). Nicht unterscheidungsfähig ist ein Minderjähriger dann, wenn er das siebte *hiǧra*-Lebensjahr noch nicht vollendet hat (Art. 86 (2), Art. 159 (3) VAE-ZGB). Demnach kommt es für die Ermittlung der Einsichtsfähigkeit nicht, wie in der islamischen Lehre vertreten, auf die Umstände des Einzelfalles an, sondern auf eine festgelegte Altersgrenze.

Einem unterscheidungsfähigen Minderjährigen wird eine beschränkte Geschäftsfähigkeit zuteil (Art. 87 VAE-ZGB). Er kann gemäß Art. 159 (1) VAE-ZGB Geschäfte vornehmen, die für ihn lediglich vorteilhaft sind. Dies ist anzunehmen, sofern der Vertrag für den Minderjährigen nützlich ist und etwaige Vertragsleistungen mit eigenen Mitteln des Minderjährigen bewirkt werden können.[478] Alle lediglich nachteilhaften Geschäfte eines Minderjährigen sind grundsätzlich unwirksam. Nur solche Geschäfte die nicht allein vorteilhaft oder nachteilhaft sind, hängen von der Genehmigung des Vormunds ab (*mawqūf*) oder können nach dem Erreichen der Volljährigkeit vom zuvor Minderjährigen genehmigt werden (Art. 159 (2) VAE-ZGB). Einem unterscheidungsfähigen Minderjährigen

---

475 *Kassationshof Dubai*, Nr. 364/1998, 29.11.1998, Sader Annotated Civil Code, Art. 157; *Whelan*, UAE Civil Code and Ministry of Justice commentary, 2–74.

476 *Hiǧra* bezeichnet die Emigration Muhammads von Mekka nach Medina und stellt den Beginn des islamischen Kalenders dar. Der Lunarkalender ist in zwölf Monate und rund 354 Tage unterteilt. Ein Jahr nach dem islamischen Kalender ist daher ca. 11 Tage kürzer als ein Jahr nach dem gregorianischen Solarkalender, *Blois*, Taʾrīkh, in: Bearman/Bianquis/Bosworth u. a., Encyclopaedia of Islam, Second Edition.

477 Der Verweis auf den Islamischen Kalender zeigt bereits eine Annäherung an das Islamische Recht. Das Ä-ZGB verweist nämlich auf den gregorianischen Kalender, vgl. Art. 44 (2) Ä-ZGB.

478 Vgl. *Goussous*, Der Vertrag nach dem Jordanischen ZGB von 1976, 58, der die Erläuterungen zum gleichlautenden Artikel im J-ZGB wiedergibt.

kann die vollständige oder teilweise Verwaltung seines Vermögens durch seinen Vormund oder durch das Gericht nach Einholung der Meinung des Vormundes zugesprochen werden, sofern er das 18. Lebensjahr vollendet hat (Art. 160 VAE-ZGB). Der Minderjährige, der eine solche Verfügungserlaubnis erhalten hat, gilt nach Art. 161 VAE-ZGB im Rahmen der erteilten Ermächtigung als volljährig und mithin als geschäftsfähig.

bb) Gestörte Geistestätigkeit

Neben minderjährigen Personen sind auch Geisteskranke und Geistesschwache ipso facto, also ohne gerichtliche Feststellung, entmündigt (Art. 168 (1) VAE-ZGB). Geisteskranke und Geistesschwache werden wie ein geschäftsunfähiger Minderjähriger behandelt (Art. 86 (1), 169 VAE-ZGB), ihre Verfügungen sind mithin nichtig (*bāṭil*). Worin der Unterschied zwischen Geisteskrankheit und Geistesschwäche liegt, lässt sich den Gesetzesmaterialien nicht entnehmen.

Verschwendungssüchtige und leichtgläubige Personen können gerichtlich entmündigt werden, Art. 168 (2) VAE-ZGB. Vor der Entmündigung vorgenommene Rechtsgeschäfte sind wirksam, es sei denn, dass die Geschäfte unter Ausnutzung der Willensschwäche oder des Urteilsvermögens ebenjener Personen vorgenommen wurden (Art. 170 (2) VAE-ZGB). Für Rechtsgeschäfte, die nach der Eintragung der Beantragung der Entmündigung, der Anordnung der Entmündigung, der Beantragung der Wiedererlangung der Vormundschaft oder der Anordnung der Wiederherstellung der Vormundschaft getätigt wurden, gelten die Bestimmungen über die Verfügungen des unterscheidungsfähigen Minderjährigen[479], sie sind mithin beschränkt geschäftsfähig (Art. 87, 170 (1) VAE-ZGB). Nach Art. 171 (1) VAE-ZGB besteht die Möglichkeit der Übergabe des Vermögens oder eines Teils des Vermögens zur Verwaltung durch das Gericht.

c) Fazit

Vor dem Hintergrund der Gesetzgebungsgeschichte des VAE-ZGB überrascht es nicht, dass die Regelungen zur Geschäftsfähigkeit größtenteils ohne Veränderungen[480] aus dem J-ZGB übernommen wurden und sich erneut Unterschiede zum Ä-ZGB ergeben, das auch an dieser Stelle stärker vom französischen Recht beeinflusst wurde. Bezüglich der Abstufungen der Geschäftsunfähigkeit im Hinblick auf die Einsichts- und Urteilsfähigkeit des Minderjährigen lässt sich

479 Insbesondere Art. 159 (1) und (2) VAE-ZGB.

480 Nicht umgesetzt wurde beispielsweise Art. 128 J-ZGB, der im Widerspruch zu Art. 127 J-ZGB steht, vgl. *Goussous*, Der Vertrag nach dem Jordanischen ZGB von 1976, 62. Zudem wird die Volljährigkeit nach Art. 43 (2) J-ZGB bereits mit Vollendung des 18. und nicht erst mit Vollendung des 21. Lebensjahres erreicht.

jedoch erkennen, dass auch das Ä-ZGB vom französischen Vorbild abweicht, indem es dieses System ausdrücklich normiert[481] und auch die Einsichtsfähigkeit eines Minderjährigen an einer klaren Altersgrenze (sieben Jahre) festmacht.[482] Ein Unterschied lässt sich jedoch in der Rechtsfolge einer rechtsgeschäftlichen Tätigkeit eines einsichtsfähigen Minderjährigen erkennen. Während das VAE-ZGB (nach Vorbild des J-ZGB) die schwebende Unwirksamkeit eines Geschäfts, das nicht allein vorteilhaft oder nachteilhaft ist, anordnet (Art. 159 (2) VAE-ZGB), ist dieses nach ägyptischem Recht wirksam, jedoch anfechtbar (Art. 111 (2) Ä-ZGB).

Die konkrete Ausgestaltung des Rechts der Geschäftsfähigkeit ist daher, wenn auch grundsätzlich Ähnlichkeiten zur französischen Lehre und Rechtsprechung bestehen, im Sinne des islamischen Rechts vorgenommen worden. Allein durch Nennung der islamischen Quellen im Erläuternden Memorandum werden die emiratischen Regelungen in ein islamisches Gewand gekleidet und somit im Sinne des Art. 7 VAE-Verfassung legitimiert.

3. Gegenstand und Grundlage des Vertrages

Einen weiteren, durch das islamische Recht maßgeblich beeinflussten Teil des VAE-ZGB stellt der Abschnitt über den Gegenstand und die Grundlage des Vertrages dar, der die Art. 199–208 VAE-ZGB beinhaltet.

Anders als im deutschen Recht kann ein Vertrag nicht selbst unmittelbar gegen ein gesetzliches Verbot oder die guten Sitten verstoßen, sondern der Vertragsgegenstand oder der Rechtsgrund.[483] Sind die Anforderungen des Gesetzes an den Vertragsgegenstand oder den Vertragsgrund nicht erfüllt, so ist der Vertrag nichtig.[484] Obwohl darin Anklänge an die früheren Regelungen des Code Civil von *objet* und *cause* des Vertrages[485] unüberhörbar sind, sind die Vorschriften auch durch das islamische Recht geprägt. Dabei zeigt sich der Einfluss des islamischen Rechts als Mittel zur Modifikation der grundsätzlich französisch ausgestalteten Normen (insbesondere in Bezug auf den Vertragsgrund) und steht

481 Der Code Civil kennt eine solche Abstufung nicht. Sie wird jedoch von der französischen Rechtsprechung und Lehre vorgenommen, *Ferid/Sonnenberger*, Erster Teil: Allgemeine Lehren des Französischen Zivilrechts: Einführung und Allgemeiner Teil des Zivilrechts, 464.

482 Art. 45 (2) Ä-ZGB, dazu *Anderson*, Islamic Quarterly 1954, 29, 35.

483 So für das französische Vorbild *Ferid/Sonnenberger*, Erster Teil: Allgemeine Lehren des Französischen Zivilrechts: Einführung und Allgemeiner Teil des Zivilrechts, 518f.

484 Vgl. beispielsweise Art. 205 (2) und Art. 208 (1) VAE-ZGB.

485 Die beiden Begriffe sind mit der Schulrechtsreform von 2016 abgeschafft worden. Stattdessen finden sich Regelungen über das *objet* nun im Abschnitt über den Vertragsinhalt, Art. 1162ff. Cc, wieder. Auch die Thematik der *cause* wurde in anderen Regelungen aufgenommen, vgl. dazu *Babusiaux/Witz*, JZ 2017, 496, 501.

auch der Vereinfachung von Rechtsinstituten nicht im Wege, die im Code Civil derart vage ausgestaltet sind, dass sich eine komplexe Rechtsprechung und Lehre herausgebildet hat (insbesondere in Bezug auf den Vertragsgrund).

a) Anforderung an den Vertragsgegenstand

Art. 199 VAE-ZGB bestimmt, dass jeder Vertrag an einen Vertragsgegenstand (*maḥal*) gebunden sein muss.[486] Wenn das Erläuternde Memorandum feststellt, dass der Vertragsgegenstand bei einem Kaufvertrag beispielsweise das Eigentum ist, bei einem Mietvertrag der Gebrauchsvorteil,[487] dann kann daraus geschlossen werden, dass Gegenstand eines Vertrages ein bestimmter Erfolg ist, der durch eine oder mehrere Leistungen herbeigeführt wird. Dies entspricht zwar grundsätzlich dem französischen Vorbild, die Vorschriften des VAE-ZGB ähneln denen des Code Civils jedoch nur teilweise. Die Anforderungen, die das Gesetz an den Vertragsgegenstand stellt, sind hingegen teilweise deckungsgleich mit denen des islamischen Rechts, das dem Vertragsgegenstand einen hohen Stellenwert beimisst.

Nach traditionellem islamischen Recht muss ein Vertragsgegenstand existent, möglich, hinreichend definiert und erlaubt sein.[488] Im Großen und Ganzen ist das VAE-ZGB diesen Vorgaben gefolgt.

aa) Möglichkeit

Das Vertragsobjekt muss nach islamischer *fiqh* auf eine tatsächlich mögliche Leistung gerichtet sein.[489] So waren beispielsweise der Verkauf eines geflohenen Kamels oder ein Vertrag eines Doktors und seines Patienten über den Erfolg der Heilung nichtig.[490] Dieser Grundsatz findet sich auch im VAE-ZGB: Ist der Vertragsgegenstand bereits bei Vertragsschluss objektiv unmöglich oder geht er vor Vertragsschluss unter, so ist der Vertrag nichtig, Art. 201 VAE-ZGB.[491] Eine

486 Art. 199 ist damit anders formuliert, als der vergleichbare Art. 1126 Cc a. F., welcher erklärte, dass jeder Vertrag als Gegenstand eine bestimmte »Sache« hat. Dies war unglücklich, da begrifflich nicht die Sache als körperlicher Gegenstand gemeint ist, vgl. dazu *Ferid/Sonnenberger*, Erster Teil: Allgemeine Lehren des Französischen Zivilrechts: Einführung und Allgemeiner Teil des Zivilrechts, 519.

487 *Whelan*, UAE Civil Code and Ministry of Justice commentary, 2–164.

488 *Saleh*, ALQ 2001, 346–357, 350.

489 Vgl. Art. 198, 209 *Mecelle*.

490 *Rayner*, The Theory of Contracts in Islamic Law, 139 mit Nachweisen aus der islamischen Rechtswissenschaft. Siehe auch *Comair-Obeid*, ALQ 1996, 331, 337.

491 Darunter fällt auch ein Vertragsgegenstand, der gesetzlich verboten ist oder gegen die öffentliche Ordnung und die guten Sitten verstößt, *Oberstes Bundesgericht*, Nr. 751/2005, 16. 10. 2005, Sader Annotated Civil Code, Art. 201.

subjektive Unmöglichkeit ist hingegen für die Wirksamkeit des Vertrages unschädlich, da der Vertragsgegenstand an sich nicht unmöglich (geworden) ist.[492]

Auch in der französischen Lehre war die *possibilité* eine der allgemeinen Anforderungen an das *objet*. So galt der Vertrag als nichtig, wenn der Vertrag auf eine objektiv unmögliche Leistung oder auf eine nicht existente Sache gerichtet war.[493] Im Ä-ZGB findet sich dies in Art. 132.

Ob sich der emiratische Gesetzgeber mit dieser Regelung an das islamische Vorbild hielt, wird aus dem Erläuternden Memorandum zu Art. 201 VAE-ZGB nicht deutlich. Es kann nur vermutet werden, dass er bei dieser Norm, die dem J-ZGB[494] wörtlich entnommen wurde und deren Inhalt sich bereits im Ä-ZGB findet, keinen Anpassungsbedarf gesehen hat, da das islamische und das französische Recht insofern gleichlaufen.

bb) Existenz

Besteht der Vertragsgegenstand aus der Leistung einer Sache oder eines Rechts, so setzt die Möglichkeit des Vertragsobjekts dessen Existenz voraus. Hinsichtlich dieser Anforderung ist nun eine Abkehr vom französisch-inspirierten Ä-ZGB und eine Rückbesinnung des Gesetzgebers auf das islamische Recht zu erkennen.

Die Voraussetzung der Existenz des Vertragsgegenstandes ist dem islamischen Recht zufolge Ausfluss des *ġarar*-Verbotes. Verträge über einen erst zukünftig zu entstehenden Vertragsgegenstand sind nichtig, da bei Vertragsschluss eine gewisse Unsicherheit darüber besteht, ob der Vertragsgegenstand überhaupt irgendwann existent wird oder nicht.[495] Von dieser Regel macht die islamrechtliche Praxis unter bestimmten Bedingungen jedoch Ausnahmen, sofern die Entstehung des Vertragsgegenstandes nahezu sicher war.[496] Beispiele hierfür sind der *salam*- und der *istisna'a*-Vertrag (entspricht dem Grunde nach einem Warenkauf auf Zeit (Terminverkauf) beziehungsweise einem Werkvertrag), sofern

---

492 *Whelan*, UAE Civil Code and Ministry of Justice commentary, 2–169.

493 *Ferid/Sonnenberger*, Erster Teil: Allgemeine Lehren des Französischen Zivilrechts: Einführung und Allgemeiner Teil des Zivilrechts, 524; *Schmidt*, Der Vertragsschluss, 37. Seit der Reform im Jahre 2016 ist dies dem Gesetz nun auch deutlich zu entnehmen. Art. 1163 (2) Cc n. F. besagt: »Diese [die Leistung] muss möglich und bestimmt oder bestimmbar sein«. Eine Abkehr von dieser Herangehensweise, wie sie beispielsweise im BGB vorgenommen wurde, hat auch im Rahmen der Reform nicht stattgefunden. Siehe dazu *Faust*, Anfängliche Unmöglichkeit, in: Basedow/Hopt/Zimmermann u. a., Handwörterbuch des Europäischen Privatrechts, 65, 67.

494 Art. 159 J-ZGB.

495 *Comair-Obeid*, ALQ 1996, 331, 336, mit Verweis auf Sunan Abū Dā'ūd 3503: »Hakim fragte (den Propheten): ›Gesandter Allāhs, ein Mann kommt zu mir und will, dass ich ihm etwas verkaufe, was nicht in meinem Besitz ist. Soll ich es für ihn auf dem Markt kaufen?‹ Er antwortete: ›Verkaufe nicht, was du nicht besitzt.‹« Der Text findet sich in englischer und arabischer Sprache unter https://sunnah.com/abudawud/24 (zuletzt besucht am 16.11.2020).

496 *Ashrafnia*, Scharia-konforme Finanzinstrumente, 36; *Saleh*, ALQ 2001, 346–357, 351.

deren Voraussetzungen erfüllt sind.[497] Um *ġarar* zu vermeiden, sind im Rahmen solcher Transaktionen alle essentiellen Vertragsbestandteile und -bedingungen genau zu definieren.[498]

Im Gegensatz zu diesen islamischen Grundsätzen normierte Art. 1130 Cc a. F. ausdrücklich: »Zukünftige Sachen können Gegenstand einer Verbindlichkeit sein«.[499] Dies wurde wörtlich in das ägyptische Zivilgesetzbuch aufgenommen.[500] Der Vertragsgegenstand kann demgemäß grundsätzlich im Zeitpunkt des Vertragsschlusses noch inexistent sein. Dazu erklärt Sanhūrī ausdrücklich, dass die Norm gegen die Shari'a in ihrer traditionellen Auslegung verstößt.[501] In jüngeren arabischen Zivilgesetzbüchern, denen nachgesagt wird, sie seien in größerem Maße Shari'a-orientiert als ihre Vorbilder, wurde diese ägyptische Norm zwar aufgenommen, jedoch inhaltlich modifiziert. Demnach kann beispielsweise nach dem J-ZGB ein Vertrag zwar über einen in der Zukunft liegenden Vertragsgegenstand geschlossen werden. Es darf jedoch keine Ungewissheit in Bezug auf die zukünftige Existenz des Gegenstandes bestehen.[502]

Auch der emiratische Gesetzgeber hat dies in dieser Weise in Art. 202 VAE-ZGB kodifiziert. So wird die Regelung, die Sanhūrī selbst als Verstoß gegen das islamische Recht ansah, mittels einer Voraussetzung zur Umgehung von *ġarar*-Gesichtspunkten derart ausgestaltet, dass eine islamische Legitimation angenommen werden kann:

> »Eine zukünftige Sache kann in Abwesenheit von Ungewissheit Gegenstand eines gegenseitigen Vertrages sein.«

Unterstrichen wird dies im Erläuternden Memorandum, das das *ġarar*-Verbot ausdrücklich als weichenstellenden Grundsatz heranzieht. Genau wie das islamische Recht kennt auch das Zivilgesetzbuch der Vereinigten Arabischen Emirate Ausnahmen von diesem Grundsatz. So sind die spezifischen Voraussetzungen des *salam*-Vertrags ausdrücklich in Art. 568 ff. VAE-ZGB geregelt.[503] Die Grundsätze des islamischen *istisna'a*-Vertrag finden laut Erläuterndem Memorandum auf den Werkvertrag (Art. 872 ff. VAE-ZGB) Anwendung.[504]

497 *Ashrafnia*, Scharia-konforme Finanzinstrumente, 67 ff., 72 ff; *Nethercott*, Istisna' and Ijara, in: Nethercott/Eisenberg, Islamic Finance, 235, 237.

498 Siehe dazu im Detail *Rayner*, The Theory of Contracts in Islamic Law, 134 ff, 137 f; *Comair-Obeid*, ALQ 1996, 331, 342 ff.

499 Nunmehr Art. 1163 (1) Cc n. F.: »Gegenstand einer Verbindlichkeit ist eine gegenwärtige oder zukünftige Leistung«.

500 Art. 131 (1) Ä-ZGB.

501 Zitiert von *Saleh*, ALQ 2001, 346–357, 351.

502 Art. 160 (1) J-ZGB. So auch Art. 129 (1) I-ZGB. Siehe auch die Gegenüberstellung des Wortlauts der jeweiligen Norm im emiratischen, jordanischen und ägyptischen ZGB in der Synopse im Anhang.

503 Näher zu deren Ausgestaltung siehe *Rayner*, The Theory of Contracts in Islamic Law, 135 ff.

504 *Whelan*, UAE Civil Code and Ministry of Justice commentary, 3–771.

Die Regelungen der jüngeren Zivilgesetzbücher des ägyptischen Rechtkreises, so auch die des VAE-ZGB, unterscheiden sich hinsichtlich dieser Anforderung an den Vertragsgegenstand nicht maßgeblich vom Ä-ZGB und somit vom früheren französischen Recht. Sie werden jedoch islam-rechtlich legitimiert, indem die Normen inhaltlich derart modifiziert und erweitert werden, dass der Grund für die Unwirksamkeit im islamischen Recht (*ġarar*) mittels spezifischer Voraussetzungen an den Vertragsgegenstand umgangen wird.

cc) Bestimmtheit

Die Bestimmtheit des Vertragsgegenstandes folgt unmittelbar auf die Anforderung, dass ein Vertragsgegenstand existent zu sein hat. So wie ein nicht existenter Vertragsgegenstand grundsätzlich *ġarar*-Gesichtspunkten unterliegt, so tut dies auch ein nicht bestimmter beziehungsweise nicht bestimmbarer Vertragsgegenstand. Demgemäß führt die Unbestimmbarkeit des Vertragsobjekts bei Vertragsschluss nach islamischem Recht zur Nichtigkeit des Vertrages.[505]

Diesen Grundsatz kennt auch das VAE-ZGB. Wann genau *ġarar* anzunehmen und der Vertrag damit nichtig ist, bestimmt Art. 203 VAE-ZGB. Demnach muss der Vertragsgegenstand so spezifiziert sein, dass grobe Ungewissheit verhindert wird.[506] Aus dem Erläuternden Memorandum ergibt sich, dass nicht nur die Bestimmtheit, sondern auch die Bestimmbarkeit des Vertragsgegenstandes ausreicht.[507] Stellt das Vertragsobjekt eine Geldleistung dar, so darf sie nicht von möglichen Kursschwankungen abhängig gemacht werden, Art. 204 VAE-ZGB.

Die Regelung des Art. 203 VAE-ZGB ähnelt insbesondere dem Art. 303 des *Muršid al-ḥayrān*. Man kann an ihrem Wortlaut den islamischen Einschlag erkennen, da in der Norm ausdrücklich der Zweck, nämlich die Vermeidung von Wissensmängeln, erkennbar wird.[508] Hier zeigt sich ein – zumindest äußerlicher – Unterschied zu Art. 133 Ä-ZGB, der inhaltlich dem Art. 1129 Cc a. F. ähnelt.[509] Im Ergebnis zeigen sich jedoch zwischen der »islamischen« Bestimmung im VAE-ZGB und der französisch-inspirierten Regelung des Ä-ZGB keine relevanten Unterschiede. An dieser Stelle wird einmal mehr deutlich, dass der Gesetzgeber die entsprechende Norm durch eine »islamischere« Neufassung und durch Ver-

---

505 Vgl. *Rayner*, The Theory of Contracts in Islamic Law, 139f; *Saleh*, ALQ 2001, 346–357, 352.

506 So ist laut Kommentar der Verkauf eines beliebigen Schafs aus einer Herde nichtig, da *ġarar* anzunehmen ist, aufgrund der Möglichkeit, dass ein Streit über das Auswählen des speziellen Schafs entfachen könnte, *Whelan*, UAE Civil Code and Ministry of Justice commentary, 2–173.

507 »People commonly deal in this matter, and it does not lead to disputes«, *Whelan*, UAE Civil Code and Ministry of Justice commentary, 2–173.

508 Vgl. *Saleh*, ALQ 2001, 346–357, 353 mit Verweis auf korrespondierende Vorschrifen im J-ZGB, K-ZGB, Q-ZGB.

509 Siehe für einen Vergleich der jeweiligen Vorschrift des VAE-ZGB, J-ZGB und Ä-ZGB die Synopse im Anhang.

weis auf islamische Grundsätze und Quellen im Erläuternden Memorandum[510] als islam-konform legitimieren konnte.

dd) *Erlaubtheit*

Zum gleichen Ergebnis kommt man bei der Betrachtung der Erlaubtheit des Vertragsgegenstandes. Dabei ist Art. 205 (1) VAE-ZGB unglücklich formuliert: Der Vertragsgegenstand muss ein solcher sein, auf den die Vorschriften des Vertrages Anwendung finden können. Gemeint ist die Erlaubtheit des Vertragsgegenstandes im Allgemeinen. Erlaubt ist ein solcher beispielsweise dann nicht, wenn das Gesetz entgegensteht oder aber er der guten Sitte oder der öffentlichen Ordnung widerspricht, Art. 205 (2) VAE-ZGB. Darüber hinaus sieht Art. 200 VAE-ZGB vor, dass der Vertragsgegenstand *mutaqawwim*, d.h. Gegenstand von Handelsgeschäften sein muss.

Dies entspricht dem *objet licite*, das aus Art. 1128 Cc a. F. abgeleitet wurde, und bestimmte, dass nur Gegenstände, die zum rechtsgeschäftlichen Verkehr zugelassen und mit dem *odre public* und den guten Sitten vereinbar sind, zulässiger Vertragsgegenstand sein können.[511] Die gleiche Anforderung wird auch im islamischen Recht an das Vertragsobjekt gestellt.[512]

Eine islamische Besonderheit des VAE-ZGBs ergibt sich dann jedoch aus der Definition des Begriffs »*mutaqawwim*«. Gemäß Art. 96 VAE-ZGB ist ein Vertragsgegenstand immer dann als *mutaqawwim* anzusehen, wenn eine muslimische Person diesen rechtmäßig innehaben und darüber verfügen kann. Der Verkauf von Alkohol würde in einen nichtigen Vertrag münden. Das Erläuternde Memorandum stellt dazu jedoch klar, dass an dieser Stelle ein subjektiver Maßstab anzulegen ist. Ist ein Vertragsgegenstand aufgrund islamischer Vorschriften nicht erlaubt, so trifft dies auch nur muslimische Vertragsparteien. Ansonsten kann es sich bei dem Vertragsgegenstand auch um einen solchen handeln, der nicht-*mutaqawwim* ist.[513]

ee) *Zusammenfassung*

Im emiratischen Schuldvertragsrecht ist die Wirksamkeit des Vertrages von bestimmten Anforderungen abhängig, die an den Vertragsgegenstand gestellt werden. Der Gegenstand des Vertrages muss möglich, existent, bestimmbar und erlaubt sein. Anhand dieser Voraussetzungen lässt sich die Entwicklung des ägyptischen Rechtskreises gut nachvollziehen: Während ältere Zivilrechtskodifikationen, allen voran das Ä-ZGB, dem Code Civil noch sehr ähneln, haben sich

510 Vgl. *Whelan*, UAE Civil Code and Ministry of Justice commentary, 2–173.

511 Vgl. *Ferid/Sonnenberger*, Erster Teil: Allgemeine Lehren des Französischen Zivilrechts: Einführung und Allgemeiner Teil des Zivilrechts, 525; *Schmidt*, Der Vertragsschluss, 37.

512 *Rayner*, The Theory of Contracts in Islamic Law, 131.

513 *Whelan*, UAE Civil Code and Ministry of Justice commentary, 2–167.

spätere Zivilgesetzbücher zumindest auf den ersten Blick vom französischen Einfluss entfernt. Die Vorschriften des VAE-ZGB greifen Aspekte des islamischen Rechts auf und versuchen, diesen gerecht zu werden. Dies geschieht auf sicherem Boden, da sich die Regelungen letztendlich inhaltlich größtenteils nicht vom französischen Vorbild unterscheiden. Insbesondere gilt dies für die Anforderungen an die Möglichkeit, die Bestimmtheit, beziehungsweise Bestimmbarkeit und die Erlaubtheit des Vertragsobjekts. Allein die Existenz des Vertragsgegenstandes bei Vertragsschluss stellt insofern eine Abweichung vom französischen Vorbild dar, als dass Verträge über zukünftige Sachen nur bei Abwesenheit jeglicher Unsicherheit zulässig sind. Hier schränkt das islamische *ġarar*-Verbot solche Verträge deutlicher ein, als es noch in anderen, weniger islamisch ausgestalteten Zivilgesetzbüchern der Fall ist. Einzig an dieser Stelle ist die Ableitung des VAE-ZGB vom islamischen Recht deutlich zu erkennen.

Mit den Vorschriften zum Vertragsgegenstand konnte der emiratische Gesetzgeber mit wenigen Handgriffen eine Anpassung an das islamische Vorbild vornehmen. Dies war möglich, da sich das islamische und das französische Recht hinsichtlich ihrer Anforderungen an das Vertragsobjekt nicht maßgeblich voneinander unterscheiden.

b) Anforderungen an den Vertragsgrund

An die Vorschriften zum Vertragsgegenstand schließen sich zwei Artikel über die Anforderungen an den Vertragsgrund an. Der Vertragsgrund ist der unmittelbare Zweck, der vom Vertrag vorgesehen ist, Art. 207 (1) VAE-ZGB. Er muss existent, wirksam und erlaubt sein, und darf den guten Sitten oder der öffentlichen Ordnung nicht widersprechen, Art. 207 (2) VAE-ZGB. Fehlt er, so ist der Vertrag gem. Art. 208 (1) VAE-ZGB als nichtig anzusehen.

Auch wenn das Erläuternde Memorandum dies nicht erwähnt, ist die Parallele der Vorschriften zu den französischen Regelungen über die Wirksamkeitsvoraussetzung der *cause* in den Art. 1131–1133 Cc a.F. unverkennbar.[514] Damit stellen sich sogleich die gleichen Fragen zu den Anforderungen an den Vertragsgrund, die im französischen Recht zu Auslegungsschwierigkeiten und einer komplexen Rechtsprechung geführt haben. So hat sich in der *cause*-Theorie eine subjektiv-objektive Doppeldeutigkeit[515] des Begriffs herausgebildet: Nach der *conception dite classique de la cause* erfasst die *cause* nur den unmittelbaren

514 Mit der Schuldrechtsreform 2016 sind diese Vorschriften zwar erneuert worden und das Gesetz verzichtet nun auf den Begriff der *cause*. Die dem zugrundeliegenden Erwägungen finden sich im Gesetz nun aber an anderer Stelle. Dazu beispielsweise *Neumann/Berg*, Einführung in das französische Recht, 49f.

515 *Sonnenberger/Classen*, Einführung in das französische Recht, 180.

Grund, aus dem sich die Verpflichtung ergibt.[516] Gemäß der *conception dite moderne de la cause* liegt die *cause* in den Motiven, die eine Partei zum Vertragsschluss veranlasst haben.[517] Dies sind die weiteren Absichten und Ziele, die die Partei mit dem Geschäft verfolgt.[518]

Das islamische Recht hat keine Causa-Theorie entwickelt, wenngleich sich aus den klassischen Werken Regeln ableiten lassen, die der Theorie vom Vertragsgrund nahekommen.[519] So wird das Vorliegen eines zulässigen Vertragsgrundes vermutet, solange das Gegenteil nicht bewiesen ist.[520] Was jedoch nicht einheitlich beantwortet wird, ist die Frage danach, ob das subjektive Motiv, das die Parteien zum Vertragsschluss veranlasst hat, zulässig zu sein hat oder nicht. Dieser Punkt korrespondiert mit der französischen Diskussion um die Ansicht der *conception dite moderne de la cause.* Einige Rechtsschulen erkennen einen Vertrag, der grundsätzlich zulässig ist, als unwirksam an, sofern das dem Vertrag zugrundeliegende Motiv unzulässig ist, weil es beispielsweise gegen die guten Sitten verstößt. Ob für die Annahme der Unwirksamkeit jedoch Kenntnis des anderen Vertragsteils vom unzulässigen Motiv erfordert wird, wird dann wiederum unterschiedlich beurteilt. Andere Rechtsschulen gehen grundsätzlich nicht von einer Unzulässigkeit aus, teilweise wird jedoch angekommen, dass der Vertrag keine Rechtswirkungen entfalte.[521]

Auch wenn die Lektüre der Vorschriften eine andere Annahme vermuten lässt, stellt das Erläuternde Memorandum zum VAE-ZGB deutlich klar, dass der Vertragsgrund i. S. d. Art. 207, 208 VAE-ZGB als subjektives Motiv, beziehungsweise »Antriebsfaktor« für den Vertragsschluss verstanden wird, an das bestimmte Anforderungen gestellt werden (insbesondere Einhaltung der guten Sitten und öffentlichen Ordnung).[522] Demnach entsprechen die Regelungen der französischen subjektiven Theorie. Sie finden sich in ähnlicher Formulierung bereits in Art. 136 und Art. 137 Ä-ZGB, hinsichtlich derer auch Sanhūrī in seinem Kommentar den Vertragsgrund als Motiv zum Vertragsschluss beschreibt.[523]

516 *Zweigert/Kötz,* Einführung in die Rechtsvergleichung, auf dem Gebiete des Privatrechts, 375; *Cabrillac,* Droit des obligations, 58; *Fages,* Droit des obligations, 134.

517 *Cabrillac,* Droit des obligations, 59, 61; *Fages,* Droit des obligations, 134.

518 *Zweigert/Kötz,* Einführung in die Rechtsvergleichung, auf dem Gebiete des Privatrechts, 375.

519 *Liebesny,* The Law of the Near & Middle East, 212.

520 *Liebesny,* The Law of the Near & Middle East, 212, der *Santillana,* Istituzioni di Diritto Musulmano Malichita II, 1938, 22f. zitiert.

521 *Zahraa,* ALQ 1998, 265, 272f.

522 *Whelan,* UAE Civil Code and Ministry of Justice commentary, 2–183. Siehe auch *Saleh,* ALQ 1992, 116, 132, der das Erläuternde Memorandum zum J-ZGB zitiert, welches größtenteils vom emiratischen Gesetzgeber übernommen wurde.

523 *As-Sanhūrī,* al-Wasīṭ fī šarḥ al-qānūn al-madanī al-ǧadīd, I: Naẓarīyat al-iltizām bi-waǧh ʿāmm. Maṣādir al-iltizām, 514.

Es kann nur vermutet werden, dass der Gesetzgeber mit den Regelungen des Vertragsgrundes und der entsprechenden Kommentierung die dogmatische Diskussion um das Rechtsinstitut, wie sie in Frankreich stattgefunden hat, umgehen und etwas mehr Klarheit in der Sache schaffen wollte. Da auch das islamische Recht keine einheitlichen Regelungen kennt, war der Gesetzgeber in der Ausgestaltung der Normen grundsätzlich frei. Es lässt sich an den ausgebliebenen Urteilen zu den Art. 207, 208 VAE-ZGB gut erkennen, dass die Anwendung der Normen in der Praxis keine Probleme bereitet.

Was zu beachten bleibt, ist, dass bei Beurteilung des Vorliegens eines Vertragsmotivs – wie im Abschnitt über die Auslegung von Verträgen dargelegt – ein objektiver Maßstab anzulegen ist, und nicht wie im französischen Recht ein subjektives Verständnis greift. Das bedeutet, dass die Ermittlung des Vertragsgrundes Grenzen im Vertragswortlaut findet, beziehungsweise nur objektive Auslegungskriterien herangezogen werden können.[524] In diese Linie fügt sich auch Art. 208 (2) VAE-ZGB ein, der das Vorliegen eines rechtmäßigen Motivs vermutet. Dieses Verständnis der Norm hat auch der Oberste Gerichtshof übernommen.[525]

c) Zusammenfassung

Die Voraussetzungen des Vorliegens eines zulässigen Vertragsgegenstandes und -grundes sind sowohl im französischen, als auch im islamischen Recht bekannt. Einen deutlichen islamischen Einschlag findet man hinsichtlich der Anforderungen an den Vertragsgegenstand, die insbesondere beeinflusst vom *ġarar*-Verbot und der Forderungen nach einer Rückbesinnung auf die Shari'a innerhalb des ägyptischen Rechtskreises in den jüngeren arabischen Zivilgesetzbüchern islamischer ausgestaltet wurden, als in ihren Vorgängergesetzbüchern. Anders verhielt sich die Entwicklung hinsichtlich der Regelungen zum Vertragsgrund, die bereits im Muttergesetzbuch, dem Ä-ZGB, so islamisch ausgestaltet und kommentiert wurden, dass die in der französischen Literatur und Rechtsprechung herrschenden Diskussionen zur *cause* für das Recht der arabischen Staaten so gut wie umgangen werden konnten.

Im Hinblick auf die Grundkonzeption des Vertragsschlusses ergibt sich aus den Anforderungen des islamischen Rechts an den Vertragsgegenstand und den Vertragsgrund daher keine elementare und signifikante Divergenz zu westlichen, insbesondere französisch-geprägten Gesetzbüchern. Da sowohl das französische als auch das islamische Recht als Vorbilder bezüglich der beiden Rechtsinstitute sehr ähnliche Regelungen beinhalten, konnte der Gesetzgeber einfach und ohne

524 Vgl. *Saleh,* ALQ 1992, 116, 134.

525 Mit Rechtsprechungsnachweis *Saleh,* ALQ 1992, 116, 134.

Rechtfertigungsaufwand die von ihm geschaffenen Regelungen als islamisch deklarieren.[526] Allein wegen des *ġarar*-Verbots bedurfte es einiger Modifikationen der in anderen arabischen Rechtsordnungen aus dem französischen Recht übernommen Gesetze, die den Forderungen nach einer Reislamisierung der arabischen Zivilgesetze gerecht werden.

V. Skala der Unwirksamkeit

Das VAE-ZGB definiert in den Art. 209ff. verschiedene Grade der Unwirksamkeit von Verträgen. Die vorgenommene Unterteilung lässt durchaus Anklänge an die unterschiedlichen Unwirksamkeitsstufen in den europäischen Rechtsordnungen erkennen.[527] Jedoch wird bei näherer Betrachtung der konkreten Regelungen und vor allem nach Heranziehung des Erläuternden Memorandums die Ähnlichkeit zum islamischen Recht deutlich. Auch an diesen Regelungen wird erkennbar, dass der emiratische Gesetzgeber durch die Gestaltung und Einfügung einzelner Vorschriften eine Islamisierung des Gesetzes schaffen konnte, ohne jedoch praktisch schwerwiegende Folgen auszulösen, die der Anwendungsfähigkeit des Gesetzes im Wege stehen könnten.

1. Islam-rechtlicher Hintergrund

Das islamische Recht selbst kennt kein klares System der Unwirksamkeitstypen. Betrachtet man die Theorien der einzelnen Rechtsschulen näher, so scheinen die Begriffe *ṣaḥīḥ* (wirksam), *bāṭil* (nichtig) und *fāsid* (unvollkommen) eine Rolle zu spielen, wobei für die jeweiligen Bedeutungen gerade in den Anfängen islamischer Jurisprudenz auch andere Begriffe verwendet wurden, die häufig der religiösen und nicht der rechtlichen Sphäre entstammten.[528] Außerdem wird den Begriffen *bāṭil* und *fāsid* zumeist die gleiche Bedeutung zugeschrieben. Allein die ḥanafitische Lehre entwickelte mit dem *fāsid*-Vertrag eine eigene Kategorie der Unwirksamkeit.[529] So entstammt der ḥanafitischen Rechtsschule die sog. »Skala der Rechtmäßigkeit«[530]:

526 z.B *Whelan,* UAE Civil Code and Ministry of Justice commentary, 2–0171, 2–0183.
527 Zu der Entwicklung und Unterscheidung der verschiedenen Unwirksamkeitsgrade in den europäischen Regelwerken siehe *Hellwege,* Unwirksamkeit, in: Basedow/Hopt/Zimmermann, Handwörterbuch des Europäischen Privatrechts, 1582.
528 Vgl. *Rayner,* The Theory of Contracts in Islamic Law, 148.
529 *Whelan,* UAE Civil Code and Ministry of Justice commentary, 2–191.
530 Begriff nach *Bergsträsser,* Bergsträsser's Grundzüge des islamischen Rechts, 31f.

Im Zeitpunkt des Vertragsschlusses kann ein Vertrag abgeschlossen oder bereits nichtig sein. Ist er abgeschlossen, so ist er wirksam oder *fāsid*. Wirksame Verträge werden weiterhin unterteilt in erfüllbar und nicht erfüllbar (schwebend unwirksam). Ist der Vertrag erfüllbar, so kann er wiederum als bindend oder nicht-bindend klassifiziert werden.[531]

2. Einzelne Arten der Unwirksamkeit von Verträgen im VAE-ZGB

Bereits der jordanische Gesetzgeber hat die Vorschriften zur Unwirksamkeit von Verträgen im J-ZGB nah am klassischen islamischen Recht formuliert, was vom emiratischen Gesetzgeber nahezu wörtlich übernommen wurde.

Gemäß Art. 209 VAE-ZGB liegt ein wirksamer Vertrag vor, wenn alle Vertragsvoraussetzungen vorliegen und die wesentlichen Bestandteile rechtmäßig sind. Ist dies nicht der Fall, so unterscheidet das Gesetz mehrere Arten der Unwirksamkeit von Verträgen.

a) Der bāṭil-Vertrag

Ein Vertrag ist nichtig (*bāṭil*), wenn seine wesentlichen Bestandteile nicht vorhanden sind.[532] Wesentliche Vertragsbestandteile sind die Übereinstimmung von Angebot und Annahme im Rahmen einer Vertragssitzung, die Personenverschiedenheit der Vertragsparteien und ihre Geschäftsfähigkeit, der rechtmäßige Vertragsgegenstand (existent, erlaubt und bestimmbar), eine legitime Causa und (sofern vorausgesetzt) die Form.[533] Der nichtige Vertrag stellt ein rechtliches Nullum dar, das ispo iure keine Rechtsfolgen mit sich bringt. Eine Heilungsmöglichkeit besteht bei einem nichtigen Vertrag nicht, es bleibt lediglich eine Neuvornahme des Vertrages unter Heilung des zur Nichtigkeit führenden Fehlers.[534]

Ist ein Vertrag teilnichtig, so erstreckt sich die Nichtigkeit grundsätzlich auf den ganzen Vertrag.[535] Eine Ausnahme sieht das Gesetz in dem Fall, in dem der Vertrag teilbar ist und jedem Teil ein eigener Vertragsgegenstand zugeordnet werden kann.[536] Der Teilnichtigkeit eines Vertrages liegt im islamischen Recht der ḥanafitischen Lehre ein Streit zugrunde. Nach einer Auffassung ist ein Vertrag

531 *Whelan*, UAE Civil Code and Ministry of Justice commentary, 2–184.
532 Art. 210 (1) VAE-ZGB.
533 *Whelan*, UAE Civil Code and Ministry of Justice commentary, 2–188.
534 Art. 210 (1) VAE-ZGB, *Whelan*, UAE Civil Code and Ministry of Justice commentary, 2–188.
535 Art. 211 (1) VAE-ZGB.
536 Art. 211 (1) VAE-ZGB; vgl. auch *Kassationshof Dubai*, Nr. 157/2005, 11.4.2005, Sader Annotated Civil Code, Art. 211.

stets insgesamt nichtig. Der Vertrag stelle einen einheitlichen Vorgang dar, der nicht auseinandergerissen werden dürfe. Nach einer anderen Meinung kann ein Vertrag auch teilnichtig sein. Der Vertrag könne in mehrere Teile aufgespalten werden, sofern der Vertragsgegenstand sich gleichermaßen teilen lasse.[537] Der Gesetzgeber ist hier offensichtlich der zweiten Lehrmeinung gefolgt, die weder in der *Mecelle*, noch im *Muršid al-ḥayrān* aufgenommen wurde. Maßgeblich für diese Entscheidung wird die Regelung des Art. 143 Ä-ZGB gewesen sein, die, ganz nach französischem Vorbild,[538] eine Teilnichtigkeit anerkennt.

b) Der fāsid-Vertrag

Vom nichtigen Vertrag zu unterscheiden ist der *fāsid*-Vertrag. Dieser stellt eine Besonderheit des islamischen Rechts nach ḥanafitischer Auslegung dar. Der *fāsid*-Vertrag kann am zutreffendsten mit »unvollkommener Vertrag« beschrieben werden.[539] Er konstituiert eine Zwischenstufe zwischen Nichtigkeit und Wirksamkeit. Nach ḥanafitischer Lehre ist ein Vertrag *fāsid*, wenn gewisse Vertragsvoraussetzungen fehlerhaft sind, beispielsweise wenn die Übergabe des Vertragsobjektes für beide Parteien mit einem Risiko verbunden ist oder bei einem gegenseitigen entgeltlichen Vertrag keine für die Geldleistung bestimmte Frist vereinbart wurde.[540] Während nach Auslegung aller anderen islamischen Rechtsschulen solche Verträge bereits als nichtig angesehen würden, kann der unvollkommene Vertrag nach ḥanafitischer Auffassung geheilt werden, indem die Ursache für die Fehlerhaftigkeit behoben wird.[541]

Der emiratische Gesetzgeber hat den *fāsid*-Vertrag in dieser Auslegung kodifiziert: Ein Vertrag ist unvollkommen, wenn zwar sein Wesen dem Gesetz entspricht, jedoch bestimmte Nebenumstände rechtswidrig sind, Art. 212 (1) VAE-ZGB.[542] Ferner ordnet das Gesetz an, dass ein unvollkommener Vertrag wirksam wird, sobald die Fehlerhaftigkeit behoben wird. Als *fāsid* wird beispielsweise der Weiterverkauf oder der Rückkauf eines im Wege einer *salam*-Transaktion verkauften Gutes angesehen.[543]

Aufgrund seiner eigenüblichen Rechtswirkungen ist der *fāsid*-Vertrag als eigene Fallgruppe innerhalb der Skala der Rechtmäßigkeit der Verträge anzusehen. Im Unterschied zur schwebenden Unwirksamkeit bedeutet *fāsid*, dass der Ver-

537 *Goussous*, Der Vertrag nach dem Jordanischen ZGB von 1976, 97 m.w.N.
538 *Ferid/Sonnenberger*, Erster Teil: Allgemeine Lehren des Französischen Zivilrechts: Einführung und Allgemeiner Teil des Zivilrechts, 605f.
539 Nach *Bergsträsser*, Bergsträsser's Grundzüge des islamischen Rechts, 31f.
540 *Goussous*, Der Vertrag nach dem Jordanischen ZGB von 1976, 99.
541 *As-Sanhūrī*, Maṣādir al-ḥaqq fi 'l-fiqh al-islāmī, IV, 302.
542 Vgl. Art. 312 *Muršid al-ḥayrān* und Art. 109 *Mecelle*.
543 Art. 613 (c) VAE-ZGB.

trag zwar unvollkommen, aber nicht nichtig ist, da er gültig ist und bereits Rechtswirkungen mit sich bringt. So kann Eigentum bereits übergehen, wenn die Besitzergreifung hinzutritt, Art. 212 (2) VAE-ZGB.[544] Hierbei handelt es sich jedoch wiederum um unvollkommenes Eigentum, da der Verkäufer sein Eigentum zurückfordern kann, solange es sich im Besitz des Käufers findet. Es handelt sich bei diesem Eigentumsübergang daher um eine Schutzvorschrift zu Gunsten eines erwerbenden Dritten.[545]

Der *fāsid*-Vertrag ist auch nicht als anfechtbarer Vertrag einzuordnen. Während bei einem anfechtbaren Vertrag die Unwirksamkeit durch Ausübung eines Gestaltungsrechts herbeigeführt werden muss und der Vertrag ansonsten wirksam ist, ist der *fāsid*-Vertrag unvollkommen und wird erst in dem Zeitpunkt vollwirksam, in dem der Fehler behoben wurde. Die Vertragsparteien können jedoch auch, durch Berufung auf die Unvollkommenheit gegenüber dem Vertragspartner, vom Vertrag Abstand nehmen, Art. 212 (4) VAE-ZGB.

Das Erläuternde Memorandum begründet die Aufnahme des *fāsid*-Vertrages in das VAE-ZGB mit praktischen Erwägungen: Die Möglichkeit der »Nachbesserung« eines Vertrages sollte gegenüber der Annahme der Nichtigkeit Vorrang genießen. Mit Aufnahme des *fāsid*-Vertrages in die »Skala der Rechtmäßigkeit« wurde der Anwendungsbereich möglicher »Nachbesserungen« erheblich erweitert.[546] Hintergrund dieses Bewegungsgrundes wird vermutlich der hohe Stellenwert der Parteiautonomie gewesen sein: Grundsätzlich gilt das Wort der Parteien, über das sich der Gesetzgeber nur in wenigen Fällen hinwegsetzen kann. Rechtswirkungen sollen einem Vertrag daher nur in engen Grenzen ispo iure abgesprochen werden.

Innerhalb der ḥanafitischen Lehre ist umstritten, ob beide Parteien vom *fāsid*-Vertrag Abstand nehmen können. Nach einer Ansicht kann unter bestimmten Umständen nur die Partei, für die das Festhalten am Vertrag vorteilhaft ist, sich auf die Fehlerhaftigkeit des Vertrages berufen und so von ihm Abstand nehmen.[547] Die Ratio hinter dieser Auffassung ist nicht erkennbar. Denn gerade die Partei, die sich Vorteile aus dem Festhalten am Vertrag versprechen kann, wird nur in seltenen Fällen davon Abstand nehmen. Dies hätte zur Folge, dass vom Recht, das aus dem *fāsid*-Vertrag erwächst, nur selten Gebrauch gemacht würde. Zu Recht ist der emiratische Gesetzgeber daher dieser Auffassung nicht gefolgt.

---

544 Vgl. für die das islamische Pendant, *Bergsträsser*, Bergsträsser's Grundzüge des islamischen Rechts, 32.

545 *Whelan*, UAE Civil Code and Ministry of Justice commentary, 2–191; *Linant de Bellefonds*, Fāsid wa Bāṭil, in: Bearman/Bianquis/Bosworth u.a., Encyclopaedia of Islam, Second Edition.

546 *Whelan*, UAE Civil Code and Ministry of Justice commentary, 2–184.

547 Vgl. *Goussous*, Der Vertrag nach dem Jordanischen ZGB von 1976, 100f.

Nach Art. 212 (4) VAE-ZGB können sich beide Vertragsparteien auf die Fehlerhaftigkeit des Vertrages berufen.

c) Der mawqūf-Vertrag

Ein *mawqūf*-Vertrag ist schwebend unwirksam. Seine Wirksamkeit hängt von der Genehmigung einer Vertragspartei oder eines Dritten ab, Art. 213f. VAE-ZGB. Mittels Genehmigung wird der Vertrag ex tunc wirksam, Art. 217 (2) VAE-ZGB. Explizit benennt das Gesetz drei Fälle, in denen ein Vertrag schwebend unwirksam ist: dies sind die Fälle, in denen Nichtberechtigte oder beschränkt Geschäftsfähige[548] den Vertrag geschlossen haben, oder Fälle, in denen der Vertragsschluss unter Nötigung zustande gekommen ist.

Ein relevanter Fall eines Vertragsschlusses durch einen Nichtberechtigten ist der Vertragsschluss des Nichteigentümers. Da das emiratische Recht das Abstraktionsprinzip nicht kennt, wird beim Kaufvertrag der Eigentumsübergang mit Abschluss des Kaufvertrages vollzogen. Der Verkauf eines nichtberechtigten Nichteigentümers wird daher, zum Schutze des Eigentümers, durch gesetzliche Anordnung grundsätzlich als unwirksam angesehen und kann nur durch die nachträgliche Zustimmung des Eigentümers wirksam werden.

d) Der ġair lāzim-Vertrag

Ein Vertrag ist zwar wirksam, aber für eine oder beide Vertragsparteien nicht bindend (*ġair lāzim*), wenn ein Umstand besteht, aufgrund dessen eine Lösung von Vertrag ohne gegenseitiges Einvernehmen möglich ist, Art. 218 (1) VAE-ZGB. Dieser Umstand kann in der Natur des Vertrages selbst liegen (Stellvertretung, Schenkung), in einer ausdrücklichen Vereinbarung der Parteien oder in einer Täuschung oder einem Irrtum bei Vertragsschluss (Art. 187, 195 VAE-ZGB).[549] Als *ġair lāzim* ist ein Vertrag folglich immer dann einzuordnen, wenn gesetzliche oder vertragliche Rücktritts- oder Widerrufsgründe vorliegen oder der Vertrag angefochten werden kann.

548 Vgl. Art. 159 (2) VAE-ZGB.

549 Vgl. *Whelan*, UAE Civil Code and Ministry of Justice commentary, 2–208.

3. Würdigung

Neben der Nichtigkeit und der Wirksamkeit kann ein Vertrag nach dem VAE-ZGB auch unvollkommen, *fāsid*, sein. Diese Zwischenstufe hat der Gesetzgeber der ḥanafitischen Rechtsschule entnommen. Sie stellt eine Eigenheit gegenüber anderen Rechtsordnungen des ägyptischen Rechtskreises dar.

Die Klassifizierung von Verträgen hinsichtlich der »Stufe« ihrer Wirksamkeit und die damit verbundenen unterschiedlichen Rechtsfolgen sind, aus dem J-ZGB übernommen, ein deutliches Bekenntnis des emiratischen Gesetzgebers zum islamischen Recht als Quelle der Legislative. Insbesondere mit Aufnahme des *fāsid*-Vertrages wird der Einfluss der ḥanafitischen Lehren und somit der osmanischen *Mecelle* deutlich, die vor Inkrafttreten des VAE-ZGB von den emiratischen Gerichten als Referenzquelle herangezogen wurde. Hierin bestätigt sich erneut die Tendenz der »Reislamisierung« in den jüngeren Zivilgesetzbüchern des ägyptischen Rechtskreises, denn das Ä-ZGB selbst kennt den *fāsid*-Vertrag nicht.

Dass mittels der Übernahme islamischer Unwirksamkeitsstufen eine klar erkennbare islamische Eigenart dieser Kodifikation geschaffen wurde, ist in der Praxis jedoch von geringer Bedeutung. Denn es ist kaum scharf erkennbar, inwiefern daraus Folgen entstehen, die sich von den schon vorhandenen Unterschieden hinsichtlich der Unwirksamkeitsgruppen innerhalb anderer Rechtsordnungen unterscheiden. Verschiedene Arten der Mangelhaftigkeit von Verträgen werden auch innerhalb der europäischen Rechtsordnungen in verschiedene Fallgruppen der Unwirksamkeit eingeordnet.[550] Dass nun im Recht der Vereinigten Arabischen Emirate bedingt durch das islamische Recht eine weitere Fallgruppe, nämlich der *fāsid*-Vertrag, hinzutritt, ist für den Rechtsanwender zwar praktisch bedeutsam, jedoch nicht überraschend.

Sicherlich konnte der Gesetzgeber an dieser Stelle die traditionalistischen Forderungen nach einer islamischen Rechtsordnung allein durch die Gestaltung einzelner Gesetzesabschnitte befriedigen. So hat die an dieser Stelle geregelte Skala der Unwirksamkeit der Verträge, trotz ihres islamischen Einschlags, keinen praktisch bedeutsamen Einfluss auf die Anwendungsfähigkeit des Gesetzes.

---

550 So ist beispielsweise der Begriff der schwebenden Unwirksamkeit im französischen Recht unbekannt, *Ferid/Sonnenberger*, Erster Teil: Allgemeine Lehren des Französischen Zivilrechts: Einführung und Allgemeiner Teil des Zivilrechts, 611.

§ 7 Unerlaubte Handlung

Das Recht der unerlaubten Handlungen ist im VAE-ZGB in den Art. 282–317 geregelt. Obwohl sich im islamischen Recht keine speziellen deliktsrechtlichen Regelungen entwickelt haben, finden sich dennoch einige islamische Konnotationen im emiratischen Deliktsrecht, die im Folgenden näher dargestellt werden. Insbesondere die Blutgeldregelung des Art. 299 VAE-ZGB hat Relevanz in der emiratischen Rechtspraxis.

I. Islam-rechtlicher Hintergrund

Die islamische Rechtswissenschaft hat – wie oben auch für das Vertragsrecht festgestellt – keine allgemeinen Grundsätze der deliktischen Haftung entwickelt. Insbesondere die Überschneidungen mit dem islamischen Strafrecht lassen kein eindeutig umrissenes Anwendungsfeld für unerlaubte Handlungen erkennen.[551] In der klassischen Literatur wird das Delikt oft in drei Bereichen behandelt: Die *ḥudūd* werden auf die im Koran erwähnten Verbrechen angewendet. *Taʾzīr* nimmt den Platz aller übrigen strafrechtlichen Sanktionen ein und wird meist nur ansatzweise diskutiert. *Qiṣāṣ* fungiert schließlich als Talionsprinzip, d.h. als die ausnahmslos private Entschädigung bei schuldhafter Tötung und Körperverletzung.[552] Somit entsprechen die unter *ḥudūd* und *taʾzīr* zusammengefassten Regelungen in weiten Teilen dem modernen Straf- und Ordnungswidrigkeitenrecht, während *qiṣāṣ* an das europäische Privatstrafrecht des Mittelalters erinnert.[553] Überschneidungen von islamischem Strafrecht und dem Recht der unerlaubten Handlungen gibt es hinsichtlich des letzten Bereichs, nämlich immer dann, wenn neben den durch die islamische Obrigkeit durchzusetzenden gött-

551 *Mohamad,* Islamic Tort Law, in: Bussani/Sebok, Comparative Tort Law, 441, 442.

552 Zu *ḥadd, taʾzīr* und *qiṣāṣ* sei verwiesen auf *Türkmenoglu,* Das Strafrecht des klassischen islamischen Rechts.

553 *Rohe,* Islamic Law in Past and Present, 155.

lichen Anspruch auf Verbüßung einer Strafe für ein bestimmtes Tun auch ein Rechtsanspruch des Verletzten auf Vergeltung oder Schadensersatz hinzutritt.[554]

Darüber hinaus kennt das islamische Recht keine strikte Trennung von vertraglicher und deliktischer Haftung.[555] Ganz allgemein wird die deliktische Haftung auf den Verstoß gegen die Pflicht, einen anderen nicht zu schädigen, und die vertragliche Haftung auf den Verstoß eines Leistungsversprechens gegründet.[556]

Die Gerechtigkeit ist das Prinzip, das dem islamischen Recht zugrunde liegt. Aus einer überlieferten prophetischen Tradition ergibt sich das Verbot, dass weder Schaden angerichtet werden, noch im Gegenzug Schaden zugefügt werden darf. Dieses prägt das islamische Schuldrecht.[557] Es gilt allgemein der Grundsatz: »Schaden ist zu beseitigen«.[558] Dementsprechend sind die subjektiven Elemente Vorsatz und Fahrlässigkeit im islamischen Haftungsrecht weitestgehend nicht von Bedeutung.[559] Im Mittelpunkt steht einzig der Schaden, der von dem Verursacher wiedergutzumachen ist.

Eine erste systematische Darstellung islamischer deliktsrechtlicher Regelungen findet sich in der *Mecelle.* Sie gilt als ein unmittelbares Vorbild für die deliktischen Normen des VAE-ZGB.[560]

II. Normierung im Gesetz

Das VAE-ZGB kennt, dem Vorbild westlicher Gesetze entsprechend, die duale Unterscheidung von vertraglicher und deliktischer Haftung. Das Deliktsrecht hat der Gesetzgeber im ersten Buch in den Art. 282–317 VAE-ZGB normiert. Es ist gegliedert in die allgemeinen Grundsätze (Art. 282–298 VAE-ZGB), die Haftung für eigenes Handeln (Art. 299–312 VAE-ZGB), die Haftung für das Handeln Dritter (Art. 313 VAE-ZGB) und die Haftung für Tiere, Sachen und die Nutzung von öffentlichen Straßen (Art. 314–317 VAE-ZGB).

Aufgrund der Rezeption des Rechts anderer arabischer Länder vereint das emiratische Deliktsrecht sowohl islamische, als auch französische Einflüsse.

554 *Neumann,* Islamisches Deliktsrecht und seine Relevanz für das Recht islamischer Staaten, 3.

555 *Mallat,* Introduction to Middle Eastern Law, 288.

556 Vgl. *as-Sanhūrī,* al-Wasīṭ fī šarḥ al-qānūn al-madanī al-ǧadīd, I: Naẓarīyat al-iltizām bi-waǧh ʿāmm. Maṣādir al-iltizām, 847.

557 *Al-Qasem,* ALQ 1989, 183, 184.

558 Art. 20 *Mecelle,* Übersetzung nach *Mert,* HIKMA 2016, 170, 182. *Al-Qasem,* ALQ 1989, 183, 184.

559 *Mallat,* Comparative Law and the Islamic (Middle Eastern) Legal Culture, in: Reimann/Zimmermann, The Oxford Handbook of Comparative Law, 609, 632; *Al-Qasem,* ALQ 1989, 183, 184; *Amkhan,* ALQ 1994, 171, 173f.

560 Vgl. *Krüger,* VersR 1989, 1000, 1002.

Denn übernommen hat der emiratische Gesetzgeber in erster Linie die jordanischen Vorschriften zum Recht der unerlaubten Handlungen, die zwar auf dem Vorbild des Ä-ZGB basieren, sich jedoch in wichtigen Punkten von der ägyptischen »Mutterrechtsordnung« unterscheiden.[561] So ist nicht allein die Wahl des Begriffs *ḍamān*, der im klassischen islamischen Recht für »Haftung« verwendet wurde,[562] anstelle des modernen Begriffs *mas'ūlīa*, den das Ä-ZGB verwendet, eine Besonderheit, die auf den islamischen Charakter des Gesetzes hinweist. Es finden sich einige strukturelle Unterschiede zu den stärker vom französischen Recht beeinflussten Zivilgesetzbüchern. Im Folgenden sollen einige Beispiele dafür genauer beleuchtet werden:

1. Objektiver Ansatz der deliktischen Haftung

Die Generalklausel des Art. 282 VAE-ZGB beinhaltet den Grundsatz, dass jede Handlung, die einen anderen schädigt, den Schädiger – selbst eine nicht einsichtsfähige Person[563] – zum Ersatz des daraus entstandenen Schadens verpflichtet. Ein deliktischer Schadensersatzanspruch ist demnach gegeben, wenn die drei wesentlichen Voraussetzungen erfüllt sind: Es müssen eine Handlung oder Unterlassung, ein Schaden[564] und ein Kausalzusammenhang zwischen Handlung und Schaden gegeben sein.[565] Gemäß Art. 287 VAE-ZGB ist die Ersatzpflicht ausgeschlossen, wenn eine fremde Ursache, zum Beispiel eine Naturkatastrophe, ein unvermeidbares Ereignis, höhere Gewalt, die Handlung eines Dritten und die Handlung des Geschädigten (Mitverschulden), den Kausalzusammenhang unterbricht und eine Haftung des Schädigers nicht ausdrücklich im Gesetz vorgesehen oder eine entsprechende Vereinbarung getroffen worden ist. In Art. 299–317 VAE-ZGB sind besondere Rechtsgüter genannt, die den Handelnden als *lex specialis* zur Generalklausel zum deliktischen Schadensersatz verpflichten.

Aus Art. 282 VAE-ZGB wird deutlich, dass das Gesetz grundsätzlich dem Konzept einer objektiven deliktischen Haftung folgt.[566] Elemente wie die Rechtswidrigkeit und das Verschulden sind nicht Teil der Vorschrift und

561 Vgl. *Krüger*, VersR 1989, 1000, 1001.

562 *Mohamad*, Islamic Tort Law, in: Bussani/Sebok, Comparative Tort Law, 441, 445.

563 Art. 86 (2), 158 VAE-ZGB.

564 Der englischsprachige Kommentar nutzt das Wort »harm«, welches als Übersetzung des Wortes *ḍarar* herangezogen wurde. Im Deutschen ist wohl der Begriff »Schaden« die passendste Übersetzung.

565 So ausdrücklich benannt im Erläuternden Memorandum, *Whelan*, UAE Civil Code and Ministry of Justice commentary, 2–350, aufgegriffen von *Oberstes Bundesgericht*, Nr. 366/2005, 29. 2. 2005, Sader Annotated Civil Code, Art. 282.

566 *Krüger*, VersR 1989, 1000, 1001 f; *Amkhan*, ALQ 1994, 171, 173; *Jadalhaq*, Issues in Legal Scholarship 2019, 1, 5. Vgl. auch *Al-Qasem*, ALQ 1989, 183, 192.

werden im Übrigen nicht so ausdrücklich behandelt, wie beispielsweise im deutschen Recht.[567]

Der grundsätzlich objektive deliktische Ansatz der Generalklausel des VAE-ZGB, der dem J-ZGB entnommen wurde,[568] manifestiert die Nähe zum islamischen Recht.[569] Ihre Formulierung befindet sich nah an Art. 92 der *Mecelle*. Im Mittelpunkt steht der Schaden, der zu ersetzen ist, unabhängig von einer subjektiven Zurechenbarkeit. Im Ä-ZGB sowie weiteren früheren Zivilgesetzbüchern des ägyptischen Rechtskreises ist das Verschulden Voraussetzung des deliktischen Grundtatbestandes.[570] Angelehnt sind die entsprechenden Normen an die deliktische Generalklausel des Code Civil (Art. 1240, 1241 n. F., Art. 1382, 1383 a. F.), bei der die *faute*[571] im Mittelpunkt steht, die – zumindest bis vor einigen Jahrzehnten[572] – Rechtswidrigkeit und Verschulden voraussetzte.[573] Anders als beispielsweise in Ägypten[574] sind nach Art. 282 VAE-ZGB auch Geschäftsunfähige deliktsrechtlich verantwortlich. Laut Erläuterndem Memorandum basiert dies wiederum auf dem islamischen Grundsatz, wonach die deliktische Haftung grundsätzlich eine absolute Verpflichtung darstellt, jeden verursachten Schaden zu beseitigen.[575] Dieser islamische Grundsatz hat nicht nur im Deliktsrecht der Vereinigten Arabischen Emirate Einzug gefunden, sondern ist zudem an prominenterer Stelle im Abschnitt über die islamisch-rechtlichen Grundsätze (Art. 42

---

567 Eine genaue Unterscheidung von Rechtswidrigkeit und Verschulden wird im Erläuternden Memorandum zum VAE-ZGB nicht vorgenommen. Auch werden die Begriffe nicht definiert. Teilweise lesen sich die Erläuterungen so, dass man annehmen müsste, diese Elemente seien ungeschriebene Voraussetzungen der deliktischen Grundnorm. Gleiches gilt für einige Texte in der Literatur. Hier wird jedoch von der Annahme ausgegangen, dass Elemente, die dem französischen Begriff *faute* entsprechen, nicht Teil der Generalklausel sind. Denn diese Ansicht korrespondiert mit dem in Art. 283 VAE-ZGB angeordneten Hinzutreten von Pflichtwidrigkeit oder Absicht im Falle eines mittelbaren Schadenseintritts und der stetigen Betonung einer objektiven Herangehensweise im Erläuternden Memorandum.

568 Vgl. 256 J-ZGB. Art. 282 VAE-ZGB gründet insbesondere auf Art. 19 und Art. 20 der *Mecelle*, vgl. für Art. 256 J-ZGB, der vom emiratischen Gesetzgeber übernommen wurde, *Al-Qasem*, ALQ 1989, 183, 184.

569 Siehe zu den drei Voraussetzungen der deliktischen Haftung im islamischen Recht *Zubair*, An Outline of Islamic Law of Tort, 46ff; *Kassationshof Dubai*, Urteil Nr. 276/16, 12. 2. 1995, Price/Tamimi, United Arab Emirates Court of Cassation Judgements 1989–1997, 99.

570 Art. 163 Ä-ZGB: »Jeder Fehler, der eine Verletzung eines anderen verursacht, verpflichtet den Schädiger zum Ersatz des Schadens«, so beispielsweise auch Art. 166 L-ZGB und Art. 164 S-ZGB. Für einen Vergleich der Normen des VAE-ZGB, J-ZGB und Ä-ZGB sei verwiesen auf die Synopse im Anhang.

571 Für eine kurze Erläuterung des Begriffs siehe *Zweigert/Kötz*, Einführung in die Rechtsvergleichung, auf dem Gebiete des Privatrechts, 622ff.

572 Zu der Entwicklung in der Rechtsprechung und der Kritik in der Literatur siehe *Neumann/Berg*, Einführung in das französische Recht, 108.

573 *Krüger*, VersR 1989, 1000, 1001f.

574 *Schultze*, PHi 2014, 100, 102.

575 *Whelan*, UAE Civil Code and Ministry of Justice commentary, 2–350.

(2) VAE-ZGB »*Schaden muss ersetzt werden*«) enthalten. Gleichzeitig wird dieser islamische Grundgedanke durch Einfügung französischer Regelungen etwas aufgeweicht: Gemäß Art. 287 VAE-ZGB kann eine Schadensersatzpflicht einer Person in Fällen von Naturkatastrophen, unvermeidbarer Unfälle, höherer Gewalt oder durch das Eingreifen einer anderen Person oder des Geschädigten selbst ausgeschlossen sein.[576]

Unbedingte Anwendung findet Art. 282 VAE-ZGB im Falle eines unmittelbar verursachten Schadens. Nur wenn es sich um einen mittelbaren Schaden handelt, muss gem. Art. 283 (2) VAE-ZGB Pflichtwidrigkeit oder Absicht hinzutreten, um eine deliktische Haftung zu begründen. Pflichtwidrigkeit ist dann anzunehmen, wenn der Handelnde nicht das Recht hatte, die Handlung vorzunehmen, unabhängig davon, ob er die Schadenszufügung beabsichtigt hatte oder nicht. Absicht oder Vorsatz im Sinne dieser Vorschrift beziehen sich hingegen nicht auf die Vornahme der Handlung, sondern auf die Herbeiführung des Schadens. Ein indirekter Schaden ist demnach sowohl zu ersetzen, wenn die Handlung pflichtwidrig aber der Schaden unbeabsichtigt war, aber auch wenn pflichtgemäß gehandelt wurde, der Schaden jedoch beabsichtigt war.[577]

An der Unterscheidung zwischen unmittelbarem und mittelbarem Schaden zeigt sich wiederum sehr eindrücklich der Einfluss des islamischen Rechts, der sich hier in Form von rezipierten Vorschriften der osmanischen *Mecelle* (Art. 92f., 887f., 912ff.) darstellt.[578] Diese nimmt die Abgrenzung von unmittelbarem und mittelbarem Schaden anhand von konkreten Beispielen vor.[579] Auch das Erläuternde Memorandum wählt diesen Weg: Derjenige, der einen Krug zerbricht, sei als direkter Schädiger anzusehen. Hingegen habe derjenige, der einen Brunnen

576 Dies stellt eine Übernahme der *cause etrangere* des französischen Rechts dar, vgl. *Krüger*, VersR 1989, 1000, 1002.

577 Zur Veranschaulichung der Pflichtwidrigkeit und Absicht/Vorsatz zieht der Gesetzeskommentar wiederum konkrete Beispiele heran: »If a person digs a hole in a public road without permission from one entitled to give it, and another's property falls into it and is damaged, he will be the indirect causer of the damage and will be liable to make it good, because he acted wrongfully [pflichtwidrig] in doing what he did, and the damage arose as a result of it. However, if somebody digs a hole in his own property and an animal or person falls into it and is hurt, he will not be liable, because he was not acting wrongfully [pflichtwidrig] in digging the hole as he was digging it in his own property, and he will therefore not be held liable. If the direct causer acts deliberately [absichtlich], he will be liable, notwithstanding that he was not acting wrongfully [pflichtwidrig]. Thus, if a person digs a hole in his own property with the intention of causing damage to another person's livestock, and it is damaged, he will be liable because he acted deliberately [absichtlich] in causing the damage, even though his act was not of itself a wrongful [pflichtwidrig] one.«, *Whelan*, UAE Civil Code and Ministry of Justice commentary, 2–352.

578 *Krüger*, VersR 1989, 1000, 1002.

579 Art. 888 (1) *Mecelle:* »Die Schnur einer Hängelampe wird durchtrennt. Die Lampe fällt herunter und zerbricht. Die Person, die die Schnur durchtrennt hat, ist die direkte Ursache für die Zerstörung der Schnur und ist die indirekte Ursache für die Zerstörung der Lampe.«

gräbt, in den eine Person fällt und stirbt, diesen Schaden nur indirekt herbeigeführt.[580] Der direkte Schädiger hat demnach die Handlung selbst vorgenommen, die unmittelbar auf das geschädigte Objekt einwirkt (so in Art. 887 der *Mecelle*). Der indirekte Schädiger nimmt zwar eine Handlung vor, jedoch tritt erst in deren Folge ein Schaden ein (so in Art. 888 der *Mecelle*).

Der objektive Ansatz der deliktischen Haftung im VAE-ZGB basiert erkennbar auf islamischer Prägung. Wie an vielen Stellen im Gesetz hat auch hier via Jordanien vor allem die *Mecelle* Einfluss auf das emiratische Recht nehmen können. In Jordanien ist die Rechtswirklichkeit jedoch eine andere, als man bei der Anwendung des Zivilgesetzbuches vermuten würde. Der Oberste Gerichtshof Jordaniens hat – ganz dem französischen Recht folgend – die Schuld als bestimmendes Element der deliktischen Haftung etabliert.[581] Gleiches gilt möglicherweise auch für die Vereinigten Arabischen Emirate – zumindest wird dies behauptet.[582] Nach veröffentlichten Urteilen, die dies belegen, sucht man jedoch vergebens.

2. Herausgabeanspruch des Eigentümers als Teil des Deliktsrechts

Eine systematische Besonderheit stellen die Art. 304–311 VAE-ZGB im Abschnitt zur Haftung für eigenes Handeln dar, die die Inbesitznahme des Eigentums eines anderen ohne dessen Zustimmung und die Übertretung eines rechtlichen Gebotes zum Gegenstand haben. Gemäß Art. 304 (1), (2) VAE-ZGB hat derjenige, der fremdes Eigentum an sich genommen hat, dieses wieder herauszugeben. Der unberechtigte Besitzer ist zum Schadensersatz verpflichtet, wenn er das Eigentum verbraucht, beschädigt oder zerstört hat (Art. 304 (3) VAE-ZGB) und hat Nutzungsersatz zu leisten, sofern er Nutzen aus der Sache gezogen hat oder diese eine Wertsteigerung erfahren hat (Art. 304 (4) VAE-ZGB). Geregelt ist außerdem der Rechtsverlust wegen Verbindung, Vermischung und Verarbeitung (Art. 311 VAE-ZGB).[583]

Diese systematische Einordnung kann den deutschen Rechtsanwender verblüffen, schließlich wird der Herausgabeanspruch des Eigentümers und seine Nebenansprüche im BGB dem Sachenrecht und nicht dem Deliktsrecht zugeordnet. Dass der emiratische Gesetzgeber – dem J-ZGB (Art. 279–287) folgend –

580 *Whelan*, UAE Civil Code and Ministry of Justice commentary, 2–352.

581 *Mallat* spricht insofern von einer einheitlichen Rechtsprechung, *Mallat*, Introduction to Middle Eastern Law, 295. Siehe auch *Oberstes Bundesgericht Jordanien*, Urteil vom 28 Mai 1988 »Liability in tort rests on three pillars: fault, harm and the causal relation between fault and harm«, zitiert in *Mallat*, Introduction to Middle Eastern Law, 295.

582 Vgl. *Eltom*, The Emirates Law in Practice, with a special focus on the Emirate of Dubai, 107.

583 Für einen kurzen Überblick über die Regelungen siehe *Krüger*, VersR 1989, 1000, 1003.

diesen Weg gewählt hat, lässt sich ganz eindeutig mit der Nähe zum islamischen Recht begründen, das die rechtswidrige Inbesitznahme fremder Gegenstände ohne die Erlaubnis des Berechtigten ausführlich diskutiert.[584] Die osmanische *Mecelle* verkörpert in ihren Art. 881 ff. die Rechtsansicht der ḥanafitischen Rechtsschule, die den Anknüpfungspunkt für den emiratischen Gesetzgeber darstellten.[585] Im Ä-ZGB, das dem Deliktsrecht nach französischem Vorbild nähersteht, findet sich ein solcher Abschnitt nicht.

3. Blutgeld

Im Abschnitt zur Haftung für eigenes Handeln in Art. 299 VAE-ZGB findet sich der Verweis auf ein dem islamischen Recht entstammenden, altertümlich klingenden Rechtsbegriff. Das Blutgeld, *diya*, spielt auch im modernen Deliktsrecht der Vereinigten Arabischen Emirate eine Rolle.

a) Islam-rechtlicher Hintergrund

Als Ersatz für das Recht auf persönliche Rache (Blutrache/Fehde) entspricht das Blutgeld im islamischen Recht dem Sühnegeld (*Wergeld*) im römischen und germanischen Recht.[586] *Diya* ist der Geldbetrag, der der Familie des gestorbenen Opfers von der Familie des für den Schaden Verantwortlichen zu zahlen ist. *Arsh* bezeichnet die Entschädigung (Buße) für andere Körperverletzungsdelikte.[587] Die Zahlung eines Blutgeldes beziehungsweise einer Buße gilt traditionell als Wiederherstellung des Friedens.[588] Es ersetzt den *qiṣāṣ* als Talionsprinzip.

Hintergrund ist eine vorislamische Stammestradition, nach der infolge der Tötung eines Angehörigen ein Verzicht auf das Recht der persönlichen Rache durch Zahlung eines Blutgeldes möglich war. Berechnungseinheit für einen *diya* war das Kamel. Für den Tod eines Mannes war der *diya* grundsätzlich auf 100 Kamele festgelegt.[589]

584 Vgl. *Schacht*, An Introduction to Islamic Law, 160; *Mahmasani*, Transactions in the Sharīʿa, in: Khadduri/Liebesny, Law in the Middle East, 179, 189 f; *Neumann*, Islamisches Deliktsrecht und seine Relevanz für das Recht islamischer Staaten, 4.

585 Vgl. z. B. *Whelan*, UAE Civil Code and Ministry of Justice commentary, 2–394.

586 *Tyan*, Diya, in: Bearman/Bianquis/Bosworth u. a., Encyclopaedia of Islam, Second Edition.

587 Vgl. *Sloane*, The International Lawyer 1988, 743, 750; *Krüger*, VersR 1989, 1000, 1003.

588 *Krüger*, VersR 1989, 1000, 1003.

589 *Zubair*, An Outline of Islamic Law of Tort 1990, 67; *Tyan*, Diya, in: Bearman/Bianquis/Bosworth u. a., Encyclopaedia of Islam, Second Edition.

Dieses Grundprinzip spiegelt sich in der koranischen Offenbarung wider.[590] Die Theorie über den *diya* und die Grundsätze der Privatjustiz wurden dann von den islamischen Juristen näher ausgestaltet und an die Erfordernisse der islamischen Gesellschaft und die damaligen Umstände angepasst. Für den Tod eines Mannes wurde in der *sunna* der *diya* in Höhe von 100 Kamelen festgelegt. Für eine Verletzung, die nicht zum Tode führt, wurde die Buße entsprechend reduziert. Der *diya* einer Frau entspricht der Hälfte des zu zahlenden Blutgeldes eines Mannes.[591]

Einzelne Ausgestaltungen des Blutgeldes sind unter den Rechtsschulen umstritten und sollen hier nicht näher behandelt werden.

b) Normierung im Gesetz

Die Zahlung von Blutgeld ist ausdrücklich als strafrechtliche Sanktion im Strafgesetzbuch der Vereinigten Arabischen Emirate vorgesehen.[592] Doch auch im Zivilgesetzbuch wird in Art. 299 normiert, dass die Zahlung eines Blutgeldes oder einer Buße durch den unerlaubt Handelnden im Falle einer Tötung oder Körperverletzung eines Menschen möglich ist. Dies hat in der Rechtspraxis für Verwirrung in Bezug auf die Rechtsnatur des Blutgeldes gesorgt, bis der Kassationshof in Dubai ausdrücklich klargestellt hat, dass der *diya* eine Doppelnatur besitzt und sowohl eine strafrechtliche Sanktion, als auch eine zivilrechtliche Entschädigung darstellt.[593]

---

590 *Rohe,* Islamic Law in Past and Present, 179, Koranvers II:178: »Ihr Gläubigen! Bei Totschlag ist euch die Wiedervergeltung vorgeschrieben: ein Freier für einen Freien, ein Sklave für einen Sklaven und ein weibliches Wesen für ein weibliches Wesen. Und wenn es einem (der einen Todschlag begangen hat) von seiten seines Bruders (dem die Ausübung der Wiedervergeltung obliegt) etwas nachgelassen wird (d.h. wenn statt der Wiedervergeltung durch Tötung nur Blutgeld gefordert wird), soll die Beitreibung (des Blutgeldes durch den Rächer) auf rechtliche und (umgekehrt) die Bezahlung an ihn auf ordentliche Weise vollzogen werden. Das ist (gegenüber der früheren Handhabung der Blutrache) eine Erleichterung und Barmherzigkeit von seiten eures Herrn.«

591 Vgl. *Rohe,* Islamic Law in Past and Present, 180; *Tyan,* Diya, in: Bearman/Bianquis/Bosworth u.a., Encyclopaedia of Islam, Second Edition.

592 Art. 29, 66 VAE-StGB. Die Anwendung der *diya*-Grundsätze bleibt weiterhin den Regeln des islamischen Rechts unterworfen, wie Art. 1 VAE-StGB ausdrücklich festlegt. Nachdem der Entwurf für das VAE-StGB in einem Kapitel noch spezifische Regelungen zum Blutgeld umfasste, hatte sich der Gesetzgeber letztendlich wohl bewusst für einen Verweis auf das islamische Recht anstelle einer Kodifizierung im StGB entschieden, um die direkte Anwendbarkeit des islamischen Rechts in der Gänze seiner unterschiedlichen Ausgestaltungen zu ermöglichen, vgl. *Al-Muhairi,* ALQ 1996, 350, 370.

593 *Kassationshof Dubai* im Jahre 1999, zitiert in *Eltom,* The Emirates Law in Practice, with a special focus on the Emirate of Dubai, 125; *Oberstes Bundesgericht,* Nr. 403/2009, 31.12.2009, Sader Annotated Civil Code, Art. 299.

Art. 1 des Bundesgesetzes über die Bestimmung der Höhe des Blutgeldes für die Tötung einer Person[594] legte bis vor Kurzem den *diya* für den Tod einer Person auf 200.000 Dirham (ca. 44.708 €) fest, ohne eine Aussage über das Geschlecht der verstorbenen Person zu treffen. Dies veranlasste einige Gerichte dazu, nach islamischem Vorbild die Höhe des zu zahlenden Blutgeldes für den Tod einer Frau niedriger festzulegen, als für einen Mann, obwohl beispielsweise der Kassationshof Dubai[595] bereits im Jahre 1994 klargestellt hatte, dass die Höhe des Blutgeldes für beide Geschlechter gleich ist.[596] Mit Gesetzesänderung vom 4. August 2019 wurde nun klargestellt, dass der Blutgeldbetrag von 200.000 Dirham für beide Geschlechter gilt.[597] Eine Erhöhung des Betrages, die bereits 2015 zur Debatte stand, wurde bisher nicht umgesetzt.[598]

c) Verhältnis von Blutgeld und Entschädigung

Art. 299 VAE-ZGB legt das Verhältnis von Blutgeld und deliktischem Schadensersatz fest. So heißt es in der Norm:

> »Der einer Person zugefügte Schaden ist zu entschädigen. In den Fällen, in denen diya oder arsh zu zahlen ist, sind weder diya noch arsh zusätzlich zu einer solchen Entschädigung zu zahlen, es sei denn, die Parteien vereinbaren das Gegenteil.«

Diese Vorschrift wurde bereits zahlreiche Male Gegenstand der Abwehr von Schadensforderungen, die über den *diya*- oder *arsh*-Betrag hinausgehen.

Bereits ein Blick in das Erläuternde Memorandum erleuchtet jedoch im Hinblick auf die Auslegung der Norm: Der Zweck des *diya* oder *arsh* ist die Verbesserung des Schadens des Opfers und Zweck der Entschädigung ist die Wiedergutmachung des erlittenen Schadens. Schadensersatz und *diya* schließen sich demnach aus, da – sofern Blutgeld gezahlt wurde – kein wiedergutzumachender Schaden mehr besteht.[599] Dementsprechend argumentierten auch die emiratischen Gerichte bei der Anwendung der Norm. Es sei verboten, dem Opfer eine Entschädigung für Schäden zu gewähren, die durch das Blutgeld bereits gedeckt sind.[600] Das bedeute jedoch auch, dass die Verurteilung zur Zahlung von

594 Bundesgesetz Nr. 17/1991 vom 10.6.1991, Amtsblatt des Bundes Nr. 660/1991, zuletzt geändert durch Änderungsesetz Nr. 9/2003.

595 *Kassationshof Dubai,* Nr. 19/94, 14.5.1994, Price/Tamimi, United Arab Emirates Court of Cassation Judgements 1989–1997, 87.

596 Vgl. *Zacharias,* Top judges urge equal blood money, The National 17.4.2009.

597 Bundesgesetz Nr. 1/2019 vom 4.8.2019, unter Aufhebung des Bundesgesetzes Nr. 17/1991. Siehe dazu *Al-Amir,* New law guarantees equal death compensation payments for families of men and women, The National 10.10.2019.

598 Vgl. *Salama,* Blood Money may be increased, FNC told, Gulf News 14.4.2015.

599 *Whelan,* UAE Civil Code and Ministry of Justice commentary, 2–384.

600 *Oberstes Bundesgericht,* Nr. 226/2002, 16.10.2002, Sader Annotated Civil Code, Art. 299.

Blutgeld oder *arsh* nicht die gleichzeitige Entschädigung für andere Schäden, die nicht durch das Blutgeld gedeckt sind, verbiete.[601] So könne auch eine Entschädigung für den erlittenen materiellen und moralischen Schaden zugesprochen werden, der den Betrag des im konkreten Falle zustehenden Blutgeldes übersteigt, denn »die materielle oder moralische Entschädigung, die an die Erben für den durch den Tod ihrer Vorfahren erlittenen Schaden zu zahlen ist, liege außerhalb des vom Gesetzgeber [...] (in Art. 299 VAE-ZGB) vorgesehenen Entschädigungsrahmens«.[602]

Besteht sowohl ein Anspruch auf deliktsrechtlichen Schadensersatz und darüber hinaus auf Zahlung eines Blutgeldes oder eines *arsh*, so hat der Geschädigte demnach ein Wahlrecht. Da die Zahlung eines Blutgeldes in erster Linie dem Zwecke der Wiederherstellung des Friedens dient, wird diese wohl häufig der Geltendmachung des deliktsrechtlichen Schadensersatzes vorgezogen.[603]

V. Fazit

Die deliktsrechtlichen Regelungen im VAE-ZGB stellen eine Verbindung von rezipiertem europäischen Recht und islamischen Rechtsgrundsätzen dar. So erhält das Gesetz, das grundsätzlich in Aufbau und Struktur als »westlich« zu bezeichnen ist, durch den objektiven Ansatz der deliktischen Haftung, die strukturelle Einordnung des Herausgabeanspruches des Eigentümers in das Deliktsrecht und die Regelungen zum Blutgeld eine deutliche islamische Färbung.

Ob das Miteinander der unterschiedlichen Rechtseinflüsse im deliktischen Bereich auch funktionsfähig ist, lässt sich nicht mit Sicherheit beantworten. So ist beispielsweise in der Rechtsprechung Jordaniens, dessen deliktische Regelungen vom emiratischen Gesetzgeber übernommen wurden, eine Abweichung vom objektiven Ansatz deliktischer Haftung hin zu einer Übernahme der Grundsätze des französischen Deliktsrechts zu erkennen. Da eine gegenseitige Beeinflussung der Staaten des ägyptischen Rechtskreises durchaus beobachtet werden kann, ist nicht auszuschließen, dass die emiratischen Gerichte dem jordanischen Ansatz folgen.

Es bleibt dennoch festzuhalten, dass das emiratische Deliktsrecht eine islamische Prägung aufweist. Und diese bleibt nicht allein auf die Ebene des Gesetzes

601 *Oberstes Bundesgericht*, Nr. 785/2006, 16.5.2006, Sader Annotated Civil Code, Art. 299; *Oberstes Bundesgericht*, Nr. 437/2015, 25.11.2015, Lexis Middle East Law.

602 *Kassationshof Dubai* im Jahre 2003, zitiert in *Eltom*, The Emirates Law in Practice, with a special focus on the Emirate of Dubai, 125f. So auch *Oberstes Bundesgericht*, Nr. 119/2005, 27.3.2005, Sader Annotated Civil Code, Art. 299; *Kassationshof Dubai*, Nr. 105/2005, 27.11.2005, Sader Annotated Civil Code, Art. 299.

603 Was man an den vergleichbar vielen verfügbaren Urteilen zu dieser Thematik entnehmen kann. Mit dieser Vermutung schon *Krüger*, VersR 1989, 1000, 1003.

beschränkt, sondern wird auch vom Fortschritt beeinflusst. So kann man in den Vereinigten Arabischen Emiraten das Blutgeld für Verkehrstote mittlerweile auch per App bezahlen.[604] Diese Abstrusität beschreibt den Zustand der Vereinigten Arabischen Emirate »zwischen Vorgestern und Übermorgen«[605] ganz zutreffend.

604 *Clauß*, Mit Blutgeld-App für Verkehrstote Sühne leisten, Die Welt 28.9.2014.
605 Nach *Heard-Bey*, Die Vereinigten Arabischen Emirate.

§ 8 Verjährung

Die Zulässigkeit des Rechtsinstituts der Verjährung ist bereits auf auf Sanhūrīs Werk zurückzuführen. Denn sie ist dem islamischen Recht in Auslegung bestimmter Rechtsschulen grundsätzlich unbekannt und daher in Form der Bestimmungen des VAE-ZGB Beleg für eine Verschmelzung modernen Rechts mit den Rechtsansichten ausgewählter islamischer Rechtsschulen.

I. Islam-rechtlicher Hintergrund

Nach traditionellem islamischen Rechtsverständnis gibt es das Rechtsinstitut der Verjährung nicht.[606] Dies basiert auf einem *ḥadīṯ* des Propheten, welcher besagt, dass ein Recht nicht durch Zeitablauf erlöschen kann.[607] Da dieser Grundsatz jedoch zu Rechtsunsicherheit in der Praxis führen würde, haben insbesondere die Ḥanafiten die Verjährung anerkannt, indem sie festsetzten, dass eine Klage nach Ablauf einer bestimmten Frist nicht mehr gehört wird.[608] Durch diese Formulierung umgehen sie einen offenen Widerspruch mit der Shari'a, denn das Recht selbst bleibt - ganz im Sinne der *sunna* - auch nach Zeitablauf grundsätzlich bestehen. In dieser Weise hat das Institut der Verjährung Einzug in die *Mecelle* (Art. 1660–1675) und in den *Muršid al-ḥayrān* (Art. 256–261) gefunden.[609]

Auch die mālikitische Rechtsschule kennt Ausnahmen von dem in der *sunna* verankerten Grundsatz, die unter anderem mit einem konkludenten Verzicht des Gläubigers und Beweisschwierigkeiten nach Ablauf bestimmter Zeiträume gerechtfertigt werden.[610]

606 *Amin,* Islamic Law in the Contemporary World, 86.
607 *Krüger,* Recht van de Islam 1997, 67, 78; *Akaddaf,* Pace Int. L. Rev. 2001, 3, 43.
608 Vgl. *Krüger,* Recht van de Islam 1997, 67, 78.
609 *Krüger,* EJIMEL 2013, 102, 110.
610 *Whelan,* UAE Civil Code and Ministry of Justice commentary, 2–778.

II. Normierung im Gesetz

Der emiratische Gesetzgeber hat Verjährungsvorschriften in das VAE-ZGB aufgenommen. Art. 473 VAE-ZGB ordnet an:

> »Ein Recht erlischt nicht durch Zeitablauf, jedoch wird ein Anspruch, wenn er vom Schuldner bestritten wird, nach Ablauf von fünfzehn Jahren ohne rechtmäßige Entschuldigung nicht mehr gehört, sofern keine spezielle Vorschrift anwendbar ist.«

Die sogenannte regelmäßige Verjährungsfrist beträgt damit 15 Jahre. Für bestimmte Personengruppen (beispielsweise Rechtsanwälte und Ärzte) oder bestimmte Ansprüche (Ansprüche aus Delikt oder Quasidelikt, Art. 298, 336 VAE-ZGB) gelten kürzere Fristen. Der Lauf der Verjährungsfrist kann gehemmt oder unterbrochen werden (Art. 481–487 VAE-ZGB). Das Gericht prüft die Verjährung nicht von Amts wegen, sondern es obliegt dem Beklagten, die Verjährung geltend zu machen (Art. 488 (1) VAE-ZGB). Wie der Wortlaut des Art. 473 VAE-ZGB erkennen lässt, handelt sich statt um eine Anspruchsverjährung um die Verjährung des Klagerechts.[611] So beseitigt die Verjährungseinrede die Klagebefugnis des Klägers, während sie bei der Anspruchsverjährung (wie im deutschen Recht[612]) eine dauerhafte Einrede gegen den Anspruch darstellt.[613]

Das Rechtsinstitut der Verjährung findet sich in allen Zivilgesetzbüchern des arabischen Rechtskreises, und zwar durchgängig in der Form einer Klageverjährung. Dem Verjährungsrecht ist auf diese Weise ein prozessuales Verständnis immanent, das nicht nur auf der Gestaltung der Verjährung in der *Mecelle* und dem *Muršid al-ḥayrān* beruht, sondern auch dem französischen Verjährungsrecht entspricht.[614] Die regelmäßige Verjährungsfrist, die in auch in anderen Staaten des ägyptischen Rechtskreises auf 15 Jahre festgelegt wurde, spiegelt wiederum eindeutig die *Mecelle* und den *Muršid al-ḥayrān* wider. Diejenigen Zivilgesetzbücher, denen eine Reislamisierungstendenz nachgesagt wird, haben die Verjährungsvorschriften darüber hinaus auch im Wortlaut mittels Übernahme der Normen in der *Mecelle* »islamischer« gestaltet, als beispielsweise das

---

611 *Krüger,* ZVglRWiss 1998, 360, 378; *Krüger,* EJIMEL 2013, 102, 110.

612 *Grothe,* in: MüKo BGB, Vor § 194, Rdnr. 1.

613 Vgl. *Rohayem,* Verjährung im marokkanischen Recht. Somit ist dem Verjährungsrecht der VAE genau wie im französischen Recht und anders als der herrschenden Strömung in Europa, ein prozedurales Verständnis des Verjährungsrechts immanent, vgl. *Zimmermann,* Verjährung, in: Basedow/Hopt/Zimmermann u. a., Handwörterbuch des Europäischen Privatrechts, 1637.

614 *Zimmermann,* Verjährung, in: Basedow/Hopt/Zimmermann u. a., Handwörterbuch des Europäischen Privatrechts, 1637.

Ä-ZGB, das nicht klarstellt, dass ein Recht grundsätzlich nicht durch Zeitablauf erlischt.[615]

Obwohl die Verjährung von Ansprüchen bereits in der islamischen Rechtswissenschaft, wie oben dargestellt insbesondere bei den Hanafiten, anerkannt wurde, ist der Widerspruch zum klassischen islamischen Recht als Grund für die Auseinandersetzung vor den emiratischen Gerichten herangezogen worden. Rechtfertigungsversuche für die Normierung der Verjährungsfristen lassen sich in den Urteilen erkennen. So hatte der Kassationshof Abu Dhabi über einen Fall zu urteilen, in dem eine Handelsgesellschaft einen Zahlungsanspruch gegen einen Kunden wegen der Lieferung einer Klimaanlage erst nach Ablauf der in Art. 476 (a) VAE-ZGB festgelegten Verjährungsfrist von zwei Jahren einklagte.[616] Nachdem das Berufungsgericht die Klage aufgrund von Verjährung abwies, trug der Kläger im Kassationsverfahren unter anderem vor, dass das islamische Recht keine Verjährungsfristen kenne.[617] Der Kassationshof Abu Dhabi stellte fest, dass nach dem islamischen Recht ein wirksam entstandener Anspruch zwar nie untergehe und der Schuldner immer zur Zahlung verpflichtet bleibe. Jedoch sei aus Praktikabilitätsgründen eine gerichtliche Geltendmachung nach Ablauf bestimmter Fristen nicht mehr möglich. Dies sei auch islamkonform, da nicht der Anspruch selbst infrage gestellt würde und würde so auch im mālikitischen Recht praktiziert. Dementsprechend seien die betreffenden Vorschriften des VAE-ZGB islam-konform.[618] Diese Argumentationslinie entspricht dem Erläuternden Memorandum zu Art. 473–488 VAE-ZGB.[619]

Interessant an diesem Urteil ist zudem, dass die Argumentation des Gerichts mit dem islamischen Recht mit der Anordnung des Art. 1 VAE-ZGB korrespondiert, gemäß dem der Richter bei Rechtslücken vorrangig auf die Lehrmeinungen der mālikitischen und ḥanbalitischen Rechtsschulen zurückzugreifen hat. Hier interpretiert das Gericht die Verjährungsvorschriften im VAE-ZGB ausdrücklich unter Heranziehung der mālikitischen Schule. Es stützt sich jedoch nicht auf die hanafitischen Lehren und die *Mecelle* und den *Muršid al-ḥayrān*, die jedoch zumindest teilweise Vorbild für die Ausgestaltung der Normen waren. Es lässt sich lediglich die Vermutung anstellen, dass das Gericht den Verweis auf

615 Vgl. Art. 374 Ä-ZGB. So auch Art. 438 K-ZGB, Art. 372 S-ZGB, Art. 361 L-ZGB. Als Vorbild für das VAE-ZGB hingegen Art. 449 J-ZGB in »islamischer« Formulierung. Siehe zum Vergleich der Normen im VAE-ZGB, J-ZGB und Ä-ZGB die Synopse im Anhang.

616 *Kassationshof Abu Dhabi*, Nr. 24/19, 19.6.1996, ALQ 1994, 295, nach *Krüger*, ZVglRWiss 1998, 360, 379.

617 *Kassationshof Abu Dhabi*, Nr. 24/19, 19.6.1996, ALQ 1994, 295, 296.

618 *Kassationshof Abu Dhabi*, Nr. 24/19, 19.6.1996, ALQ 1994, 295, 297. *Krüger* zitiert zwei weitere Fälle, in denen der *Kassationshof Abu Dhabi* und der *Kassationshof Dubai* ähnlich argumentieren, *Krüger*, ZVglRWiss 1998, 360, 379f.

619 Vgl. *Whelan*, UAE Civil Code and Ministry of Justice commentary, 2–778.

die mālikitische Rechtsschule bevorzugte, da die sunnitischen Muslime in den Vereinigten Arabischen Emiraten mehrheitlich diese Rechtsschule befolgen.

III. Fazit

Obwohl die Verjährungsregelungen im VAE-ZGB im Widerspruch zu den Lehren einiger islamischer Rechtsschulen zu stehen scheinen, werden sie jedoch in den Vereinigten Arabischen Emiraten sowohl vom Gesetzgeber, als auch den Gerichten als islam-konform angesehen. Zu diesem Ergebnis verhilft der Rückgriff auf Auslegungen der mālikitischen Rechtsschule und die hanafitische *Mecelle.* Mittels Auswahl der »islamischen« Bestimmung schuf der Gesetzgeber auch an dieser Stelle eine für die heutigen Gegebenheiten taugliche und dennoch mit dem islamischen Recht vereinbare Lösung. Dies erinnert an das Mittel des *taḫaiyur* (Auswahl) als Möglichkeit der Reform des islamischen Rechts. Die Zulässigkeit von Verjährungsfristen ist hier jedoch kein Ausfluss neuerer Reformbewegungen der jüngeren Zivilgesetzbücher des ägyptischen Rechtskreises. In der Form der Klageverjährung findet man Verjährungsregelungen durchgängig in den Staaten des ägyptischen Rechtskreises.[620] Sie sind somit auf Sanhūrīs Werk zurückzuführen.

Es handelt sich um die Rezeption eines Rechtsinstituts, das dem klassischen islamischen Recht zwar fremd ist, jedoch durch seine konkrete Ausgestaltung und die Übernahme hanafitischer und mālikitischer Ansätze islam-rechtlich legitimiert wird. Dies entspricht der verfassungsrechtlichen Anforderung aus Art. 7 VAE-Verfassung.

620 *Krüger,* EJIMEL 2013, 102, 110. Einzelheiten zu den Vorschriften im ägyptischen und qatarischen ZGB auf S. 106.

§ 9 Forderungsabtretung

Das Problem um die Forderungsabtretung (*ḥawāla al-ḥaqq*), die Übertragung einer Forderung von dem bisherigen Gläubiger durch Vertrag auf einen neuen Gläubiger,[621] ist eines der typischen Beispiele für die Kollision von französisch-rechtlichem Einfluss und islamischem Recht im VAE-ZGB. Eine Islamisierung des Gesetzes wird im Falle der Zession jedoch durch Rechtsfortbildung in der Praxis umgangen.

I. Islam-rechtlicher Hintergrund

Das islamische Recht kennt, mit einer Ausnahme in der malikitischen Rechtsschule,[622] die Zession nicht. Grund dafür ist insbesondere das *ġarar*-Verbot[623]: Im Zeitpunkt des Verkaufs einer Forderung[624] wissen die Parteien noch nicht, ob die Forderung erfüllt werden kann oder nicht. Die Position des Zedenten ist nicht handelbar, da sie noch zu ungewiss ist.[625] Demnach ist die Zession ein verbotenes Risikogeschäft. Dies vertritt dem Grunde nach auch die hanafitische Lehre, die

621 So in §§ 398ff. BGB.

622 Danach ist eine Übertragung einer Forderung zulässig, wenn die Forderung vom Schuldner ausdrücklich anerkannt wurde und sich nicht auf die Herausgabe von Nahrungsmitteln erstreckt. Außerdem muss die Gegenleistung im Zeitpunkt der Übertragung erfolgen, vgl. *Klaiber/Ranjbar*, RIW 2007, 522, Fn. 69. Siehe dazu auch *Foster*, ALQ 2004, 169, 178f.

623 Siehe dazu oben unter § 1, III.2. Das Verbot von *ġarar*.

624 *Wichard* stellt heraus, dass bei den frühen Juristen nicht ganz klar werde, ob sie von einer Zession in heutigem Sinne sprechen, oder auch Institute wie beispielsweise die Erfüllungsübernahme oder Schuldübernahme gemeint waren. Jedenfalls der Verkauf einer Forderung sei jedoch als echte Abtretung zu verstehen, *Wichard*, Zwischen Markt und Moschee, 177.

625 *Foster*, Y. B. Islamic & Middle E. L. 2000–2001, 3, 43. Zu den Unterschieden zwischen den einzelnen Rechtsschulen *Wichard*, Zwischen Markt und Moschee, 175ff.

jedoch einige Hilfskonstellationen kennt, durch die eine Art zulässige Forderungsabtretung konstruiert werden kann.[626]

Das Rechtsinstitut der Schuldübernahme hingegen kennt das islamische Recht durchaus und ist dort gar erwünscht, denn sie ermöglicht die Begleichung der Schuld einer in Not geratenen Person durch eine andere, was der islamischen Vorstellung von Gerechtigkeit entspricht.[627] Klassischerweise kann der Schuldner bei Zustimmung des Gläubigers die Übernahme der Schuld mit einem Dritten vereinbaren.[628]

II. Die Forderungsabtretung in älteren Zivilgesetzbüchern des *ägyptischen Rechtskreises*

Im Ä-ZGB und in den von ihm unmittelbar beeinflussten Zivilgesetzbüchern anderer arabischer Staaten lassen sich demgegenüber Regeln über die Zession finden.[629] Die Art. 303–314 Ä-ZGB basieren auf Art. 1689–1710 Cc a. F.[630],[631] Nach der jeweiligen Grundnorm kann der Gläubiger seine Forderung auf einen Dritten übertragen, sofern kein gesetzliches oder rechtsgeschäftlich vereinbartes Abtretungsverbot besteht. Eine Zustimmung des Schuldners ist nicht erforderlich, die Abtretung muss ihm jedoch angezeigt werden.[632] Die Schuldübernahme (*ḥawāla*) ist gesondert geregelt (Art. 315–322 Ä-ZGB) und erfordert die Zustimmung des Gläubigers.

Die Zessionsregelungen im Ä-ZGB haben unter anderem dem irakischen Gesetzgeber als unmittelbares Vorbild gedient, der die Forderungsabtretung in den Art. 362–374 I-ZGB in das Zivilgesetzbuch aufgenommen hat.[633] Sowohl der ägyptische, als auch der irakische Gesetzgeber haben die Forderungsabtretung

---

626 Vgl. *Mahmasani*, Transactions in the Sharī'a, in: Khadduri/Liebesny, Law in the Middle East, 179, 202; *Foster*, Y. B. Islamic & Middle E. L. 2000–2001, 3, 44.

627 *Foster*, Y. B. Islamic & Middle E. L. 2000–2001, 3, 45; *Foster*, ALQ 2004, 169, 179.

628 *Krüger*, Zum Recht der Forderungsabtretung in der arabischen Welt, in: Bernreuther, Festschrift für Ulrich Spellenberg, 605, 606.

629 Für eine Übersicht und Übersetzung der Regelungen zur Forderungsabtretung in vielen arabischen Staaten siehe *Krüger*, Arabische Staaten: Das Recht der Forderungsabtretung.

630 Zum 1. Oktober 2016 wurde das Recht der Forderungsabtretung im Zuge einer grundlegenden Zivilrechtsreform novelliert. Die Forderungsabtretung ist nun in den Art. 1321–1326 Cc geregelt. Siehe dazu *Sonnenberger*, ZEuP 2017, 778, 792.

631 *Krüger*, Zum Recht der Forderungsabtretung in der arabischen Welt, in: Bernreuther, Festschrift für Ulrich Spellenberg, 605, 608.

632 Näher zum Recht der Forderungsabtretung nach dem ägyptischen ZGB in *Klaiber/Ranjbar*, RIW 2007, 522, 525 f; *as-Sanhūrī*, al-Wasīṭ fī šarḥ al-qānūn al-madanī al-ǧadīd, III: Naẓarīyat al-iltizām bi-waǧh ʿāmm. al-Auṣāf, al-ḥawāla, al-inqiḍāʾ, 442–551.

633 *Krüger*, Zum Recht der Forderungsabtretung in der arabischen Welt, in: Bernreuther, Festschrift für Ulrich Spellenberg, 605, 610.

wohl bewusst im Lichte eines modernen Zivilgesetzbuches und in Anlehnung an die französische Vorbildrechtsordnung kodifiziert. Sanhūrī rechtfertigt die Aufnahme der Forderungsabtretung ohne Zustimmungserfordernis seitens des Schuldners beispielsweise mit dem Argument, ebenjenes Zustimmungserfordernis würde eine ungerechtfertigte Verzögerung des Handels bewirken.[634] Der irakische Gesetzgeber räumt in den Gesetzesbegründungen zum Zivilgesetzbuch ein, dass es sich bei der Forderungsabtretung um ein »nicht-religiöses« Rechtsinstitut handele, das westlichen Gesetzen entnommen wurde. Die Schuldübernahme (Art. 339–361 I-ZGB) hingegen entspreche dem islamischen Recht.[635]

III. Normierung im VAE-ZGB

Im VAE-ZGB sucht man das Institut der Forderungsabtretung jedoch vergebens. Es finden sich nur Vorschriften zur Schuldübernahme, und zwar nach Vorbild der *Mecelle*[636] im besonderen Teil des Schuldrechts (Art. 1106–1132 VAE-ZGB).[637] Zu der Frage, warum der emiratische Gesetzgeber auf die Zession verzichtete, wird im Erläuternden Memorandum zum VAE-ZGB nicht Stellung bezogen. Es lassen sich jedoch Ähnlichkeiten zum jordanischen ZGB erkennen, das als unmittelbares Vorbild für das VAE-ZGB diente: Das Ziel, ein Gesetzbuch zu schaffen, das deutlich islamischer geprägt ist, als die vorherigen Kodifikationen, insbesondere das ägyptische Vorbild, versuchte der jordanische Gesetzgeber durch eine strengere Orientierung an der *Mecelle* zu erreichen. Diese galt in Jordanien bis zum Inkrafttreten des Zivilgesetzbuches im Jahre 1977 und kannte – als Kodifikation der hanafitischen Lehren – die Forderungsabtretung nicht. Dementsprechend blieb die Zession im jordanischen ZGB und schließlich im emiratischen Pendant unberücksichtigt.[638] Auf das Schweigen des Gesetzgebers folgt die Anwendbarkeit des Art. 1 VAE-ZGB, der im Falle einer Rechtslücke die Anwendung der Grundsätze der malikitischen und hanbalitischen, subsidiär der shafi'itischen und hanafitischen Lehren anordnet.

Dass das Fehlen von Regelungen zur Forderungsabtretung auf einer bewussten Entscheidung des Gesetzgebers beruht und es sich nicht um eine planwidrige Regelungslücke handelt, zeigt ein gesetzlich speziell geregelter Fall

634 *As-Sanhūrī*, al-Wasīṭ fī šarḥ al-qānūn al-madanī al-ǧadīd, I: Naẓarīyat al-iltizām bi-waǧh ʿāmm. Maṣādir al-iltizām, 76.

635 Nach *Krüger*, Grundzüge des Privatrechts der Vereinigten Arabischen Emirate, in: Ebert/Hanstein, Beiträge zum Islamischen Recht VI, 101, 115, Fn. 56.

636 Geregelt in den Art. 673 ff. *Mecelle*.

637 *Krüger*, Zum Recht der Forderungsabtretung in der arabischen Welt, in: Bernreuther, Festschrift für Ulrich Spellenberg, 605, 610.

638 *Klaiber*, GAIR-Mitteilungen 2011, 112.

der Zession im Werkrecht. Gemäß Art. 891 VAE-ZGB kann ein Werkunternehmer seine Ansprüche gegen den Auftraggeber durch vertragliche Vereinbarung an einen Subunternehmer abtreten.[639]

IV. Rechtswirklichkeit

Es ist gewiss ein Hinweis auf die Versuche, das Recht der islamischen Staaten zu »reislamisieren«, dass in den jüngeren Zivilgesetzbüchern des ägyptischen Rechtskreises keine allgemeinen Regelungen zur Forderungsabtretung aufgestellt wurden. Ein Blick in die Praxis widerlegt diese Tendenz jedoch, da die Zession in den Vereinigten Arabischen Emiraten mittlerweile richterrechtlich anerkannt ist. Sowohl der Kassationshof in Dubai als auch das Oberste Bundesgericht lassen die Forderungsabtretung ohne die Zustimmung des Schuldners zu. Die Grundlage, auf der die Forderungsabtretung beruhen soll, wird in den sehr knapp gefassten Urteilen rechtsdogmatisch nicht zufriedenstellend erörtert. Dennoch soll im Folgenden ein Überblick über die Rechtsprechung der beiden Gerichte, vor allem bezüglich des Zustimmungserfordernisses seitens des Schuldners, gegeben werden.

1. Rechtsprechung des Kassationshofs Dubai

Der Kassationshof Dubai hat die Forderungsabtretung bereits im Jahre 1992, nur wenige Jahre nach Inkrafttreten des Zivilgesetzbuches, auch ohne Zustimmung des Schuldners als zulässig anerkannt.[640] Eine Begründung für diese Annahme findet sich im Urteil nicht. Was die Beteiligung des Schuldners angehe, sei allein die förmliche Mitteilung von der Übertragung des Rechts ausreichend. Dies entsprach der Rechtslage in Frankreich (Art. 1690 Cc a. F.).[641]

In einem Urteil vom 1. Mai 1999 kam das Gericht zu dem gleichen Ergebnis, verwies in Bezug auf das Erfordernis der Mitteilung an den Schuldner jedoch

639 Vgl. *Krüger*, Grundzüge des Privatrechts der Vereinigten Arabischen Emirate, in: Ebert/Hanstein, Beiträge zum Islamischen Recht VI, 101, 114.

640 *Kassationshof Dubai*, Nr. 323/1991, 23.5.1992, zitiert in *Hadef & Partners*, Assignment of Rights under UAE Law; *Klaiber*, GAIR-Mitteilungen 2011, 112, 114; so im Ergebnis auch *Kassationshof Dubai*, Nr. 488/2002, zitiert in *Witzmann/Abbott*, Y. B. Islamic & Middle E. L. 2002–2003, 274, 277.

641 Vgl. *Kassationshof Dubai*, Nr. 323/1991, 23.5.1992, zitiert in *Hadef & Partners*, Assignment of Rights under UAE Law; *Krüger*, Grundzüge des Privatrechts der Vereinigten Arabischen Emirate, in: Ebert/Hanstein, Beiträge zum Islamischen Recht VI, 101, 116. Mittlerweile wurden die Anforderungen in Bezug auf den Schuldner im französischen Abtretungsrecht gelockert, siehe Fn. 630.

explizit auf Art. 1130 II VAE-ZGB, mithin auf eine Norm aus dem Schuldübernahmerecht.[642] Unabhängig davon, dass die Forderungsabtretung von der Schuldübernahme zu trennen ist und daher nicht einfach auf die Vorschriften zur Schuldübernahme gestützt werden kann, ist auch die *ratio legis* der Norm schwer verständlich: Nach dieser Vorschrift ist die Schuldübernahme Dritten gegenüber nur wirksam, wenn dem Übernehmenden die Schuldübernahme offiziell zugestellt wurde oder der Übernehmende mittels einer Urkunde mit feststehendem Datum zugestimmt hat. Als Teil des Schuldübernahmerechts im VAE-ZGB läuft sie vollkommen ins Leere, da die Schuldübernahme nach Art. 1109 VAE-ZGB ohnehin der Zustimmung des Schuldners bedarf.[643] Es muss sich hierbei um eine redaktionelle Ungenauigkeit des Gesetzgebers handeln.

Unter der Anwendung der Norm (umgemünzt auf die Forderungsübertragung) kommt das Gericht zu dem Schluss, dass eine Mitteilung über und die Zustimmung zur Übernahme nur in Bezug auf den Gläubiger und nicht auf den Schuldner erforderlich ist. Die Zustimmung des Schuldners sei mithin keine Voraussetzung für eine wirksame Abtretung.[644] Warum sich das Gericht nur auf diese Norm stützt, wird in der Urteilsbegründung nicht deutlich. Selbst wenn eine analoge Anwendung der Art. 1106ff. VAE-ZGB auf die Forderungszession zulässig wäre, würde allein der Blick auf Art. 1109 VAE-ZGB, der die Zustimmung aller drei Parteien erfordert, die Argumentation des Gerichts mit Blick auf Art. 1130 (2) VAE-ZGB widerlegen.

In einer Entscheidung aus dem Jahre 2006 berief sich das Gericht schließlich nicht mehr auf die Vorschriften zur Schuldübernahme. In seiner Urteilsbegründung gründet das Gericht die Zession auf keinerlei Rechtsbasis und kommt auch zu dem Ergebnis, dass die Kenntnis des Schuldners von der Abtretung erforderlich ist, seine Zustimmung jedoch nicht.[645] Fortan kam das Gericht unter Verweis auf seine »ständige Rechtsprechung« in weiteren Urteilen zu diesem Ergebnis und ließ die Forderungsabtretung ohne Zustimmungserfordernis zu.[646]

642 *Kassationshof Dubai,* Nr. 34/99, 1.5.1999, ALQ 2002, 86.
643 Vgl. auch *Klaiber/Ranjbar,* RIW 2007, 522, Fn. 78.
644 »Section IV of Article 1130 (2) of the Civil Transactions Law No. 5 of 1985 provides that only the creditor (not the debtor) needs to be informed officially and consent to an assignment«, *Kassationshof Dubai,* Nr. 34/99, 1.5.1999, ALQ 2002, 86.
645 *Kassationshof Dubai,* Nr. 330/2005, 26.3.2006; zitiert in *Klaiber,* GAIR-Mitteilungen 2011, 112, 115.
646 *Kassationshof Dubai,* Nr. 231/2008, 24.11.2008, Sader Annotated Civil Code, Art. 1109.

2. Rechtsprechung des Obersten Bundesgerichts

Während die Linie des Kassationshof Dubais bezüglich der Zulässigkeit der Forderungsabtretung und des Zustimmungserfordernisses seitens des Schuldners, wenn auch seine Herleitung nicht vollständig nachvollziehbar, bereits früh erkennbar war, zeigt sich in der frühen Rechtsprechung des Obersten Bundesgerichts Abu Dhabi ein Kurswechsel.

Das Gericht erkannte zwar die allgemeine Existenz der Forderungsabtretung an, ging jedoch zunächst von einem Erfordernis der Zustimmung des Schuldners aus.[647] Einige Monate später erging dann wiederum eine Entscheidung, im Rahmen derer das Gericht eine Zustimmung des Schuldners für nicht nötig hielt.[648] Spätestens seit 2001 hat das Oberste Bundesgericht jedoch die Rechtsprechung des Kassationshofs Dubai übernommen.[649] In einem Urteil verzichtete das Gericht ausdrücklich auf die Zustimmung des Schuldners und begründete dies mit dem Argument, dass ein Wechsel des Gläubigers für den Schuldner unwesentlich und die Zession wirtschaftlich notwendig sei.[650]

3. Bewertung

Zwar erkennen sowohl der Kassationshof Dubai als auch das Oberste Bundesgericht die Forderungsabtretung ohne Zustimmung des Schuldners mittlerweile als zulässig an, in Bezug auf die Voraussetzungen einer wirksamen Zession sind die Entscheidungen der Gerichte jedoch nur wenig ertragreich. Hinzu kommt, dass die Urteile keine Präzedenzwirkung entfalten. Die dargestellten Voraussetzungen können daher nicht als feststehendes Richterrecht betrachtet werden. Dennoch ist in den letzten Jahren weder durch den Kassationshof Dubai noch durch das Obersten Bundesgericht eine Abkehr von den oben dargestellten Entscheidungen vorgenommen worden, sodass im Hinblick auf die Forderungsabtretung ein gewisses Maß an Rechtssicherheit angenommen werden kann.

Trotz deutlicher Islamisierungseinflüsse im geschriebenen Recht gilt daher für das Recht der Forderungsabtretung in den Vereinigten Arabischen Emiraten dieselbe Rechtslage wie in den direkt europäisch beeinflussten arabischen

647 *Oberstes Bundesgericht*, Nr. 127/19, 25.3.1999, ALQ 2001, 300, 302.

648 *Oberstes Bundesgericht*, Nr. 216/19, 28.11.1999, zitiert in *Klaiber*, GAIR-Mitteilungen 2011, 112, 115.

649 *Oberstes Bundesgericht*, Nr. 172/21, 13.6.2001, zitiert in *Klaiber*, GAIR-Mitteilungen 2011, 112, 115.

650 Vgl. *Foster*, ALQ 2004, 169, 186. So auch *Oberstes Bundesgericht*, Nr. 359/2006, 08.11.2006, Sader Annotated Civil Code, Art. 1109.

Staaten. Das islamische Recht spielt insoweit in der Rechtspraxis keine entscheidende Rolle.

Welche Beweggründe die Gerichte zum Anerkennen der Zession bewegten, lässt sich den Urteilen nicht entnehmen. Es liegt die Annahme nahe, dass die Forderungsabtretung als wirtschaftlich bedeutendes Sicherungsmittel die Vereinigten Arabischen Emirate in Bezug auf andere Rechtsordnungen konkurrenzfähiger macht. Diese Mutmaßung wird durch den Umstand verschärft, dass der Kassationshof des auf den internationalen Handel angewiesenen, moderner eingestellten Emirats Dubai die Forderungszession einige Jahre früher als das im traditionell geprägten Abu Dhabi ansässige Oberste Bundesgericht als zulässig und ohne erforderliche Zustimmung des Schuldners anerkannt hat. Es könnte damit dem Erfordernis nachgekommen sein, die Zession als Sicherungsmittel im transnationalen Geschäftsverkehr zu ermöglichen.

Offen bleibt jedoch die Frage, ob diese richterliche Rechtsfortbildung den in der VAE-Verfassung verankerten Stellenwert der Shari'a untergräbt. Dies könnte man annehmen, da die Zulässigkeit der Zession unter den genannten Voraussetzungen dem Grunde nach allen Rechtsschulen des sunnitischen Islams widerspricht. Das Nichtkodifizieren der Forderungsabtretung stellt eine Rechtslücke dar, bei deren Füllung sich die emiratischen Richter nach Art. 1 VAE-ZGB den Prinzipien der Shari'a bedienen sollen. Hier spielt die Hierarchie der in Art. 1 VAE-ZGB genannten Rechtsschulen eine wichtige Rolle: Lösungen sind vorrangig in den mālikitischen und den ḥanbalitischen Lehren zu suchen.

Die mālikitische Schule erkennt Forderungszession durchaus an, wenn auch unter bestimmten Voraussetzungen. Die Gerichte könnten diese Ausnahme vom grundsätzlichen Verbot als Grundlage herangezogen haben, um die Anerkennung der wirtschaftlich relevanten Forderungsabtretung, insbesondere in ihrer Form als Sicherungsmittel, zu rechtfertigen. Eine konkrete Ausgestaltung des Rechtsinstituts (beispielsweise hinsichtlich der Zustimmungserfordernisse) ist dann unter Anpassung an die modernen wirtschaftlichen Umstände und Bedürfnisse den Gerichten überlassen, die insofern nicht auf stringente Vorgaben des islamischen Rechts zurückgreifen können.[651] Eine solche durchaus denkbare islam-rechtliche Rechtfertigung strengen die Gerichte jedoch nicht an und lassen somit in der Praxis die in Art. 1 VAE-ZGB angeordnete Anwendbarkeit des islamischen Rechts außer Acht.

---

651 So mutmaßt auch *Foster* bezüglich der Entscheidung des Obersten Bundesgerichts in 2001: »One might argue that, given the prominence of Maliki law in this jurisdiction (see UAE Civil Code, Art. 1, for example), the court took a Maliki view of the matter. One might also argue that given the absence of provision and the lack of express prohibition, the court used the concept of *ibaha* (what is not forbidden is acceptable), *darura* (necessity) and *maslaha* (roughly, public benefit). The problem with this line of reasoning, however, is that there is no mention of it in the judgement.«, *Foster,* ALQ 2004, 169, 186.

§ 10 Zinsverbot

Das islamische Zinsverbot ist der wohl prominenteste Ausfluss des islamischen Rechts.[652] Es ist daher nicht verwunderlich, dass bereits zahlreiche Werke zu diesem Thema erschienen sind.[653] Trotzdem soll an dieser Stelle auf den Einzug des Zinsverbotes in das VAE-ZGB eingegangen werden, da es ein evidentes Beispiel für den Einfluss der Shari'a auf das VAE-ZGB darstellt und für den größten Aufruhr nach Inkrafttreten des Gesetzes gesorgt hat.

I. Islam-rechtlicher Hintergrund

Aus dem *ribā*-Verbot[654] leiten islamische Juristen seit jeher das Verbot der Verzinsung von Darlehen ab, da darin sowohl ein Überschuss aufgrund der Gewährung eines Leistungsaufschubs (*ribā al-nasi'a*), als auch eine Differenz von Leistung und Gegenleistung einer Gattung (*ribā al-fadl*) gesehen wird.[655] Was genau unter *ribā* zu verstehen ist, ob von dem Zinsverbot nur der Wucherzins umfasst ist, oder ob *ribā* ein vollumfängliches Zinsverbot bedeutet, ist im Laufe der Zeit immer wieder Grund für intensive Auseinandersetzungen unter islamischen Rechtsgelehrten gewesen. Überraschenderweise scheinen die modernen islamischen Rechtswissenschaftler strengere Maßstäbe an das *ribā*-Verbot anzulegen als ihre Vorväter. Während diese das Verbot größtenteils auf den Wu-

652 Es ist vielleicht interessant zu erwähnen, dass das Zinsverbot keine alleinige Erfindung des islamischen Rechts ist. Auch im Alten Testament finden sich Nachweise für ein solches Verbot, *Akaddaf*, Pace Int. L. Rev. 2001, 3, 47.

653 Es wird insbesondere verwiesen auf *Amereller*, Hintergründe des »Islamic Banking«; *Lohlker*, Das Islamische Recht im Wandel; *Ashrafnia*, Scharia-konforme Finanzinstrumente.

654 Siehe dazu § 1, III.1. Das Verbot von *ribā*.

655 *Pohlhausen*, Unternehmensfinanzierung am Kapitalmarkt in den arabischen Staaten, 495f.

cherzins beschränkten, interpretiert die heute überwiegende Ansicht den *ribā* als vollumfängliches Zinsverbot.[656]

Fremdfinanzierungen, die an Zinszahlungen gekoppelt sind, sind demnach untersagt. Dies bedeutet unter anderem, dass das herkömmliche vorher verzinsliche Darlehen mit der Shari'a nicht vereinbar ist.[657]

II. Zinsregelungen in den älteren Gesetzbüchern des *ägyptischen Rechtskreises*

Mit der Übernahme vermögensrechtlicher Kodifikationen in den arabischen Staaten und der wachsenden Diskussion um eine Reform des islamischen Rechts ist auch das *ribā*-Verbot, insbesondere in seiner Form als Zinsverbot, Gegenstand moderner Auseinandersetzungen mit dem islamischen Recht geworden. Dies spiegelt sich in den jeweiligen Vorschriften der Zivilgesetzbücher der arabisch-ägyptischen Rechtsordnungen wider. Für deren Verständnis ist die Ansicht Sanhūrīs, der den *ägyptischen Rechtskreis* entscheidend prägte, unerlässlich.

In seinem Werk *Maṣādir al-ḥaqq*[658] findet sich eine vollständige Abhandlung des Themas: Nach Sanhūrī ist *ribā* in jeder Form (*al-ǧāhilīya, an-nasi'a, al-fadl, al-qarḍ*) prinzipiell verboten.[659] *Ribā al-ǧāhilīya* (Vervielfältigung der Schuld bei Leistungsunfähigkeit des Schuldners) sei wegen der ihm zugrundeliegenden Ziele (»Ausbeutung der Armen und Bedürftigen«[660]) die verwerflichste Form des *ribā*. Dieser sei mit dem heutigen Zinseszins gleichzusetzen und absolut verboten.[661] Die anderen Formen des *ribā*, darunter auch Darlehenszinsen in geringer Höhe, könnten dagegen im Einzelfall erlaubt sein, wenn ein gerechtfertigtes Bedürfnis (*ḥāǧa)* dahingehend gegeben sei.[662] Mit *ribā al-qarḍ* meint Sanhūrī ausdrücklich den auf einem Darlehen beruhenden *ribā*. Diese Abgrenzung sei notwendig, da das *ribā*-Verbot im Koran und der *sunna* lediglich auf das Kauf-

656 Vgl. *Ashrafnia*, Scharia-konforme Finanzinstrumente, 37. Mit zahlreichen Beispielen aus der frühen islamischen Gutachten- und Gerichtspraxis *Krüger*, Zum islamischen Zinsverbot in Vergangenheit und Gegenwart, in: Fischer-Czermak/Kletečka/Schauer u. a., Festschrift Rudolf Welser zum 65. Geburtstag, 579, 581, 586ff.

657 *Daghles/Makhloufi*, GWR 2019, 356.

658 *Maṣādir al-ḥaqq fi'l-figh al-islāmī.* Für eine englische Übersetzung des Abschnittes über *ribā* im *Maṣādir al-ḥaqq* wird verwiesen auf *El-Gamal*, Al-Sanhuri on Riba. Den Ausführungen liegt eine andere Version des Werkes zugrunde, weswegen die dort angegebenen Seitenzahlen von denen in dieser Arbeit abweichen.

659 *As-Sanhūrī*, Maṣādir al-ḥaqq fi 'l-fiqh al-islāmī, III, 1956, 269.

660 *As-Sanhūrī*, Maṣādir al-ḥaqq fi 'l-fiqh al-islāmī, III, 1956, 269.

661 *As-Sanhūrī*, Maṣādir al-ḥaqq fi 'l-fiqh al-islāmī, III, 1956, 269.

662 *As-Sanhūrī*, Maṣādir al-ḥaqq fi 'l-fiqh al-islāmī, III, 1956, 270; *Lohlker*, Das Islamische Recht im Wandel, 365.

geschäft bezogen werde und das Verbot beim Darlehen nur analoge Anwendung finde. Sanhūrī kommt daher zu dem Schluss, dass für den Darlehens-*ribā* schon deswegen weniger strenge Anforderungen gelten würden.[663] Insbesondere erfordere ein kapitalistisches Wirtschaftssystem, das in den meisten Ländern gegenwärtig sei, aber ohnehin die Beschaffung neuen Kapitals in Form von Darlehen, um wirtschaftliche Tätigkeiten ausüben zu können. Kapitalgebern müsse daher erlaubt sein, Kapital im Rahmen eines vernünftigen Zinses zu vergeben.[664]

Diese »Stufenregelung«[665] findet sich in den von Sanhūrī maßgeblich beeinflussten Zivilgesetzbüchern. Zinseszinsen sind aufgrund ihrer Nähe zum *ribā al-ǧāhilīya* verboten (Art. 232 Ä-ZGB; Art. 235 L-ZGB; Art 233 S-ZGB; Art. 174 I-ZGB). Die übrigen Zinsregelungen spiegeln Sanhūrīs Forderung wider, die Zulässigkeit der einfachen Zinsen aufgrund eines gerechtfertigten Bedürfnisses auf genau bestimmte Modalitäten zu gründen.[666] So legen die Zivilgesetze den gesetzlichen Zinssatz für die Nichterfüllung der Geldverbindlichkeit bei Fälligkeit auf 4 % zwischen Privatpersonen und 5 % zwischen Kaufleuten fest (Art. 226 Ä-ZGB; Art. 229 L-ZGB; Art. 227 S-ZGB; Art. 171 I-ZGB). Zudem wird die maximale Höhe des vertraglich frei zu vereinbarenden Zinssatzes bestimmt (Art. 227 Ä-ZGB: 7 %; Art. 230 L-ZGB: 10 %; Art. 228 S-ZGB: 7 %; Art. 172 I-ZGB: 7 %).

Seit Inkrafttreten des ägyptischen Zivilgesetzbuches wird die Ansicht Sanhūrīs immer wieder heftig kritisiert.[667] Dies führte zu einer Abkehr von den bisherigen Zinsregelungen in den jüngeren Zivilgesetzbüchern. Interessant ist insbesondere der Umgang mit Zinsen in den Vereinigten Arabischen Emiraten, deren Rechtssytem über viele Jahre keine föderalen Zinsregelungen kannte.

III. Emiratische Gerichtspraxis vor Inkrafttreten des Zivilgesetzbuches

Vor Inkrafttreten des Zivilgesetzbuches wurde die Zulässigkeit von Zinsen in den Vereinigten Arabischen Emiraten im Hinblick auf das islamische *ribā*-Verbot kontrovers diskutiert. Gesetzlich geregelt waren Zinsen lediglich in Art. 61 und 62

663 *As-Sanhūrī,* Maṣādir al-ḥaqq fi 'l-fiqh al-islāmī, III, 1956, 268.

664 *As-Sanhūrī,* Maṣādir al-ḥaqq fi 'l-fiqh al-islāmī, III, 1956, 271. »Thus, for as long as capital is needed through loans and other means, and capital is owned by individuals who have saved it based on work and effort, then the owner of this capital should be compensated fairly, without suffering or causing injustice. Consequently, as long as society needs this type of finance, reasonably restricted interest on capital should be allowed as an exception to the default ruling of prohibition of riba.«, *El-Gamal,* Al-Sanhuri on Riba, 50.

665 *Schmauder,* Das Darlehen im syrischen Kulturraum, 80.

666 *As-Sanhūrī,* Maṣādir al-ḥaqq fi 'l-fiqh al-islāmī, III, 1956, 272.

667 *Amereller,* Hintergründe des »Islamic Banking«, 90 m.w.N.

der ZPO von Abu Dhabi[668], die die Grundlage für Verzugs- und Prozesszinsen und auch für Darlehenszinsen darstellte und auch in anderen Emiraten angewendet wurde.[669] Über die Verfassungsmäßigkeit dieser Vorschriften hatten die Gerichte einige Jahre nach Inkrafttreten der Verfassung zu entscheiden. Denn Rechtsunsicherheit bestand aufgrund von Widersprüchen zwischen der emiratischen Verfassung und dem Gerichtsverfassungs- und dem Verfassungsgerichtsgesetz. Wie oben bereits dargestellt, konnte der Islamklausel in der Verfassung (Art. 7) nicht eindeutig entnommen werden, ob die Shari'a als verbindliche Quelle für den Gesetzgeber anzusehen war oder nicht. Andererseits beschrieben das Gerichtsverfassungsgesetz und das Verfassungsgerichtsgesetz die Shari'a als *die* Quelle der Gesetzgebung.[670] Es blieb daher unklar, ob Art. 7 VAE-Verfassung im Lichte der Gerichtsgesetze auszulegen war oder umgekehrt und ob Art. 61, 62 der ZPO in Abu Dhabi mithin verfassungswidrig waren oder nicht.[671]

1. Junatta Bank

Im *Junatta Bank-Fall*[672] im Jahr 1981 gab der Verfassungsrechtssenat des Obersten Bundesgerichts noch keine befriedigende Antwort auf diese Frage. Die Junatta Bank hatte das erstinstanzliche Gericht in Abu Dhabi angerufen, um Kreditrückzahlungen und darüber hinaus Zinsen – gestützt auf Art. 61, 62 ZPO-Abu Dhabi – einzuklagen. Das Gericht hatte die Zinsrechnung unberücksichtigt gelassen, da Zinsen *ribā* darstellten und daher gegen Art. 7 VAE-Verfassung verstößen. Die Bank erhielt letztlich nur das ausgezahlte Darlehen zurück. Die

668 Gesetz Nr. 3/1970, Amtsblatt des Emirats Abu Dhabi 2/70.
Art. 61: Das Gericht darf Zinsen nur auf eine im Urteil zugesprochene [Geld]Summe in Übereinstimmung mit diesem Gesetz festsetzen. Es gewährt die Berechnung von Zinsen ab Fälligkeit der Summe oder ab irgendeinem darauffolgenden Termin bis zum Zeitpunkt der Tilgung der Schuld oder ab einem früheren Zeitpunkt. Genauso darf es Zinsen auf Prozeßkosten oder einen Teil davon zusprechen.
Art. 62: (I) Der vom Gericht festgesetzte Zinssatz darf den von den Parteien vereinbarten oder zu irgendeinem Zeitpunkt vor Klageerhebung zwischen diesen angewendeten Zinssatz nicht übersteigen.
(II) Haben sich die Parteien nicht über einen Zinssatz geeinigt, so setzt das Gericht einen Satz fest, der aber 12 % bei Handelsgeschäften und 9 % bei Nichthandelsgeschäften nicht übersteigen darf.
Übersetzung nach *Amereller,* Hintergründe des »Islamic Banking«, 136.

669 *Amereller,* Hintergründe des »Islamic Banking«, 140f.

670 Siehe dazu oben unter § 3, II. Einfluss des islamischen Rechts auf die Gesetzgebung.

671 *Al-Owais,* The role of the Supreme Court in the constitutional system of the United Arab Emirates: a comparative study, 334f; *Amereller,* Hintergründe des »Islamic Banking«, 135f.

672 *Oberstes Bundesgericht,* Nr. 14/9, 28.6.1981, zitiert in *Al-Muhairi,* ALQ 1996, 219, 234ff; *Krüger,* Recht van de Islam 1997, 67, 85; *Tamimi,* ALQ 2002, 50.

Berufung gegen dieses Urteil blieb erfolglos.[673] Nachdem ein weiteres Rechtmittel eingelegt wurde, wurde die Frage, ob Art. 61 und 62 des besagten Gesetzes verfassungsmäßig waren, vor den Verfassungssenat des Obersten Bundesgerichts Abu Dhabi gebracht. Dieser bestätigte die Gültigkeit der Normen: Alle Rechtsakte, die bereits bei Inkrafttreten der Verfassung galten, seien weiterhin gültig, bis sie durch neue, Shari'a-konforme Rechtsakte ersetzt worden seien (arg. ex. Art. 148 der Verfassung[674]).[675] Für die Beantwortung der Frage, ob die Regelungen der Zivilprozessordnung mit der Shari'a vereinbar waren, half die Entscheidung somit nicht weiter. Trotz der festgestellten formellen Verfassungsmäßigkeit lehnten mehrere Richter die Zulässigkeit von Zinsen weiterhin wegen des Verstoßes gegen das islamische Recht ab.

2. Baruda Bank

Klarheit schuf letztendlich das Urteil des Obersten Bundesgerichts in 1983 (*Baruda Bank*).[676] Wieder war über die Anwendbarkeit der Art. 61 und 62 ZPO-Abu Dhabi zu entscheiden. Der Revisionssenat des Obersten Bundesgerichts verwies zunächst auf die Bindungswirkung der Entscheidung des Verfassungssenates aus dem Jahr 1981 (*Junatta Bank*), traf darüber hinaus aber Aussagen zu der Legitimität der Zinsregelungen in der ZPO-Abu Dhabi. Er kam zu dem Schluss, dass Zinsen aufgrund des Shari'a-Prinzips der Notwendigkeit erlaubt seien. »Moderne Banken als moderne Handelsunternehmen waren zur Zeit der Offenbarung der *riba*-Regeln noch nicht bekannt und werden bei ihren Transaktionen ohnehin nur durch *qias* von den Regeln der Shari'a erfasst.«[677] Daher sei das Verbot weniger streng und Ausnahmen leichter zu rechtfertigen. Das Bankwesen sei heute in einer Wirtschaft zwingend notwendig, zudem gebe es keine Alternative zu Bankkrediten.[678] Diese Argumentation entspricht Sanhūrīs Ansatz, den er in seinem Werk *Maṣādir al-ḥaqq* eingehend beschreibt und die Gesetzeslage in den

673 *Al-Muhairi,* ALQ 1996, 219, 234f.

674 »Alle Angelegenheiten, die durch Gesetze, Verordnungen, Dekrete, Verfügungen und Entscheidungen in den verschiedenen Mitgliedsemiraten der Union festgelegt wurden und die zum Zeitpunkt des Inkrafttretens dieser Verfassung in Kraft sind, finden weiterhin Anwendung, sofern sie nicht im Einklang mit den Bestimmungen dieser Verfassung geändert oder ersetzt werden.«

675 *Al-Owais,* The role of the Supreme Court in the constitutional system of the United Arab Emirates: a comparative study, 336ff; *Al-Muhairi,* ALQ 1996, 219, 235f.

676 *Oberstes Bundesgericht,* Nr. 17/5, 6.9.1983, zitiert in United Arab Emirates: Bank interest, Arab Law Newsletter September 1986, 4; Middle East & Africa, International Financial Law Review November 1986, 42.

677 *Oberstes Bundesgericht,* Nr. 17/5, 6.9.1983, S. 8, zitiert und übersetzt in *Amereller,* Hintergründe des »Islamic Banking«, 139, Fn. 34.

678 *Amereller,* Hintergründe des »Islamic Banking«, 139, Fn. 34.

arabischen Ländern mit von Sanhūrī geschaffenen oder maßgeblich beeinflussten Zivilgesetzbüchern widerspiegelt. Darauf bezieht sich die Urteilsbegründung dann auch: »In den Rechtsfakultäten der ägyptischen Republik und anderswo besteht *iğmā'*, daß Bankzinsen als notwendiger *riba* zulässig sind. [...] In anderen arabischen Ländern, wie im ZGB Ägyptens, Syriens, Libyens und des Irak, würden Zinsen erlaubt, dort werden ihnen aber Höchstgrenzen gesetzt«.[679]

Mit Übernahme dieses Ansatzes argumentierten die Richter gegen einen Verstoß gegen die Islamklausel in Art. 7 der Verfassung. Dies zeigt wiederum die konkrete Bedeutung der Klausel in der Praxis: Zwar ist die Shari'a vom Gesetzgeber zwingend zu beachten, lässt jedoch einen Ausgestaltungsspielraum, der *iğtihād* ermöglicht. Art. 61 und 62 sind nach Auslegung des Obersten Bundesgerichts mithin verfassungsgemäß, da dem Gesetzgeber der ZPO-Abu Dhabi ein moderner Interpretationsansatz unterstellt wird.

Mit dem Rückgriff auf das geltende Recht in den anderen arabischen Staaten schufen die Richter ein Rechtsumfeld, das im Bereich der Zinsen zu einer wachsenden arabischen Rechtseinheit beitrug.

IV. Normierung im Gesetz

Mit Einführung des VAE-ZGB hat der Gesetzgeber das *ribā*-Verbot und das darauf gründende Zinsverbot dann in das Zivilrecht der Emirate inkorporiert: Auf eine Regelung betreffend Verzugszinsen verzichtet das Gesetz.[680] Darüber hinaus wird eine Zinsvereinbarung im Darlehensvertrag als unwirksam erklärt. Ausdrücklich wird der Begriff »Zins« zwar nicht verwendet, jedoch verbietet Art. 714 diesen eindeutig, wenn er anordnet:

679 *Amereller*, Hintergründe des »Islamic Banking«, 139, Fn. 34. Zusammenfassend *Nuvoli*, Negozi onerosi in ambito religioso come contributo per la moderna economia etica, 76, Fn. 155.

680 Vgl. die Regelungen zum Schadensersatz wegen Nichterfüllung, Art. 386–390 VAE-ZGB, die im Falle des Verzugs keinen dem Gläubiger zu ersetzenden Mindestschaden vorsehen. Im Erläuternden Memorandum wird zur Höhe der Kompensation wie folgt Stellung bezogen: »If the subject matter of the obligation is a sum of money, it is obvious. In the case of fungibles, it is possible because one fungible can take the place of another, and if the obligor does not perform the judge may compel him to do so, and may order the sale of his goods if he has goods, failing which the matter will be deferred until he does have goods. In that case the oblige will not be entitled to compensation for delay in performance, because that would amount to usury, but if the delay does result in loss of benefits for a third party, compensation must be paid for such benefits because they amount to property, pursuant to the rule that no harm must be caused no harm done in return.«, *Whelan*, UAE Civil Code and Ministry of Justice commentary, 2–575.

»Jede Vereinbarung, die einen zusätzlichen Nutzen zugunsten des Darlehensgebers zum Gegenstand hat, ist nichtig.«[681]

Vor dem Hintergrund der Rechtsprechung vor Inkrafttreten des VAE-ZGB war die Verwirrung groß: Denn Unternehmen und Banken schienen in den Anwendungsbereich des Zivilgesetzbuches zu fallen. Es musste deshalb angenommen werden, dass das Zinsverbot auch für sie galt.[682] Es dauerte nur einige Monate, bis der Streit über die Zulässigkeit von Bankdarlehen vor die Gerichte getragen wurde. Das erstinstanzliche Gericht in Abu Dhabi entschied im Mai 1986, dass das VAE-ZGB nicht auf Handelsgeschäfte Anwendung finde und der angegriffene Zinsanspruch einer Bank daher einklagbar sei.[683]

V. Nachträgliche Gesetzesänderung und Inkrafttreten des Handelsgesetzbuches

Noch bevor der obige Fall in der nächsten Instanz entschieden werden konnte, versuchte der Gesetzgeber Klarheit zu schaffen. Gesetz Nr. 1/1987[684] ordnet an:

»Der Text von Art. 1 des Bundesgesetzes Nr. 5/1985 (ZGB) wird hiermit wie folgt geändert: Das nachfolgende Gesetz soll für alle zivilen Transaktionen im Staate der Vereinigten Arabischen Emirate gelten, wobei Handelsgeschäfte weiterhin [nur] den geltenden, sie betreffenden Gesetzen und Verordnungen unterliegen, bis das Handelsgesetzbuch der Union in Kraft tritt.«[685]

Folglich wurde der sachliche Geltungsbereich des Zivilgesetzbuches rückwirkend zum Tage seines Inkrafttretens am 29.3.1986 erheblich eingeschränkt, da angeordnet wurde, dass Handelsgeschäfte dem VAE-ZGB nicht mehr unterliegen sollten. Doch ohne dass bisher ein Handelsgesetzbuch in Kraft getreten war, blieb unklar, was unter einem Handelsgeschäft zu verstehen war. Es ist anzunehmen, dass der Gesetzgeber damit wohl intendierte, dass ein Vertrag in den Anwendungsbereich des HGB fallen sollte, sofern eine der Vertragsparteien Kaufmann

681 Die gesetzgeberische Intention, Zinsen zu verbieten, wird auch in anderen Artikeln deutlich. So verbietet Art. 575 VAE-ZGB den Kauf von Geld gegen Zahlungsaufschub, Art. 849 VAE-ZGB definiert die Leihe als »die Besitzübertragung einer Sache ohne Gegenleistung«. Das *ribā*-Verbot wird auch an anderen Stellen des Gesetzes und nicht in Form eines Zinsverbotes deutlich. Genannt seien beispielsweise die Art. 200ff. VAE-ZGB, die strenge Maßstäbe an die Bestimmtheit beziehungsweise Bestimmbarkeit des Vertragsgegenstandes anlegen.

682 Vgl. *Krüger*, Recht van de Islam 1997, 67, 85.

683 *Ballantyne*, A Reassertion of the Shari'a: The Jurisprudence of the Gulf States, in: Ballantyne, Essays and addresses on Arab laws, 210, 216; Editorial, Arab Law Newsletter Juni 1986, 1.

684 Bundesgesetz Nr. 1/1987, vom 14.2.1987, Amtsblatt des Bundes Nr. 172/87.

685 Zitiert nach *Amereller*, Hintergründe des »Islamic Banking«, 144.

war.[686] Für die Frage um die Zulässigkeit von Zinsen auf Bankdarlehen bedeutete die Gesetzesänderung, dass die durch die Rechtsprechung bestätigte Praxis des Bank- und kaufmännischen Geschäftsverkehrs beibehalten werden konnte.

Mit Inkrafttreten des Handelsgesetzbuches (VAE-HGB)[687] am 20.12.1993 hat die Rechtsprechung nun eine gesetzliche Grundlage gefunden: In Art. 76 VAE-HGB erkennt das Gesetz Zinsen auf Handelsdarlehen in Höhe von bis zu 12 % als zulässig an. Gemäß Art. 88 VAE-HGB können darüber hinaus Verzugszinsen bis zur selben Höhe wie für Darlehenszinsen geltend gemacht werden. Zu Recht stellt sich hier die Frage, inwiefern dies mit der strengen Auslegung der Islamklausel in der emiratischen Verfassung vereinbar ist.[688] Bislang sind der Verfasserin jedoch keine anhängigen Verfahren zur Überprüfung der zinsrechtlichen Normen des VAE-HGB bekannt geworden. Nahe liegt, dass der Gesetzgeber der Ansicht des Obersten Bundesgerichts im Baruda Bank-Fall gefolgt ist und Zinsen zumindest im Rahmen von Handelsgeschäften aufgrund des Notwendigkeitsprinzips zulassen wollte.

Die Zinsbestimmung im VAE-HGB ist auch vor der grundsätzlich strikt auszulegenden Islamklausel der Verfassung zulässig, denn gerade hier zeigen sich die Auswirkungen ihres vagen Wortlauts. Wie zuvor bereits dargelegt wurde, erlaubt der Wortlaut der Islamklausel eine moderne Umsetzung auf Grundlage allgemeingültiger Prinzipien, die der Shari'a entsprechen, sodass mittels selbstständiger Rechtsfindung (*iǧtihād*) neue gesetzgeberische Lösungen eingeführt werden können. Dies ist in Bezug auf das *ribā*-Verbot gerade deswegen möglich, weil die koranischen Vorgaben einer Interpretation zugänglich sind.[689] In den Vereinigten Arabischen Emiraten hat daher eine Adaption des sich aus dem *ribā*-Verbot ergebenden Zinsverbotes stattgefunden, um den modernen Entwicklungen und den damit verbundenen Erfordernissen einer international wettbewerbsfähigen Gesellschaft Rechnung zu tragen.[690]

VI. Entwicklung islamischer Finanzsysteme

Auch wenn sich die Rechtslage in den Vereinigten Arabischen Emiraten, insbesondere die Zinsbestimmungen des Handelsgesetzbuchs, vor dem Hintergrund der verfassungsrechtlichen Islamklausel rechtfertigen lässt und sie so grundsätzlich eine moderne Interpretation der religiösen Shari'a-Regelungen verkör-

686 Vgl. *Rayner,* The Theory of Contracts in Islamic Law, 285; *Saleh,* ICLQ 1989, 761–787, 777.
687 Bundesgesetz Nr. 18/1993, vom 7.9.1993, Amtsblatt des Bundes Nr. 255/93, zuletzt geändert durch Dekret Nr. 9/2016, vom 20.7.2016.
688 So auch *Amereller,* Hintergründe des »Islamic Banking«, 142.
689 Vgl. *Rohe,* Islamic Law in Past and Present, 247, 298.
690 Vgl. *Rohe,* Das islamische Recht, 74.

pert, ist sie gleichwohl nicht mit dem klassischen islamischen Recht vereinbar. Zweifelsohne können sich daran gläubige Muslime stoßen, für die das Zinsverbot nicht durch moderne islamische Interpretationen umgangen oder modifiziert werden kann. Daher hat sich parallel zu den nach dem Gesetz zulässigen, westlich-inspirierten Finanzsystemen ein islamisches Finanzwesen entwickelt.[691]

Seinen Ursprung findet dieses bereits im klassischen islamischen Recht. Die *fuqahāʾ* entwickelten Techniken, um Fremdfinanzierungen »zinslos« zu gestalten, indem sie sie durch selbstständige Rechtsfindung zu rechtfertigen oder durch Umgehungsgeschäfte auf zulässige Weise zu imitieren versuchten.[692] So wurde sukzessive das rechtliche Grundgerüst für islamische Finanzdienstleistungen entwickelt, das sich mit dem zunehmenden Öl-Reichtum im Nahen Osten in den siebziger Jahren als islamisches Bankwesen manifestierte.[693] Dieses hält für fast jedes moderne Finanzprodukt eine islam-konforme Entsprechung bereit.[694]

In den Vereinigten Arabischen Emiraten koexistieren daher heute das westliche Finanzsystem, das Zinsen im Rahmen geschäftlicher Transaktionen anerkennt, und ein gut ausgebildetes islamisches Finanzsystem, dessen Modelle im VAE-ZGB ihre vertraglichen Grundlagen finden. Die Vereinigten Arabischen Emirate haben, nach Saudi-Arabien und Malaysia, einen der größten Märkte für islamisches Bankwesen weltweit hervorgebracht. In den Vereinigten Arabischen Emirate waren im Dezember 2017 22,4 % aller Bankgeschäfte Shari'a-konform (das entspricht einem Volumen von 550 Milliarden Dirham oder 150 Milliarden US Dollar).[695] Die 1975 gegründete erste wirtschaftlich erfolgreiche islamische Bank, die Dubai Islamic Bank, zählt auch heute noch zu den weltweit führenden islamischen Banken.[696]

Islamic Banking beinhaltet sowohl eigenkapitalbasierte als auch fremdkapitalbasierte Finanzierungstechniken, die die Grundsätze des islamischen Vermögensrechts, insbesondere das *ribā*- und das *ġarar*-Verbot umgehen. Ein relevantes Beispiel ist der *murābaḥa*-Vertrag, bei dem es sich um ein fremdkapi-

691 Mit dem Islamic Banking und den islamischen Investitions- und Finanzierungstechniken kann man freilich einige Bücher füllen. Eine umfassende Abhandlung des Themas ist jedoch nicht Anspruch dieser Arbeit. Es sei stattdessen verwiesen auf *Usmani,* An Introduction to Islamic Finance; *Nethercott/Eisenberg* (Hrsg.), Islamic Finance. Für die VAE im Besonderen *Al Tamimi & Company,* Islamic Finance, A UAE Legal Perspective; *Khan/Dar,* United Arab Emirates, in: Dewar/Hussain, The Islamic Finance and Markets Law Review, 95.

692 *Pohlhausen/Beck,* IStR 2010, 225, 225.

693 *Amereller,* Hintergründe des »Islamic Banking«, 40 f; *Gassner/Wackerbeck,* Islamic Finance: Islam-gerechte Finanzanlagen und Finanzierungen, 49 ff; *Warde,* Status of the Global Islamic Finance Industry, in: Nethercott/Eisenberg, Islamic Finance, 3.

694 *Kischel,* Rechtsvergleichung, 907 f.

695 *Khan/Dar,* United Arab Emirates, in: Dewar/Hussain, The Islamic Finance and Markets Law Review, 95, 96.

696 Dubai Islamic bank becomes one of world's largest Islamic lenders, The Arab Weekly 26. 1. 2020.

talbasiertes Finanzierungsmodell handelt. Anstelle eines (aufgrund des *ribā*-Verbotes unzulässigen) Geldmittelkredites wird ein Sachmittelkredit mit festem, bei Vertragsschluss bereits feststehendem Gewinnaufschlag gewährt. So tritt die Bank als Zwischenhändler zwischen Verkäufer und Endabnehmer und kauft zunächst eine Ware auf Veranlassung des Käufers, der dann die Ware von der Bank unter Zahlung des Betrages und des Gewinnaufschlages in Raten erwirbt.[697] Die Dauer der Stundung der Kaufpreiszahlung und die Höhe des Gewinnaufschlages dürfen dabei nicht in Zusammenhang stehen.[698]

Bei dem durch die Bank erwirtschafteten Gewinnaufschlag handelt es sich im Sinne des islamischen Rechts nicht um Zinsen, sondern um einen zulässigen Ertrag aus wirtschaftlicher Leistung. Die Transaktion wird damit islam-konform, da die Bank die Gewinnmarge nicht aus der Finanzierung, sondern aus dem Weiterverkauf erhält.[699] Wesentlich für eine Islamkonformität ist jedoch, dass der Kaufgegenstand bei Vertragsschluss bereits physisch existent ist und die Bank wenigstens für eine juristische Sekunde Eigentümerin der Sache wird, da ansonsten *ġarar* anzunehmen ist.[700]

Aufgrund seiner simplen und gleichzeitig flexiblen Struktur gilt der *murābaḥa*-Vertrag als das wohl am häufigsten auftretende islamische Finanzinstrument.[701] Im VAE-ZGB ist er ausdrücklich geregelt. Art. 506 (1) ordnet an:

> »Ein Kaufvertrag kann in Form eines Weiterverkaufs mit Gewinnaufschlag (murābaḥa) [...] erfolgen, sofern der Kapitalwert des Kaufgegenstandes bei Vertragsschluss bekannt und die Höhe des Gewinns [...] bestimmt ist.«

Weitere prominente Vertragsgestaltungen und Finanzierungstechniken des Islamic Banking sind unter anderem der *baī salam*, ein Kauf, bei dem der Kaufgegenstand bei Vertragsschluss noch nicht existent ist und der dennoch nicht gegen das *ġarar*-Verbot verstößt, da bei Vertragsschluss der Kaufpreis, der Vertragsgegenstand und alle essentiellen Vertragsbedingungen exakt bestimmt

---

697 *Gassner/Wackerbeck*, Islamic Finance: Islam-gerechte Finanzanlagen und Finanzierungen, 69f; *Bolsinger/Breschendorf*, ZBB 2009, 460, 464; *Momen*, RIW 2010, 368, 372; *Zerwas/Demgensky*, WM 2010, 692, 693. Grundlegend *Usmani*, An Introduction to Islamic Finance, 37ff.

698 *Lohlker*, Das Islamische Recht im Wandel, 64.

699 *Bolsinger/Breschendorf*, ZBB 2009, 460, 464.

700 Siehe oben unter § 6, IV.3.a)bb) Existenz. *Bolsinger/Breschendorf*, ZBB 2009, 460, 464; *Zerwas/Demgensky*, WM 2010, 692, 693.

701 *Nethercott*, Murabaha and Tawarruq, in: Nethercott/Eisenberg, Islamic Finance, 179, 180. Auch die in Deutschland seit 2015 ansässige, erste islamische Bank, die KT Bank AG, beschreibt den Murabaha-Vertrag als klassisches Beispiel für ein islamkonformes Kreditgeschäft, *KT Bank AG*, Islamic Banking, Hintergrund. Siehe dazu auch *KT Bank AG*, Islamrechtliches Gutachten zum Verbraucherkredit.

sind.[702] Eine wichtige Stellung nehmen außerdem die *muḍāraba*-Konstruktion[703] als eigenkaitalbasierte Finanzierung und die *iǧāra*-Transaktionen[704] (Leasing) ein.

VII. Bewertung

Während Sanhūrī im ägyptischen Zivilgesetzbuch noch einen Kompromiss zwischen dem *ribā*-Verbot auf der einen Seite und den Anforderungen einer marktwirtschaftlich ausgerichteten Rechtsordnung zu finden versuchte, indem er einfache Zinsen grundsätzlich erlaubte, diese jedoch Beschränkungen unterwarf, genoss das islamische Recht im emiratischen Gesetzgebungsprozess wieder Vorrang vor einem vermeintlichen Modernitätsstreben. Die Frage um die Zulässigkeit von Zinsen ist daher ein Bereich im Zivilrecht der Vereinigten Arabischen Emirate, in dem man durchaus von einem Erstarken des islamischen Rechts im Vergleich zu der Rechtslage vor Inkrafttreten des Zivilgesetzbuches sprechen kann. Denn während zuvor Zinsen in konstanter höchstrichterlicher Rechtsprechung als zulässig angesehen wurden und somit bereits Teil der emiratischen Wirtschaftsordnung geworden sind, sind sie durch das Zivilgesetzbuch nunmehr, zumindest für Transaktionen außerhalb des Anwendungsbereichs des VAE-HGB, verboten worden.

Trotzdem ging der Gesetzgeber mit der nachträglichen Gesetzesänderung und dem Inkrafttreten des VAE-HGB einen Weg, der im Ergebnis dazu führte, dass das Zinsverbot keine durchschlagenden Auswirkungen auf das Bankwesen und die Wirtschaftstätigkeit in den Vereinigten Arabischen Emiraten hatte. *Krüger* ist demnach durchaus zuzustimmen, wenn er behauptet, der emiratische Gesetzgeber hätte »die Sache elegant gelöst«[705].

Die Vereinbarkeit der Zinsvorschriften im VAE-HGB mit der Interpretation der verfassungsrechtlichen Islamklausel ist vom Obersten Bundesgericht bisher nicht überprüft worden. Man kann davon ausgehen, dass der Gesetzgeber die Zulässigkeit der Zinsen wiederum mit dem Notwendigkeitsprinzip der Shari'a rechtfertigte, das für handelsrechtliche Geschäfte im Sinne eines kapitalistischen Wirtschaftssystems gelten würde. Hierin erkennt man wiederum die Überein-

702 *Gassner/Wackerbeck*, Islamic Finance: Islam-gerechte Finanzanlagen und Finanzierungen, 73; *Ashrafnia*, Scharia-konforme Finanzinstrumente, 69.

703 Siehe dazu *Usmani*, An Introduction to Islamic Finance, 12ff; *Johansen/Hanif*, Musharaka and Mudaraba, in: Nethercott/Eisenberg, Islamic Finance, 161, 184ff.

704 Siehe dazu *Nethercott*, Istisna' and Ijara, in: Nethercott/Eisenberg, Islamic Finance, 235, 242f; *Bolsinger/Breschendorf*, ZBB 2009, 460, 464; *Zerwas/Demgensky*, WM 2010, 692, 698. Grundlegend *Usmani*, An Introduction to Islamic Finance, 69ff.

705 *Krüger*, Gdańskie Studia Prawnicze 2015, 679, 686.

stimmung mit Sanhūrīs modernem Ansatz und den darauf gründenden Zinsbestimmungen in den Zivilgesetzbüchern anderer arabischer Staaten. So ist die im islamischen Recht prominente Zins-Problematik aufgrund ihrer entschärfenden Interpretation zur Grundlage moderner Gesetzgebung geworden.

Mit Kodifizierung des islamischen Zinsverbots im VAE-ZGB und dem Zulassen von Zinsen im Bereich des Handelsrechts hat der Gesetzgeber einen vermeintlich islamisch legitimierten, aber doch liberalen Ansatz gefunden, um den Anforderungen einer kapitalistischen Wirtschaft zu genügen. Blickt man jedoch über das VAE-ZGB hinaus, so ist kaum zu übersehen, dass islamische Finanzsysteme in den Vereinigten Arabischen Emiraten (und weit darüber hinaus) heute eine bedeutende Rolle spielen. Insofern spielt das islamische Recht im Bereich des Vermögensrechts zwar im Wirtschaftsverkehr de facto keine Rolle, jedoch wirkt sich seine Bedeutung weiterhin auf das rechtliche Verhalten gläubiger Muslime aus, was sich in der parallelen Existenz eines stark nachgefragten islamischen Bankenwesens zeigt.

§ 11 Versicherungsvertragsrecht

Das europäische Versicherungsvertragsrecht hat die Kodifizierung des Versicherungsvertrages im ägyptischen Zivilgesetzbuch[706] und den ihm folgenden Zivilrechtskodifikationen arabischer Staaten maßgeblich beeinflusst.[707] Die Frage nach der Legitimation dieses modernen Vertragstypus mit Blick auf das islamische Recht ist jedoch nicht einfach zu beantworten und stellt ein gut erkennbares Beispiel für den Versuch der Gesetzgeber dar, Reislamisierungsforderungen zu entsprechen, ohne modernen wirtschaftlichen Erfordernissen Steine in den Weg zu legen.

I. Islam-rechtlicher Hintergrund

Der Versicherungsvertrag und seine Islamkonformität sind Gegenstand jüngerer islamischer Diskussionen, da die aus Europa stammende Idee der kaufmännischen Versicherung erst durch den Mittelmeerhandel und die europäische Einflussnahme auf den Nahen Osten in die muslimischen Länder eingeführt wurde und somit kein Aspekt in der Entwicklung des klassischen islamischen Rechts war.[708] Dass Versicherungen in muslimischen Ländern eine eher untergeordnete Rolle spielten, liegt nicht zuletzt auch daran, dass in muslimischen Gesellschaftsstrukturen, in denen Familien und Clans große Bedeutung zuteil wird, die

706 Art. 747 Ä-ZGB: »Die Versicherung ist ein Vertrag, der den Versicherer notwendig dazu verpflichtet, bei Eintritt des Versicherungsfalles oder wenn die im Vertrag dargelegte Gefahr Wirklichkeit geworden ist, an den Versicherungsnehmer oder den Begünstigten, zu dessen Gunsten die Versicherung abgeschlossen wurde, eine Geldsumme, ein regelmäßiges Einkommen oder irgendeine andere Art Entschädigung zu zahlen. Dies geschieht als Gegenleistung für eine Prämie oder eine andere Zahlung von Geld, die der Versicherungsnehmer an den Versicherer leistet.«

707 *Bälz*, Versicherungsvertragsrecht in den Arabischen Staaten, 79.

708 *Lohlker*, Schari'a und Moderne, 49f; *Bälz*, Versicherungsvertragsrecht in den Arabischen Staaten, 11ff.

Übernahme individueller Gefahren durch das Kollektiv weitaus tiefer verankert ist, als in westlichen Gesellschaften.[709]

Spätestens der Beginn massiver Ölförderung und die damit verbundenen Investitionsprogramme machten Banken und Versicherungen in vielen arabischen Staaten jedoch unabdingbar.[710] Die Frage nach der Vereinbarkeit der Versicherung mit dem islamischen Recht, die in der Vergangenheit auch ursächlich für die verhaltene Entwicklung der Versicherungsmärkte in den muslimischen Ländern war, wurde insbesondere mit dem Wunsch, islamisch legitimierte Rechtsordnungen zu schaffen, aktuell.

Da der Versicherungsvertrag keinem im klassischen islamischen Recht ausgebildeten Typenvertrag zugeordnet werden kann, tun sich islamische Rechtsgelehrte schon deshalb mit diesem Vertragstypus schwer.[711] Sofern eine Vertragsfreiheit jedoch angenommen wird, kann auch der Versicherungsvertrag grundsätzlich zulässig sein. Probleme bei der Anerkennung des Versicherungsvertrages bereiten darüber hinaus vor allem das *ġarar*-Verbot. Die Vermeidung von *ġarar* erfordert eine genaue Bestimmung der Leistungspflichten im Zeitpunkt des Vertragsschlusses. Aleatorische Verträge sind daher nach islamischem Recht grundsätzlich unzulässig.[712] Bei der klassischen Versicherung nach europäischem Vorbild weiß der Versicherungsnehmer bei Abschluss des Vertrages noch gar nicht, wieviel er geben und wieviel er (oder ob er überhaupt) nehmen wird. Gleiches gilt für den Versicherer, der möglicherweise, sofern der Sicherungsfall nicht eintritt, gar nichts geben muss. Es wird daher vertreten, dass dem Versicherungsvertrag ein Spekulationsaspekt immanent sei, der unter das *ġarar*-Verbot falle.[713] Aus dem Vorhandensein von *ġarar* resultiere wiederum die *maīsir*-Komponente. Der Versicherungsnehmer wette quasi auf die Leistung einer Zahlung durch den Versicherer bei Eintritt eines bestimmten, zukünftigen Ereignisses, was einem Glücksspiel gleichkäme.[714]

Darüber hinaus wird im Rahmen der Frage nach der Zulässigkeit des Versicherungsvertrages auch das *ribā*-Verbot diskutiert und unterschiedlich eingeordnet. Sofern der Versicherer dem Versicherungsnehmer oder dem Berechtig-

709 *Gassner/Wackerbeck,* Islamic Finance: Islam-gerechte Finanzanlagen und Finanzierungen, 181.

710 *Mankabady,* ALQ 1989, 199, 199.

711 Vgl. *Klingmüller,* Die Versicherung aus der Sicht des islamischen Rechts, in: Henn/Schickinger, Staat, Wirtschaft, Assekuranz und Wissenschaft, Festschrift für Robert Schwebler, 309, 314f.

712 Zum *ġarar*-Verbot siehe oben unter § 1, III.2. Das Verbot von *ġarar.*

713 *Beschluss der Islamischen Rechtsakademie vom 16. 7. 1078,* zitiert und übersetzt in *Lohlker,* Schari'a und Moderne, 66ff. (68f.); *Hodgins,* Takaful, in: Nethercott/Eisenberg, Islamic Finance, 263, 267.

714 *Gassner/Wackerbeck,* Islamic Finance: Islam-gerechte Finanzanlagen und Finanzierungen, 182.

ten mehr auszahlt, als der Versicherungsnehmer an den Versicherer gezahlt hat, liege *ribā al-fadl* und somit ein ungerechtfertigter Überschuss einer Leistung vor. Außerdem sei *ribā al nasi'a*, die unzulässige Einräumung eines Leistungsaufschubs, gegeben, wenn der Versicherer dem Versicherungsnehmer die Versicherungssumme nach Ablauf einer gewissen Zeitspanne auszahlt.[715] Dies wird von anderen Stimmen jedoch abgelehnt, die das Austauschverhältnis beim Versicherungsvertrag in der Prämienzahlung und Risikoübernahme sehen.[716] Jedenfalls die in einem Versicherungsvertrag enthaltenen Zinsversprechen werden als unzulässig angesehen.[717]

Die »kommerzielle« Versicherung wurde und wird in der islamischen Diskussion daher überwiegend ablehnend betrachtet.[718] Anerkannt wird demgegenüber die Vertragsform der islamischen genossenschaftlichen Versicherung, deren Zweck nicht in der Erzielung von Gewinnen, sondern in der »gegenseitige[n] Hilfe in rechtsschaffender Weise, durch die dem Koran Lob und Preis widerfährt« gesehen wird.[719]

II. Die Versicherung in den älteren Zivilgesetzbüchern des *ägyptischen Rechtskreises*

Bei der Schaffung eines neuen »islamischen« Zivilgesetzbuches in Ägypten musste sich auch Sanhūrī mit der Frage nach der Vereinbarkeit der Versicherung mit dem islamischen Recht auseinandersetzen. Die Art. 747–771 Ä-ZGB, die den Versicherungsvertrag als Typenvertrag im besonderen Schuldrecht nach europäischem (insbesondere französischem) Vorbild regeln, legen den Schluss nahe, dass Sanhūrī zu dem Ergebnis gekommen sein muss, der kommerzielle Versicherungsvertrag sei islamkonform.[720] Dass der Versicherungsvertrag ein »atypi-

715 *Beschluss der Islamischen Rechtsakademie vom 16. 7. 1078*, zitiert und übersetzt in *Lohlker,* Schari'a und Moderne, 68f.

716 Sog. »Gefahrtragungstheorie«, *Bälz,* Versicherungsvertragsrecht in den Arabischen Staaten, Fn. 204.

717 So im Falle der Lebensversicherung: *Internationalen Union der islamischen Banken,* Hundert Fragen und Hundert Antworten über die islamischen Banken, zitiert und übersetzt in *Lohlker,* Schari'a und Moderne, 58f.; *az-Zarqā,* Niẓām at-ta'mīn, 1984, S. 157f., zitiert und übersetzt in *Lohlker,* Schari'a und Moderne, 83.

718 Siehe dazu *Lohlker,* Schari'a und Moderne, 57ff. mit übersetzten Materialien aus der islamischen Diskussion über das Versicherungswesen.

719 *Internationalen Union der islamischen Banken,* Hundert Fragen und Hundert Antworten über die islamischen Banken, zitiert und übersetzt in *Lohlker,* Schari'a und Moderne, 58ff. (61); Islamic Fiqh Academy 1986, in: *Sloane,* The International Lawyer 1988, 743, 749f.

720 Zur genauen Ausgestaltung des ägyptischen Versicherungsvertragsrechts und dem Einfluss des französischen Rechts siehe *Bälz,* Versicherungsvertragsrecht in den Arabischen Staaten, 82ff. und 156ff.

scher« Vertrag ist, der nicht zu den Nominatverträgen des klassischen islamischen Rechts gehört, spielt im Ä-ZGB keine Rolle. Denn mittlerweile ist in den modernen Zivilgesetzbüchern der arabisch-ägyptischen Welt die Vertragsfreiheit auch in Form der Gestaltungsfreiheit umgesetzt worden, was mit dem liberalen ḥanbalitischen Ansatz legitimiert wird.[721] Ein moderner, »atypischer« Vertrag, wie der Versicherungsvertrag, ist daher grundsätzlich von der Vertragsfreiheit der Parteien in allen arabisch-ägyptischen Zivilgesetzbüchern umfasst.

Sanhūrīs Einordnung der *ġarar*-Thematik lässt sich insbesondere in seinem Werk *Maṣādir al-ḥaqq*, sowie in seinem Kommentar zum Ä-ZGB *al-Wasīṭ* nachvollziehen. Es sei von einem aufgrund der Erfordernisse der Zeit gerechtfertigten, restriktiven Verständnis des *ġarar*-Verbotes auszugehen.[722] Dementsprechend sei im Hinblick auf das wirtschaftliche Interesse die Versicherung aufgrund ihrer Erforderlichkeit (*ḥāǧa*) und Notwendigkeit (*ḍarūra*) nicht unter das Verbot zu subsumieren.[723] Dies sind Erwägungen, die Sanhūrī auch bei der Beschäftigung mit dem *ribā*-Verbot heranzieht.[724]

Mit der Änderung der ägyptischen Verfassung im Jahre 1980 und den damit zusammenhängenden Entwürfen islam-konformer Gesetze sah auch der Entwurf eines neuen, vollständig Shari'a-konformen Zivilgesetzbuches in Ägypten anstelle der bisherigen Regelungen zum Versicherungsvertrag ein islamisches Versicherungsmodell vor. Dieser Entwurf ist jedoch bis heute nicht verabschiedet worden.[725]

III. Normierung im Gesetz

Das VAE-ZGB regelt den Versicherungsvertrag im besonderen Schuldrecht im vierten Kapitel »*ġarar*-Verträge«. In den Art. 1026–1055 VAE-ZGB regelt das Zivilgesetzbuch im Einzelnen die allgemeinen Bestimmungen für Versicherungsverträge, die Wirkungen und Verpflichtungen, die Feuerversicherung und die Lebensversicherung.

Da die Schaffung des Zivilgesetzbuches in den Islamisierungsprozess der emiratischen Rechtsordnung fiel, war die Normierung des Versicherungsver-

721 Siehe dazu oben unter § 6, II. Vertragsfreiheit.

722 *As-Sanhūrī,* Maṣādir al-ḥaqq fi 'l-fiqh al-islāmī, III, 56.

723 *As-Sanhūrī,* al-Wasīṭ fī šarḥ al-qānūn al-madanī al-ǧadīd, VII.2: 'Uqūd al-ġarar. 'uqūd al-muqāmara wa-'r-rihān wa-'l-murattab mada 'l-ḥayāt wa-'aqd at-ta'mīn, 1089.

724 *As-Sanhūrī,* Maṣādir al-ḥaqq fi 'l-fiqh al-islāmī, III, 264; *as-Sanhūrī,* al-Wasīṭ fī šarḥ al-qānūn al-madanī al-ǧadīd, VII.2: 'Uqūd al-ġarar. 'uqūd al-muqāmara wa-'r-rihān wa-'l-murattab mada 'l-ḥayāt wa-'aqd at-ta'mīn, 1089f.

725 *Bälz,* Versicherungsvertragsrecht in den Arabischen Staaten, 164. Zu den vorgeschlagenen Regelungen im Einzelnen S. 170f.

trages ein Aspekt von besonderem Interesse. An den Vorschriften und insbesondere dem Erläuternden Memorandum lässt sich erkennen, dass der Gesetzgeber versucht hat, den modernen Vertragstypus auf eine islamische Grundlage zu stellen. Dabei hielt er sich an die Vorschriften des jordanischen Zivilgesetzbuches, das von dem vermeintlich »unislamischen« Versicherungsvertragsrecht des Ä-ZGB abzuweichen versucht,[726] geht jedoch im Hinblick auf die islamische Legitimation noch etwas weiter.

1. Kooperativer Zweck der Versicherung

Anders als das ägyptische und auch das jordanische Zivilgesetzbuch[727] definiert das VAE-ZGB den Versicherungsvertrag in Art. 1026 (1) dergestalt, dass der kooperative Zweck der Versicherung bereits in den Mittelpunkt gerückt wird:

> »Die Versicherung ist ein Vertrag, bei dem die Versicherungsnehmer und der Versicherer sich bei der Begegnung der Risiken oder Ereignisse, bezüglich welcher die Versicherung abgeschlossen wurde, gegenseitige Unterstützung leisten. Ihm entsprechend zahlt der Versicherungsnehmer dem Versicherer einen festgesetzten Betrag oder laufende Prämien. Wenn sich das Risiko verwirklicht oder das im Vertrag bezeichnete Ereignis eintritt, zahlt der Versicherer dem Versicherungsnehmer oder dem Bezugsberechtigten, zu dessen Gunsten die Versicherung abgeschlossen wurde, einen Geldbetrag oder erbringt ihm eine Rente oder eine andere geldwerte Leistung.«[728]

Zur Begründung führt das Erläuternde Memorandum, ähnlich wie zuvor bereits der jordanische Gesetzgeber in seiner amtlichen Begründung,[729] an, dass die Versicherung im heutigen Wirtschaftsleben erforderlich und notwendig sei.[730] Sie sei jedoch nur gestattet, wenn sie dem islamischen Recht nicht widerspräche, das den Versicherungsvertrag anerkenne, sofern er nicht das Verbotene zulasse oder das Erlaubte verbiete.[731] Im Gegensatz zu seinem jordanischen Vorbild führt das Memorandum weiterhin aus, dass das Gesetzbuch daher »das Prinzip der Zulässigkeit von genossenschaftlichen Versicherungen anstelle von kommerziellen Versicherungen, gemäß der islamischen Aufforderung zur Zusammenarbeit im

726 Für eine detaillierte Analyse des jordanischen im Vergleich zum ägyptischen Versicherungsvertragsrecht s. *Bälz*, Versicherungsvertragsrecht in den Arabischen Staaten, 159–184.
727 Siehe zum Vergleich mit den Wortlauten der anderen Zivilgesetzbücher die Synopse im Anhang.
728 Zitiert nach *Bälz*, Versicherungsvertragsrecht in den Arabischen Staaten, 169.
729 *Al-Quḍāh*, al-Mudhakkirāt al-īḍāḥīyah lil-Qānūn al-Madanī al-Urdunī (Erläuterndes Memorandum zum J-ZGB), 587f. Für eine Übersetzung siehe *Bälz*, Versicherungsvertragsrecht in den Arabischen Staaten, 167f.
730 *Whelan*, UAE Civil Code and Ministry of Justice commentary, 3–1084.
731 *Whelan*, UAE Civil Code and Ministry of Justice commentary, 3–1084.

Sinne des Guten« übernehme.[732] Dies stehe im Gegensatz zu Versicherungsgesellschaften, die in Gewinnerzielungsabsicht handelten.[733] Das Erläuternde Memorandum adaptiert folglich die oben dargestellte herrschende Ansicht in der islamischen Debatte und führt die Idee eines auf Gegenseitigkeit beruhenden Versicherungsmodells ein.[734] Damit weicht es von der Ansicht Sanhūrīs ab.

Dieser Einstellung zufolge ordnet Art. 1026 (2) VAE-ZGB an, dass ein Gesetz über die Versicherungsaufsicht erlassen werden soll, dass den genossenschaftlichen Zielen der Versicherung entspricht und somit nicht den Grundprinzipien des islamischen Recht entgegensteht.[735] Diesem Auftrag ist der Gesetzgeber bisher nicht nachgekommen. Zwar ist im Jahr 2007 ein neues Versicherungsaufsichtsgesetz in Kraft getreten, das das alte Versicherungsaufsichtsgesetz von 1984 ersetzt (VAG 2007).[736] Dieses sieht die islamische *takaful*-Versicherung vor, stellt sie jedoch lediglich neben die kommerzielle Versicherung und schafft diese nicht ab.

2. Islamische Legitimation der Vorschriften zum Versicherungsvertrag

Betrachtet man nun die Regelungen zum Versicherungsvertrag im VAE-ZGB näher, so kann man in der praktischen Anwendung keinen großen Unterschied zu den Normen des ägyptischen Zivilgesetzbuches und somit des europäisch inspirierten Versicherungsvertragsrechts erkennen. Der Unterschied liegt vielmehr in der islamischen Legitimation der Regelungen, da der Gesetzgeber diese in ein neues, islamisches Gewand einkleidete oder ihre *ratio legis* anders begründete. Dafür sollen im Konkreten zwei Beispiele gegeben werden:

Art. 1027 VAE-ZGB beschreibt die Gefahren, die Gegenstand eines Versicherungsvertrages sein können:

> »Unter Beachtung der Bestimmungen des vorangehenden Artikels darf eine Versicherung gegen Risiken abgeschlossen werden, die sich aus privaten Unfällen, Arbeitsunfällen, Diebstahl, Untreue, Kraftfahrzeughaftpflicht oder zivilrechtlicher Haftung er-

732 *Whelan,* UAE Civil Code and Ministry of Justice commentary, 3–1084.

733 *Whelan,* UAE Civil Code and Ministry of Justice commentary, 3–1084.

734 Vgl. auch *Bälz,* Versicherungsvertragsrecht in den Arabischen Staaten, 169.

735 »Ein Gesetz bestimmt die Regeln für die Organe, die Versicherungsgeschäfte betreiben dürfen, und insbesondere Fragen im Zusammenhang mit ihrer Rechtsform, der Art und Weise ihrer Gründung, der Art und Weise, in der sie ihre Geschäfte betreiben, sowie deren Aufsicht, und zwar so, dass die genossenschaftlichen Ziele der Versicherung erreicht werden und nicht im Widerspruch zu den endgültigen Bestimmungen und Grundprinzipien der islamischen Schari'a stehen.«

736 Bundesgesetz Nr. 6/2007 vom 15.2.2007, Amtsblatt des Bundes Nr. 462/07, zuletzt geändert durch Änderungsgesetz Nr. 3/2018 vom 25.4.2018.

geben, sowie aus allen Ereignissen, gegen die man sich aufgrund von Gewohnheit oder Spezialgesetzen versichern kann.«

Laut dem Erläuternden Memorandum geht dieser Artikel auf die *Mecelle* zurück und korrespondiert mit Art. 922 J-ZGB, der wortgleich lautet, zugleich auch mit Art. 749 Ä-ZGB, der eine abstrakte Regelung beinhaltet.[737] Auch wenn der Regelungsinhalt der Vorschriften im Grunde der gleiche ist, wählt der Gesetzgeber absichtlich den Gesetzgebungsstil der *Mecelle*, um einen »islamischen Eindruck« zu erwecken. In dem Wissen, dass die Versicherung für eine moderne Wirtschaft unabdingbar ist, versucht er der Forderung nach einem islamischen Zivilgesetzbuch auf diesem Wege nachzukommen. So schließt *Bälz* für die korrespondierende Bestimmung im jordanischen Zivilgesetzbuch: »Die Bezugnahme auf die Rechtmäßigkeitsvorstellungen des islamischen Rechts und ein der *Majalla* nachempfundener Stil erlauben dem Gesetzgeber im Rahmen einer Kodifikation, die den Anspruch erhebt, dem islamischen *fiqh* zu entsprechen, an den rezipierten Bestimmungen festzuhalten.«[738] Dies lässt sich auf die Regelungen im VAE-ZGB übertragen.

Andere Regelungen hingegen sind vom ägyptischen Vorbild beinahe wörtlich übernommen worden, wie beispielsweise der Katalog missbräuchlicher Klauseln für die Inhaltskontrolle von Versicherungsverträgen in Art. 1028 VAE-ZGB. Dabei stellt jedoch das Erläuternde Memorandum den Sinn und Zweck der Norm wiederum auf eine islamische Grundlage: Der Zweck der Vorschrift sei es, *ġarar* im Versicherungsvertrag zu vermeiden. Ein Verstoß gegen die Vorschrift mache die Klausel unwirksam, der Vertrag bleibe bestehen. Dies sei so auch in der *Mecelle* bestimmt worden.[739]

Eine der wenigen tatsächlich neuen und nicht auf einem Vorbildgesetz, insbesondere auf dem jordanischen Zivilgesetzbuch, beruhenden Vorschriften im VAE-ZGB findet sich in den Regelungen zur Lebensversicherung (Art. 1046ff. VAE-ZGB). Gemäß Art. 1054 VAE-ZGB darf die »Versicherungssumme, die dem Versicherungsnehmer oder dem Bezugsberechtigten am Ende der im Vertrag festgelegten Dauer zusteht, [...] keine Zinsen beinhalten.«[740] Dahinter steht die Intention des Gesetzgebers, Vertragsabschlüsse mit dem Ziel der Erzielung von

737 *Whelan*, UAE Civil Code and Ministry of Justice commentary, 3–1088. Siehe für eine Gegenüberstellung der Normen die Synopse im Anhang.

738 *Bälz*, Versicherungsvertragsrecht in den Arabischen Staaten, 175.

739 *Whelan*, UAE Civil Code and Ministry of Justice commentary, 3–1090; so auch *Al-Quḍāh*, al-Mudhakkirāt al-īḍāḥīyah lil-Qānūn al-Madanī al-Urdunī (Erläuterndes Memorandum zum J-ZGB), 589 zum gleichlautenden Art. 924 J-ZGB. Für eine Übersetzung des Abschnitts in der jordanischen Begründung siehe *Bälz*, Versicherungsvertragsrecht in den Arabischen Staaten, 176.

740 Zitiert nach *Bälz*, Versicherungsvertragsrecht in den Arabischen Staaten, 181.

Ersparnissen mit Wucherzinsen zu vermeiden.[741] Dies entspricht dem *ribā*-Verbot, das, wie bereits dargestellt wurde, das VAE-ZGB an mehreren Stellen beeinflusst und ihm einen islamischen Charakter verleiht. Auch an dieser Stelle erkennt man daher die Intention des Gesetzgebers, durch Implementierung islam-rechtlicher Grundsätze seinem islamischen Anspruch gerecht zu werden.

Zuletzt sei noch ein Blick auf den Typus der Lebensversicherung geworfen, der aus Sicht des islamischen Rechts besonders problematisch. Das Erläuternde Memorandum zum VAE-ZGB stellt diesbezüglich explizit die Intention hinter der im Gesetz geregelten Lebensversicherung dar: »Der Zweck einer Lebensversicherung liegt nicht darin, sich gegen den Tod zu versichern, denn das wäre unmöglich. Vielmehr dient sie der Absicherung gegen das Alter und der Absicherung gegen Unfälle mit Todesfolge. In einem solchen Vertrag widerspricht nichts der Shari'a.«[742]

IV. Islamische *takaful*-Versicherung

Ähnlich wie das Islamic Banking entwickelte sich in den Vereinigten Arabischen Emiraten und der übrigen islamischen Welt ein islamisches Versicherungssystem als Gegenstück zu der nach dem Gesetz grundsätzlich zulässigen konventionellen Versicherung. *Takaful*, die islamische Versicherung, stellt ein Versicherungsmodell dar, gemäß dem sich eine Gruppe von Personen darauf verständigt, gemeinsam für den Schaden aufzukommen, der sich aus spezifischen Risiken ergibt, denen sie alle ausgesetzt sind. Dies beinhaltet die Zahlung von Beiträgen als Spenden und führt zu der Gründung eines Versicherungsfonds, der eine juristische Person darstellt und finanziell unabhängig haftet. Die Mittel dieses Fonds werden dazu verwendet, jeden Teilnehmer, der eine Verletzung infolge des spezifischen Risikos erleidet, zu entschädigen.[743] Der Takaful-Fonds steht im kollektiven Besitz der Teilnehmer, die somit effektiv sowohl Versicherer als auch Versicherte sind. Die Beiträge der Teilnehmer an den Takaful-Fonds erfolgen als Spende und etwaige Ansprüche werden durch eine Spende aus dem Takaful-Fonds beglichen.[744] Durch diese Konstruktion werden die *ribā*- und *ġarar*-Verbote umgangen, die auf unentgeltliche Geschäfte keine Anwendung finden.[745]

741 *Whelan*, UAE Civil Code and Ministry of Justice commentary, 3–1145.

742 *Whelan*, UAE Civil Code and Ministry of Justice commentary, 3–1125.

743 *Accounting and Auditing Organisation for Islamic Financial Insitutions*, Shari'ah Standard No 26: Islamic Insurance, § 2.

744 *Hodgins*, Takaful, in: Nethercott/Eisenberg, Islamic Finance, 263, 266.

745 Vgl. *Bälz*, Versicherungsvertragsrecht in den Arabischen Staaten, 60f; *Hodgins*, Takaful, in: Nethercott/Eisenberg, Islamic Finance, 263, 270ff.

Es gibt verschiedene *takaful*-Modelle,[746] die gemeinsame Charakteristika aufweisen, die sie von der kommerziellen Versicherung unterscheiden und auf die ihre Islamkonformität gegründet wird: Ziel dieser Versicherungsmodelle ist die gemeinsame Risikotragung anstelle des Risikotransfers. Somit stellen sie ein Instrument gegenseitigen Einstehens dar, bei dem es nicht um Spekulation mit Risiko geht, sondern um eine präventive Risikoverteilung innerhalb einer Solidargemeinschaft.[747]

Das emiratische Versicherungsaufsichtsgesetz findet Anwendung auch auf die *takaful*-Versicherung und das Versicherungsgeschäft auf Gegenseitigkeit.[748] Besondere Regelungen für die *takaful*-Versicherung ergeben sich aus einer Verordnung aus dem Jahre 2010, nach der *takaful*-Versicherer nicht nur der allgemeinen Versicherungsaufsichtsbehörde, sondern der Aufsicht eines zentralen Gremiums für die Beurteilung islamrechtlicher Fragen unterliegen.[749]

Die Rolle des Takaful-Sektors hat in der Versicherungsbranche in den VAE zugenommen. Die gebuchten Gesamtprämien aller in den VAE tätigen Takaful-Versicherungsgesellschaften beliefen sich 2019 auf insgesamt 4,6 Milliarden AED, verglichen mit 4,4 Milliarden AED im Jahr 2018. Dies entspricht einer Steigerung von 3,8 %.[750]

V. Bewertung

Mit der Kodifizierung des Versicherungsvertrages hat der Gesetzgeber des VAE-ZGB einen anderen Weg gewählt als für das Zinsverbot. Denn aufgrund des islamischen *ribā*-Verbots hat er sich für eine Ablehnung von Zinsen entschieden, während er am Versicherungsvertrag weiterhin festhält.[751]

Über die gesetzgeberischen Hintergründe kann man nur Vermutungen anstellen. Im Vergleich zum Zinsverbot, das durch ein Hintertürchen für den Handelsverkehr und somit für die wirtschaftlich maßgeblichen Verträge umgangen werden kann, stellt der Versicherungsvertrag in einer Vielzahl von Fällen

746 Zur konkreten Ausgestaltung der einzelnen *takalful*-Grundtypen siehe *Gassner/Wackerbeck*, Islamic Finance: Islam-gerechte Finanzanlagen und Finanzierungen, 186ff.

747 *Rohe*, Das islamische Recht, 75.

748 Art. 2 (1) VAG 2007.

749 Siehe zur Regulierung des *takaful*-Sektors in den VAE, *Börner*, Takaful im positiven Recht einiger arabischer Staaten, in: Menhofer/Otto, Recht nach dem Arabischen Frühling, 21, 25f. und *Khan/Dar*, United Arab Emirates, in: Dewar/Hussain, The Islamic Finance and Markets Law Review, 95.

750 *UAE Insurance Authority*, Annual Report of the Activity of Insurance Sector in the United Arab Emirates 2019, 38.

751 Vgl. *Bälz*, Versicherungsvertragsrecht in den Arabischen Staaten, 167.

einen klassischen Verbrauchervertrag dar. Dementsprechend kann er nicht ohne weiteres aus dem VAE-ZGB entfernt werden.[752]

Gleichzeitig wird die Ablehnung des Versicherungsvertrages vor dem Hintergrund der Reislamisierungstendenzen im Recht der VAE nicht so zwingend gewesen sein, wie die Übernahme des islamischen Zinsverbotes, da der Versicherungsvertrag kein Gegenstand der klassischen islamischen Rechtsdiskussion ist. Traditionalisten konnten daher eine Kodifizierung des Standpunktes der klassischen islamischen Lehren nicht fordern. Die Mehrheit der Ansichten des jüngeren islamwissenschaftlichen Diskurses gehen zwar von einer Unvereinbarkeit des Versicherungsvertrages mit der Shari'a aus; jedoch gibt es auch gegenteilige Stimmen. So hat der Versicherungsvertrag auf europäischer Grundlage in den von Sanhūrī unmittelbar beeinflussten Zivilgesetzbüchern Einzug gefunden, ohne bisher in dem Maße kritisiert worden zu sein, wie die Zulässigkeit von Zinsen.

Dennoch versuchte der Gesetzgeber des VAE-ZGB, den Forderungen nach einer Islamisierung des Rechts nachzukommen, indem er den Versicherungsvertrag auf eine islamische Grundlage stellte. Obwohl die meisten Vorschriften wörtlich oder zumindest sinngemäß den ägyptischen Regelungen, die auf dem europäischen Recht basieren, ähneln, kleidet der emiratische Gesetzgeber diese Normen entweder in einen Gesetzgebungsstil ein, der der *Mecelle* ähnelt, oder stellt diese in der amtlichen Begründung auf eine islamisch-rechtliche Grundlage. Diese Vorgehensweise lässt sich als »neue Legitimation rezipierter Rechtsvorschriften« beschreiben.[753]

---

752 Vgl. *Bälz*, RabelsZ 1998b, 437, 449.

753 *Bälz*, Versicherungsvertragsrecht in den Arabischen Staaten, 182.

Ergebnisse und Schlussbetrachtung

I. Zusammenfassung der wesentlichen Ergebnisse

1. Das klassische islamische Recht umfasst ein komplexes System aus Regeln, Normfindungsmethoden und Interpretationsansätzen, das eine ausgeprägte Vielfalt rechtlich-religiöser Auffassungen beinhaltet. Diese lassen sich dem Grunde nach den vier heute weit verbreiteten Rechtsschulen des sunnitischen Islam zuordnen.

2. Nachdem die Fortentwicklung des islamischen Rechts jahrhundertelang stagnierte, haben sich seit Mitte des 19. Jahrhunderts insbesondere durch den Einfluss westlicher Kolonialmächte und die dadurch veranlasste Übernahme der europäischen Kodifikationsidee Veränderungen innerhalb der Rechtsordnungen muslimischer Staaten ergeben, die nicht nur die Rezeption europäischen Rechts beinhalteten, sondern auch die Kodifizierung des zuvor vielfältigen, vom Meinungspluralismus geprägten islamischen Rechts. Das Erlangen der Unabhängigkeit der islamischen Staaten löste eine Diskussion um die Reform der bis dahin staatlicherseits eingeführten, überwiegend romanisch-geprägten Gesetze los, die die »Reislamisierung« dieser Gesetze zum Gegenstand hatte. Als Möglichkeiten der Reform wurde nicht nur die Auswahl und Verknüpfung von Interpretationsansätzen unterschiedlicher islamischer Lehrmeinungen angesehen, sondern auch eine gänzliche Neuinterpretation im Lichte moderner gesellschaftlicher Erfordernisse durch Rückbesinnung auf die Quellen des Shari'atischen Rechtssystems. Seit Mitte des 20. Jahrhunderts ist das Vermögensrecht in den arabischen Staaten vor diesem Hintergrund neuerlich kodifiziert worden. Das ägyptische Zivilgesetzbuch aus dem Jahre 1948 stellte den Anfang der Kodifikationswelle dar und beeinflusste die nach und nach verabschiedeten Zivilgesetze in den islamischen Staaten dergestalt, dass mittlerweile vom *ägyptischen Rechtskreis* gesprochen wird. Hauptakteur dieser Entwicklungen ist der ägyptische Jurist ʿAbd ar-Razzāq as-Sanhūrī, der versuchte, arabische Gesetzbücher in Form einer Synthese von europäischen Kodifikationen und dem islamischen

Recht zu schaffen. Sein Erbe ist das entscheidende Charakteristikum des *ägyptischen Rechtskreises.*

3.a) Das im Jahre 1985 verabschiedete Zivilgesetzbuch der Vereinigten Arabischen Emirate ordnet sich in den *ägyptischen Rechtskreis* ein und ist deshalb insbesondere durch den französischen Code Civil und das islamische Recht geprägt. Die Shari'a wird laut VAE-Verfassung zu einer Hauptquelle der Gesetzgebung erhoben. Dies spiegelt im Kontext der Entwicklung des islamischen Rechts die im 19. Jahrhundert angebrochene Modernisierungsphase wider.

b) Die Shari'a ist laut der Verfassung zwar *eine* Hauptquelle der Gesetzgebung, die verfassungsgeberische Intention hinter dieser Islamklausel war jedoch die Erhebung der Shari'a zur Hauptquelle gegenüber anderen möglichen Quellen. Die Vorschrift gibt nicht die direkte Anwendbarkeit der Shari'a vor. Vielmehr dient sie als Verfassungsmäßigkeitsmaßstab für die staatliche Gesetzgebung. Trotz dieses verfassungsrechtlich verankerten Shari'a-Vorbehalts ist die emiratische Rechtsordnung jedoch nicht als ein bloß gut getarntes außerrechtliches Normativsystem anzusehen. Denn die Überprüfungskompetenz der Normen auch hinsichtlich ihrer Vereinbarkeit mit der Shari'a liegt beim Verfassungssenat des Obersten Bundesgerichts und mithin bei einem durch die staatlich gesetzte Verfassung legitimierten Bundesorgan. Die Shari'a bietet die Inspirationsquelle des staatlichen Rechts und setzt dem Gesetzgeber Vorgaben und Grenzen. Das bedeutet, dass der Gesetzgeber Gesetze schaffen muss, die im Einklang mit der Shari'a stehen. Für das Ausgestalten der spezifischen Normen kann er sich dann auch anderer Quellen bedienen.

c) Was genau unter »islamische Shari'a« im Sinne der Islamklausel zu verstehen ist, wird in der Verfassung nicht näher definiert. Dies lässt die Annahme zu, dass die Shari'a als Quelle der Gesetzgebung nicht auf eine Lehrrichtung beschränkt ist. Jede Interpretation des religiösen Rechts ist grundsätzlich von der verfassungsrechtlichen Vorgabe umfasst. Letztendlich sind allein die allgemeinen und unveränderlichen Prinzipien des islamischen Rechts maßgeblich, die in ihrer konkreten Ausgestaltung einer modernen Umsetzung zugänglich sind. So bestehen Entwicklungsmöglichkeiten überall dort, wo nicht definitive Regelungen in Koran oder Sunna Neuinterpretationen ausschließen.

4.a) Obwohl Strukturen einer ägyptisch-romanischen Prägung geblieben sind (vor allem durch Festhalten der Systematik und Struktur des westlichen Vorbildes), lässt sich im VAE-ZGB – im Gegensatz zu älteren Gesetzbüchern des ägyptischen Rechtskreises – durchaus eine Entfernung vom französischen Vorbild und eine Annäherung an das islamische Recht erkennen.

aa) Insbesondere das islamische Risikoverbot (*ġarar*) und das Verbot der ungerechtfertigten Bereicherung (*ribā*) prägen das emiratische Vermögensrecht und finden sich im VAE-ZGB an vielen Stellen ausdrücklich im Wortlaut der Normen wieder. So werden die Anforderungen an einen Vertragsschluss derart modifiziert, dass jede Art der Unsicherheit, die einer Transaktion anhaften würde, umgangen wird. Auch gilt im VAE-ZGB ein umfassendes Zinsverbot.

bb) Es finden sich Regelungen, die dem islamischen Recht direkt entnommen wurden. Dabei hat der Gesetzgeber je nach Kontext die Lehrmeinung einer bestimmten islamischen Rechtsschule gewählt, die mit den Anforderungen einer modernen Wirtschaft am ehesten vereinbart ist.[754] Am häufigsten wurde die *Mecelle* und somit die hanafitische Lehre herangezogen, teilweise wurde jedoch auch auf innerhalb einer Rechtsschule nicht dominierende Rechtsansichten zurückgegriffen. Da die VAE-Verfassung die Bedeutung des Shari'a-Vorbehalts nicht näher definiert, kann das islamische Recht als eine breite und flexible Rechtsordnung herangezogen werden, die alle rechtswissenschaftlichen Meinungen einbezieht, die in der Rechtsgeschichte des Islam entstanden sind. Dies erlaubt die Herangehensweise des VAE-ZGB-Gesetzgebers.

cc) Demgegenüber finden sich im Gesetz Bestimmungen, die keinen islamischen Ursprung vermuten lassen. Mit Blick in das Erläuternde Memorandum zum Zivilgesetzbuch lässt sich hier jedoch der Versuch des Gesetzgebers erkennen, rezipierte Rechtsvorschriften europäischen Ursprungs auf eine neue, islamischrechtliche Grundlage zu stellen (so zum Beispiel beim Versicherungsvertrag oder den Anforderungen an den Vertragsgegenstand). Es handelt sich hierbei um eine neue Form der Legitimation rezipierter Bestimmungen, die der Islamklausel in der emiratischen Verfassung zu entsprechen versucht und die eine »ideologische Rechtfertigung für die Integration westlicher Werte und Normen«[755] darstellt.

dd) Die emiratische Rechtsprechung lässt die Tendenz erkennen, dass Richter im Zweifelsfalle im Sinne einer modernen Rechtsordnung entscheiden. Dieser Schluss erfolgt jedoch unter der Prämisse, dass Rechtsprechung zu bestimmten Fragestellungen überhaupt auffind- und verfügbar ist. Soweit ersichtlich, lassen Gerichte durchaus Art. 1 VAE-ZGB außer Acht, der anordnet, dass bei Rechtslücken im Gesetz auf das islamische Recht zurückzugreifen ist. Obwohl stellenweise eine islamische Legitimation des Urteils durch Rückgriff auf eine Mindermeinung innerhalb des islamischen Rechts möglich wäre, werden diese Möglichkeiten in den knapp gefassten Urteilsbegründungen, oder zumindest in den verfügbaren Ausschnitten, nicht erwähnt. So gilt die Forderungsabtretung ohne Zustimmung des Schuldners mittlerweile als richterrechtlich anerkannt, obwohl der Gesetzgeber diese nicht kodifizierte, um der allgemein anerkannten Meinung im islamischen Recht zu entsprechen. Ohne die Anordnung in Art. 1 VAE-ZGB zu beachten, erkennen die Gerichte die Zession mittlerweile an und gründen dies auf ihre wirtschaftliche Notwendigkeit in einem modernen Staat.

754 Diesen Ansatz verfolgte auch der Entwurf eines neuen, šarīʿa-konformen Zivilgesetzbuches in Ägypten, das jedoch nicht verabschiedet wurde, *Peters*, ALQ 1988, 231, 237.

755 *Lohlker*, Schariʾa und Moderne, 104, der *Schulze*, Peripherie 1984/1985, 60, 63 zitiert.

ee) Auch der Gesetzgeber selbst versucht durch den Erlass spezieller Gesetze Abhilfe in solchen Situationen zu schaffen, in denen die islam-rechtliche Vorgabe in der Praxis einer modernen Rechtsordnung zu unhaltbaren Ergebnissen führen würde. So hat er durch spezielle Regelungen zu Zinsen im VAE-HGB Handelsgeschäfte aus dem Kreis der Anwendungsfälle des Zinsverbotes im VAE-ZGB ausgeschlossen und so die wirtschaftlich »relevanten« Fälle vor dem strikten islamischen Recht bewahrt. Eine solche Umgehung des islamischen Rechts ist im Hinblick auf den in der Verfassung verankerten Vorbehalt der Shari'a problematisch. Als letzter Ausweg für eine Rechtfertigung scheint dann nur noch das islamische Prinzip der Notwendigkeit zu gelten. Dieses Argument findet sich jedoch nicht in der Gesetzesbegründung.

b) Der Gesetzgeber des VAE-ZGB versuchte demnach der verfassungsrechtlichen Islamklausel gerecht zu werden, indem er sowohl islamische Regelungen aufnahm, als auch rezipierte europäische Bestimmungen in ein islamisches Gewand kleidete oder sie auf eine islamsiche Grundlage stellte. Da er hierfür die Flexibiltät und Meinungsvielfalt des islamsichen Rechts ausnutzte, bleibt die islam-rechtliche Rechtfertigung des Gesetzes auch Anknüpfungspunkt für Diskussionen innerhalb der islamischen Rechtswissenschaft. Die Islamklausel der VAE-Verfassung ist daher wohl vor allem als symbolisches Festhalten der Vereinigten Arabischen Emirate an ihrer kulturellen und gesellschaftlichen Identität anzusehen. Die darauf beruhenden Legislativakte stellen einen Versuch der Umsetzung dessen dar.

c) Dass das VAE-ZGB – mit Ausnahme der Einschränkung des Anwendungsbereichs kurz nach Inkrafttreten – bisher nicht geändert wurde, spricht für die Annahme, dass es sich in der Rechtspraxis als funktionsfähiges Instrument bewährt hat und dass seine Islamkonformität im Sinne der verfassungsrechtlichen Vorgabe nicht infrage gestellt wird, obwohl es hierfür durchaus Anknüpfungspunkte gäbe.

II. Das VAE-ZGB zwischen Tradition und Moderne

Das VAE-ZGB wie auch die anderen Zivilrechtskodifikationen, die dem *ägyptischen Rechtskreis* zugeordnet werden können, tragen das Gewand europäischer Zivilrechtskodifikationen. Die vorliegende Arbeit hat jedoch aufgezeigt, dass das VAE-ZGB eine islamische Prägung erhalten hat, die spürbarer ist, als in anderen Zivilgesetzbüchern islamischer Staaten.

Dennoch führt dieses Ergebnis nicht zu größeren Konflikten mit anderen, nicht-islamischen Rechtsordnungen. Grund dafür ist, dass in der »Reislamisierungstendenz«, die im VAE-ZGB deutlich wird, keine Rückkehr zum traditionellen islamischen Recht zu sehen ist, sondern vielmehr »eine Neudefinition des islamischen Rechts im modernen Nationalstaat«[756], die auf der Ambiguität und Flexibilität des vom Meinungspluralismus geprägten islamischen Rechts beruht. Zwischen politischem Druck und wirtschaftlicher Notwendigkeit ist daher ein Gesetzbuch geschaffen worden, dass durch Verwertung islamischer Rechtsauffassungen unterschiedlicher Rechtsschulen mit der Modernität nichtislamischer (»westlicher«) Zivilrechtskodifikationen mithalten kann.

Die Rechtspraxis scheint darüber hinaus wenig konkrete Bezüge auf das islamische Recht zu nehmen. So ist der islamische Anspruch an das Gesetz wohl insbesondere politische Symbolik und Ausdruck der kulturellen Identität der Vereinigten Arabischen Emirate, der in der Rechtswirklichkeit jedoch wenig ausschlaggebend ist.

756 So für die ägpytische und libysche Rechtsordnung *Bälz*, RabelsZ 1998b, 437, 462.

Synopse

Die untenstehende Synopse umfasst bestimmte Vorschriften des emiratischen, jordanischen und ägyptischen Zivilgesetzbuchs, auf die in dieser Arbeit näher eingegangen wurde. Anhand der Gegenüberstellung lassen sich Tendenzen hin zu einer Reislamisierung des Vermögensrechts in den Staaten des ägyptischen Rechtskreises am Wortlaut erkennen.

VAE -ZGB	J-ZGB	Ä-ZGB
Art. 1: Die gesetzlichen Bestimmungen dieses Gesetzes regeln alle Angelegenheiten, auf welche sich der Wortlaut oder der Sinn dieser Bestimmungen bezieht, dabei gibt es keinen Raum für selbstständige Rechtsfindung bei Vorhandensein eines eindeutigen Textes. Wenn der Richter keine entsprechenden Bestimmungen in diesem Gesetz findet, entscheidet das Gericht nach den Bestimmungen der islamischen Sharia. Dabei sind die geeigneten Lösungen aus den Lehrmeinungen der Imame Malik und Ahmed Ibn Hanbal zu suchen, in Ermangelung solcher ist auf die Lehrmeinung der Imame Asch-Schaf'y und Abu Hanifa gemäß dem allgemeinen Interesse zurückzugreifen. In Ermangelung solcher Bestimmungen entscheidet der Richter nach dem Gewohnheitsrecht, solange dieses nicht gegen die öffentliche Ordnung oder Sitten verstößt. Wenn dieses Gewohnheitsrecht nur für ein bestimmtes Emirat gilt, gelten seine Bestimmungen nur in diesem Emirat.	**Art. 2:** (1) Die gesetzlichen Bestimmungen dieses Gesetzes regeln alle Angelegenheiten, auf welche sich der Wortlaut oder der Sinn dieser Bestimmungen bezieht, dabei gibt es keinen Raum für selbstständige Rechtsfindung bei Vorhandensein eines eindeutigen Textes. (2) Wenn das Gericht keine entsprechenden Bestimmungen in diesem Gesetz findet, entscheidet das Gericht nach den Bestimmungen des islamischen *fiqh*, die mit dem Gesetz am besten vereinbar sind. (3) In Ermangelung solcher Bestimmungen entscheidet der Richter nach den Grundsätzen der Gerechtigkeit und Sitte, solange dies nicht im Widerspruch zum Gesetz steht oder gegen die öffentliche Ordnung oder Moral verstößt.	**Art. 1:** (1) Die gesetzlichen Bestimmungen dieses Gesetzes regeln alle Angelegenheiten, auf welche sich der Wortlaut oder der Sinn dieser Bestimmungen bezieht. (2) Wenn keine entsprechenden Bestimmungen in diesem Gesetz gefunden werden, entscheidet das Gericht nach den Bestimmungen des Gewohnheitsrechts und in Ermangelung solcher Bestimmungen nach den Prinzipien des islamischen Rechts. In Ermangelung solcher Prinzipien wird der Richter die Prinzipien der natürlichen Gerechtigkeit und die Regeln der Billigkeit anwenden.
Art. 202: (1) Eine zukünftige Sache kann in Abwesenheit von Ungewissheit Gegenstand eines gegenseitigen Vertrages sein.	**Art. 160:** (1) Eine zukünftige Sache kann in Abwesenheit von Ungewissheit Gegenstand eines gegenseitigen Vertrages sein.	**Art. 131:** (1) Eine zukünftige Sache kann Gegenstand eines gegenseitigen Vertrages sein.

(Fortsetzung)

VAE -ZGB	J-ZGB	Ä-ZGB
(2) Außer in den gesetzlich vorgesehenen Fällen soll es jedoch nicht zulässig sein, mit dem Nachlass einer noch lebenden Person auch mit deren Zustimmung zu handeln.	(2) Außer in den gesetzlich vorgesehenen Fällen soll es jedoch nicht zulässig sein, mit dem Nachlass einer noch lebenden Person auch mit deren Zustimmung zu handeln.	(2) Außer in den gesetzlich vorgesehenen Fällen soll es jedoch nicht zulässig sein, mit dem Nachlass einer noch lebenden Person auch mit deren Zustimmung zu handeln.
Art. 203: (1) In zweiseitigen Verträgen über den Austausch von Vermögenswerten ist der Vertragsgegenstand so zu spezifizieren, dass grobe Ungewissheit vermieden wird, indem auf diesen oder auf den Ort, an dem er sich zum Zeitpunkt des Vertragsabschlusses befindet, gezeigt wird oder auf seine Unterscheidungsmerkmale hingewiesen wird. Bei messbaren Sachen ist seine Menge in der Art anzugeben, dass grobe Ungewissheit vermieden wird. (2) Ist der Vertragsgegenstand beiden Vertragsparteien bekannt, so ist es nicht erforderlich, dass er anderweitig beschrieben oder definiert wird. (3) Ist der Gegenstand nicht wie vorstehend spezifiziert, so ist der Vertrag nichtig.	**Art. 161:** (1) In zweiseitigen Verträgen über den Austausch von Vermögenswerten ist der Vertragsgegenstand so zu spezifizieren, dass grobe Ungewissheit vermieden wird, indem auf diesen oder auf den Ort, an dem er sich zum Zeitpunkt des Vertragsabschlusses befindet, gezeigt wird oder auf seine Unterscheidungsmerkmale hingewiesen wird. Bei messbaren Sachen ist seine Menge in der Art anzugeben, dass grobe Ungewissheit vermieden wird. (2) Ist der Vertragsgegenstand beiden Vertragsparteien bekannt, so ist es nicht erforderlich, dass er anderweitig beschrieben oder definiert wird. (3) Ist der Gegenstand nicht wie vorstehend spezifiziert, so ist der Vertrag nichtig.	**Art. 133:** (1) Wenn der Vertrag an sich nicht spezifisch ist, muss er in Art und Höhe angegeben werden, andernfalls ist der Vertrag nichtig (2) Es genügt, dass der Ort nur dann in seiner Art zugewiesen wird, wenn der Vertrag garantiert, soweit es möglich ist, seinen Betrag festzusetzen. Wenn sich die Vertragsparteien hinsichtlich ihrer Qualität nicht über den Grad der Sache einig waren und sich nicht aus Gewohnheiten oder anderen Umständen ableiten ließen, verpflichtete sich der Schuldner, etwas von einer mittleren Klasse zu liefern.
Art. 257: Das Einvernehmen der Vertragsparteien und	**Art. 213:** Das Einvernehmen der Vertragsparteien und	

(Fortsetzung)

VAE -ZGB	J-ZGB	Ä-ZGB
das, wozu sie sich selbst verpflichtet haben, ist die Grundlage des Vertrages	das, wozu sie sich selbst verpflichtet haben, ist die Grundlage des Vertrages.	
Art. 258: (1) Maßgebliches Kriterium bei der Auslegung von Verträgen sind Absichten und Bedeutung und nicht Worte und Form. (2) Es gilt der Grundsatz, dass Wörter ihre wahre Bedeutung haben und ein Wort nicht im übertragenen Sinne ausgelegt werden darf, es sei denn, es ist unmöglich, die wahre Bedeutung heranzuziehen.	**Art. 214:** (1) Maßgebliches Kriterium bei der Auslegung von Verträgen sind Absichten und Bedeutung und nicht Worte und Form. (2) Es gilt der Grundsatz, dass Wörter ihre wahre Bedeutung haben und ein Wort nicht im übertragenen Sinne ausgelegt werden darf, es sei denn, es ist unmöglich, die wahre Bedeutung heranzuziehen.	
Art. 259: Das Implizite wird gegenüber dem Ausdrücklichen außer Acht gelassen.	**Art. 215:** Das Implizite wird gegenüber dem Ausdrücklichen außer Acht gelassen.	
Art. 260: Worten sollte Wirkung verliehen werden, statt sie zu ignorieren, aber wenn es unmöglich ist, Worten Wirkung zu verleihen, sollen sie ignoriert werden.	**Art. 216:** Worten sollte Wirkung verliehen werden, statt sie zu ignorieren, aber wenn es unmöglich ist, Worten Wirkung zu verleihen, sollen sie ignoriert werden.	
Art. 261: Die Bezugnahme auf einen Teil eines Unteilbaren ist gleichbedeutend mit der Bezugnahme auf das Ganze.	**Art. 217:** Die Bezugnahme auf einen Teil eines Unteilbaren ist gleichbedeutend mit der Bezugnahme auf das Ganze.	

(Fortsetzung)

VAE -ZGB	J-ZGB	Ä-ZGB
Art. 262: Das Absolute gilt absolut, es sei denn, es gibt Beweise, sei es textlich oder indikativ, die dies einschränken.	**Art. 218:** Das Absolute gilt absolut, es sei denn, es gibt Beweise, sei es textlich oder indikativ, die dies einschränken.	
Art. 263: Eine Beschreibung dessen, was vorhanden ist, ist überflüssig, aber eine Beschreibung dessen, was nicht vorhanden ist, ist maßgeblich.	**Art. 219:** Eine Beschreibung dessen, was vorhanden ist, ist überflüssig, aber eine Beschreibung dessen, was nicht vorhanden ist, ist maßgeblich.	
Art. 264: Was zwischen Kaufleuten bekannt ist, hat die Wirkung von (ausdrücklichen) zwischen ihnen gemachten Bedingungen.	**Art. 225:** Was zwischen Kaufleuten bekannt ist, hat die Wirkung von (ausdrücklichen) zwischen ihnen gemachten Bedingungen.	
Art. 265: (1) Wenn der Wortlaut eines Vertrages klar ist, darf von ihm nicht im Wege der Auslegung abgewichen werden, um die Absicht der Parteien zu ermitteln. (2) Ist der Vertrag der Auslegung zugänglich, so sind die beiderseitigen Absichten der Parteien zu erforschen, ohne dies auf die wörtliche Bedeutung der Worte zu beschränken. Dabei können die Art des Geschäfts und das Vertrauen auf die Verkehrssitte maßgeblich sein.	**Art. 239:** (1) Wenn der Wortlaut eines Vertrages klar ist, darf von ihm nicht im Wege der Auslegung abgewichen werden, um die Absicht der Parteien zu ermitteln. (2) Ist der Vertrag der Auslegung zugänglich, so sind die beiderseitigen Absichten der Parteien zu erforschen, ohne dies auf die wörtliche Bedeutung der Worte zu beschränken. Dabei können die Art des Geschäfts und das Vertrauen auf die Verkehrssitte maßgeblich sein.	**Art. 150:** (1) Wenn der Wortlaut eines Vertrages klar ist, darf von ihm nicht im Wege der Auslegung abgewichen werden, um die Absicht der Parteien zu ermitteln. (2) Ist der Vertrag der Auslegung zugänglich, so sind die beiderseitigen Absichten der Parteien zu erforschen, ohne dies auf die wörtliche Bedeutung der Worte zu beschränken. Dabei können die Art des Geschäfts und das Vertrauen auf die Verkehrssitte maßgeblich sein.

(Fortsetzung)

VAE -ZGB	J-ZGB	Ä-ZGB
Art. 266: (1) Zweifel sind zu Gunsten des Schuldners zu interpretieren. (2) Es ist jedoch nicht zulässig, zweideutige Formulierungen in Allgemeinen Geschäftsbedingungen in einer Weise auszulegen, die den Interessen der Partei, die nicht Verwender ist, schadet.	**Art. 240:** (1) Zweifel sind zu Gunsten des Schuldners zu interpretieren. (2) Es ist jedoch nicht zulässig, zweideutige Formulierungen in Allgemeinen Geschäftsbedingungen in einer Weise auszulegen, die den Interessen der Partei, die nicht Verwender ist, schadet.	**Art. 151:** (1) Zweifel sind zu Gunsten des Schuldners zu interpretieren. (2) Es ist jedoch nicht zulässig, zweideutige Formulierungen in Allgemeinen Geschäftsbedingungen in einer Weise auszulegen, die den Interessen der Partei, die nicht Verwender ist, schadet.
Art. 282: Jede Handlung, die einen anderen schädigt, verpflichtet den Schädiger, selbst eine nicht einsichtsfähige Person, zum Ersatz des daraus entstandenen Schadens.	**Art. 256:** Jede Handlung, die einen anderen schädigt, verpflichtet den Schädiger, selbst eine nicht einsichtsfähige Person, zum Ersatz des daraus entstandenen Schadens.	**Art. 163:** Jeder Fehler, der eine Verletzung eines anderen verursacht, verpflichtet den Schädiger zum Ersatz des Schadens
Art. 473: Ein Recht erlischt nicht durch Zeitablauf, jedoch wird ein Anspruch, wenn er vom Schuldner bestritten wird, nach Ablauf von fünfzehn Jahren ohne rechtmäßige Entschuldigung nicht mehr gehört, sofern keine spezielle Vorschrift anwendbar ist.	**Art. 449:** Ein Recht erlischt nicht durch Zeitablauf, jedoch wird ein Anspruch, wenn er vom Schuldner bestritten wird, nach Ablauf von fünfzehn Jahren ohne rechtmäßige Entschuldigung nicht mehr gehört, sofern keine spezielle Vorschrift anwendbar ist.	**Art. 374:** Die Verjährungsfrist beträgt 15 Jahre mit Ausnahme der Fälle, für die das Gesetz eine Sonderregelung vorsieht und mit Ausnahme auch der folgenden Fälle.
Art. 714: Sieht der Darlehensvertrag einen über das Wesen des Vertrages hinausgehenden Nutzen vor, die keine Garantie für die Rechte des	**Art. 640:** Sieht der Darlehensvertrag einen über das Wesen des Vertrages hinausgehenden Nutzen vor, die keine Garantie für die Rechte des	

(Fortsetzung)

VAE -ZGB	J-ZGB	Ä-ZGB
Darlehensgebers darstellt, so ist eine solche Bestimmung nichtig, der Vertrag ist jedoch gültig.	Darlehensgebers darstellt, so ist eine solche Bestimmung nichtig, der Vertrag ist jedoch gültig.	
Art. 1026: (1) Die Versicherung ist ein Vertrag, bei dem die Versicherungsnehmer und der Versicherer sich bei der Begegnung der Risiken oder Ereignisse, bezüglich welcher die Versicherung abgeschlossen wurde, gegenseitige Unterstützung leisten. Ihm entsprechend zahlt der Versicherungsnehmer dem Versicherer einen festgesetzten Betrag oder laufende Prämien. Wenn sich das Risiko verwirklicht oder das im Vertrag bezeichnete Ereignis eintritt, zahlt der Versicherer dem Versicherungsnehmer oder dem Bezugsberechtigten, zu dessen Gunsten die Versicherung abgeschlossen wurde, einen Geldbetrag oder erbringt ihm eine Rente oder eine andere geldwerte Leistung. (2) Ein Gesetz bestimmt die Regeln für die Organe, die Versicherungsgeschäfte betreiben dürfen, und insbesondere Fragen im Zusammenhang mit ihrer Rechtsform, der Art und Weise ihrer Gründung, der Art und Weise, in der sie ihre Geschäfte	**Art. 920:** Die Versicherung ist ein Vertrag, durch den sich der Versicherer verpflichtet, dem Versicherungsnehmer oder dem Begünstigten, zu dessen Gunsten die Versicherung abgeschlossen wurde, einen Geldbetrag zu zahlen oder eine Rente oder eine andere geldwerte Leistung zu erbringen, wenn der Versicherungsfall eintritt oder sich das im Vertrag bezeichnete Risiko verwirklicht. Dies erfolgt gegen einen bestimmten Betrag oder laufende Prämien, die der Versicherungsnehmer dem Versicherer zahlt.	**Art. 747:** Die Versicherung ist ein Vertrag, der den Versicherer notwendig dazu verpflichtet, bei Eintritt des Versicherungsfalles oder wenn die im Vertrag dargelegte Gefahr Wirklichkeit geworden ist, an den Versicherungsnehmer oder den Begünstigten, zu dessen Gunsten die Versicherung abgeschlossen wurde, eine Geldsumme, ein regelmäßiges Einkommen oder irgendeine andere Art Entschädigung zu zahlen. Dies erfolgt gegen einen bestimmten Betrag oder laufende Prämien, die der Versicherungsnehmer dem Versicherer zahlt.

(Fortsetzung)

VAE -ZGB	J-ZGB	Ä-ZGB
betreiben, sowie deren Beaufsichtigung, in der Weise, dass die genossenschaftlichen Ziele der Versicherung erreicht werden und nicht im Widerspruch zu den endgültigen Bestimmungen und Grundprinzipien der islamischen Schari'a stehen. (3) Bis zur Verabschiedung des im vorstehenden Absatz genannten Gesetzes bleiben die derzeit geltenden Regeln und Modalitäten in Bezug auf die Versicherung und die Einrichtungen, die die Versicherungstätigkeit ausüben, in Kraft.		
Art. 1027: Unter Beachtung der Bestimmungen des vorangehenden Artikels darf eine Versicherung gegen Risiken abgeschlossen werden, die sich aus privaten Unfällen, Arbeitsunfällen, Diebstahl, Untreue, Kraftfahrzeughaftpflicht oder zivilrechtlicher Haftung ergeben, sowie aus allen Ereignissen, gegen die man sich aufgrund von Gewohnheit oder Spezialgesetzen versichern kann.	**Art. 922:** Unter Beachtung der Bestimmungen des vorangehenden Artikels darf eine Versicherung gegen Risiken abgeschlossen werden, die sich aus privaten Unfällen, Arbeitsunfällen, Diebstahl, Untreue, Kraftfahrzeughaftpflicht oder zivilrechtlicher Haftung ergeben, sowie aus allen Ereignissen, gegen die man sich aufgrund von Gewohnheit oder Spezialgesetzen versichern kann.	**Art. 749:** Jedes berechtigte wirtschaftliche Interesse, das der Person gehört, ist ohne konkretes Risiko versichert.

Literaturverzeichnis

Ab Rahman, Suhaimi, The Influence of Classical Interpretation on the Law of Guarantees in the United Arab Emirates, ALQ 22 (2008), 335–358.

Abdal-Haqq, Irshad, Islamic Law: An Overview of Its Origin and Elements, in: Ramadan, Hisham M. (Hrsg.), Understanding Islamic Law, From Classical to Contemporary, Lanham 2006, 1–42.

Abū-Ṭālib, Ṣūfī Ḥasan, Taṭbīq aš-Shari'a al-islāmīya fi 'l-bilād al-ʿarabīya, Kairo 1990.

Accounting and Auditing Organisation for Islamic Financial Insitutions (AAOIFI), Shari'ah Standard No 26: Islamic Insurance, 2017.

Akaddaf, Fatima, Application of the United Nations Convention on Contracts for the International Sale of Goods (CISG) to Arab Islamic Countries, Is the CISG Compatible with Islamic Law Principles, Pace Int. L. Rev. 13 (2001), 3–58.

Al Tamimi & Company, Islamic Finance, A UAE Legal Perspective, 2018.

Al-Amir, Salam, New law guarantees equal death compensation payments for families of men and women, The National (10. 10. 2019), https://www.thenational.ae/uae/courts/new-law-guarantees-equal-death-compensation-payments-for-families-of-men-and-women-1.921280 (besucht am 30. 07. 2020).

Alfridi & Angell, Legal Consultants, UAE: Recent developments, ALQ 11 (1996), 50–68.

Ali-Karamali, Shaista P./Dunne, Fiona, The Ijtihad Controversy, ALQ 9 (1994), 238–257.

Al-Moqatei, Mohammad, Introducing Islamic Law in the Arab Gulf States: A Case Study of Kuwait, ALQ 4 (1989), 138–148.

Al-Muhairi, Ali, Islamisation and Modernisation within the UAE Penal Law: Shari'a in the Pre-Modern Period, ALQ 10 (1995), 287–309.

Al-Muhairi, Ali, Islamisation and Modernisation within the UAE Penal Law: Shari'a in the Modern Era, ALQ 11 (1996), 34–49.

Al-Muhairi, Ali, The Development of the UAE Legal System and Unification with the Judicial System, ALQ 11 (1996), 116–160.

Al-Muhairi, Ali, The Islamisation of Laws in the UAE: The Case of the Penal Code, ALQ 11 (1996), 350–371.

Al-Muhairi, Ali, The Position of Shari'a within the UAE Constitution and the Federal Supreme Court's Appliccation of the Consitutional Clause concerning Shari'a, ALQ 11 (1996), 219–244.

Al-Owais, Hadif Rashid, The role of the Supreme Court in the constitutional system of the United Arab Emirates: a comparative study, Durham 1989.

Al-Qasem, Anis, The Injurious Acts Under the Jordanian Civil Code, ALQ 4 (1989), 183–198.

Al-Quḍāh, 'Ammār Muḥammad, al-Mudhakkirāt al-īḍāḥīyah lil-Qānūn al-Madanī al-Urdunī (Erläuterndes Memorandum zum J-ZGB), Amman 2015.

al-Zarqa, Mustafa Ahmad, Islamic Jurisprudence and the Schools of Religious Law, in: Ansari, Zafar Ishaq/Nawwab, Isma'il Ibrahim (Hrsg.), The Different Aspects of Islamic Culture, Foundations of Islam, Paris 2016, 707–743.

Amereller, Florian, Hintergründe des »Islamic Banking«, Rechtliche Problematik des riba-Verbotes in der Shari'a und seine Auswirkungen auf einzelne Rechtsordnungen arabischer Staaten, Berlin 1995.

Amin, Sayed Hassan, Islamic Law in the Contemporary World, Introduction, Glossary and Bibliography, Glasgow 1985.

Amkhan, Adnan, The Concept of Fault in the Arab Law of Contract, ALQ 9 (1994), 171–179.

Anderson, James Norman Dalrymple, The Sharī'a and Civil Law, The debt owed by the new Civil Codes of Egypt and Syria to the Shari'a, Islamic Quarterly 1954, 29–46.

Anderson, James Norman Dalrymple, Islamic Law in the Modern World, London 1959.

Anderson, James Norman Dalrymple, Codification in the Muslim World, Some Reflections, RabelsZ 1966, 242–253.

Anderson, James Norman Dalrymple, Modern Trends in Islam Legal Reform and Modernisation in the Middle East, ICLQ 20 (1971), 1–21.

Anderson, James Norman Dalrymple/Coulson, Noel James, Islamic Law in Contemporary Cultural Change, Saeculum 18 (1967), 14–92.

Angell, Nicholas B., Regulation of business under the developing legal system of the United Arab Emirates, ALQ 1 (1985–1986), 119–140.

Arabi, Oussama, Studies in modern Islamic law and jurisprudence, Bd. 21, Den Haag 2001.

Ashrafnia, Said Wais, Scharia-konforme Finanzinstrumente, Analyse der Rechtsnatur von sukuk und die Strukturierung nach deutschem Recht, Wiesbaden 2016.

as-Sanhūrī, Abd-ar-Razzāq Aḥmad, Le Califat, Son Evolution vers un Société de Nations Orientale, Paris 1923.

as-Sanhūrī, Abd-ar-Razzāq Aḥmad, Maṣādir al-ḥaqq fi 'l-fiqh al-islāmī, I, Kairo 1954.

as-Sanhūrī, Abd-ar-Razzāq Aḥmad, Maṣādir al-ḥaqq fi 'l-fiqh al-islāmī, III, Kairo 1956.

as-Sanhūrī, Abd-ar-Razzāq Aḥmad, Maṣādir al-ḥaqq fi 'l-fiqh al-islāmī, IV Kairo 1957.

as-Sanhūrī, Abd-ar-Razzāq Aḥmad, al-Wasīṭ fī šarḥ al-qānūn al-madanī al-ǧadīd, III: Naẓarīyat al-iltizām bi-waǧh 'āmm. al-Auṣāf, al-ḥawāla, al-inqiḍā', Beirut 1958.

as-Sanhūrī, Abd-ar-Razzāq Aḥmad, Maṣādir al-ḥaqq fi 'l-fiqh al-islāmī, VI, Kairo 1959.

as-Sanhūrī, Abd-ar-Razzāq Aḥmad, al-Wasīṭ fī šarḥ al-qānūn al-madanī al-ǧadīd, VII.2: 'Uqūd al-ġarar. 'uqūd al-muqāmara wa-'r-rihān wa-'l-murattab mada 'l-ḥayāt wa-'aqd at-ta'mīn, Beirut 1964.

as-Sanhūrī, Abd-ar-Razzāq Aḥmad, al-Wasīṭ fī šarḥ al-qānūn al-madanī al-ǧadīd, I: Naẓarīyat al-iltizām bi-waǧh 'āmm. Maṣādir al-iltizām, 2. Aufl., Kairo 1964.

as-Sanhūrī, Abd-ar-Razzāq Aḥmad, Le Droit musulman comme élément de refonte du Code Civil Egyptien, in: Garraud, Pierre (Hrsg.), Introduction à l'étude du droit comparé, II, Recuil d'études en l'honneur d'Édouard Lambert, Glashuetten i. Taunus 1973 (unveränderter Neudruck der Ausgabe von 1938), 621–642.

Auswärtiges Amt, Länderinformationen Vereinigte Arabische Emirate, Beziehungen zu Deutschland, https://www.auswaertiges-amt.de/de/aussenpolitik/laender/vereinigtearabischeemirate-node/bilaterale-beziehungen/202320 (besucht am 5.3.2022).

Babusiaux, Ulrike/Witz, Claude, Das neue französische Vertragsrecht – Zur Reform des Code Civil, JZ 2017, 496–507.

Baderin, Mashood A., Understanding Islamic Law in Theory and Practice, (2009), in: Baderin, Mashood A. (Hrsg.), Islamic legal theory, Farnham, Burlington 2014, 77–81.

Badr, Gamal Moursi, New Egyptian Civil Code and the Unification of the Laws of Arab Countries, Tul. L. Rev. 30 (1955–1956), 299–304.

Ballantyne, William Morris, Commercial law in the Arab Middle East, The Gulf States, London, New York, Hamburg, Hong Kong 1986.

Ballantyne, William Morris, The Constitutions of the Gulf States, A comparative study, ALQ 1 (1985–1986), 158–176.

Ballantyne, William Morris, The New Civil Code of the United Arab Emirates, A Further Reassertion of the Shari'a, ALQ 1 (1985–1986), 245–264.

Ballantyne, William Morris, A Reassertion of the Shari'a: The Jurisprudence of the Gulf States, in: Ballantyne, William Morris (Hrsg.), Essays and addresses on Arab laws, Richmond 2000, S. 210–219.

Ballantyne, William Morris, A Short Introduction to the Shari'a, in: Ballantyne, William Morris (Hrsg.), Essays and addresses on Arab laws, Richmond 2000, S. 33–43.

Ballantyne, William Morris, The Shari'a, in: Ballantyne, William Morris (Hrsg.), Essays and addresses on Arab laws, Richmond 2000, S. 79–103.

Ballantyne, William Morris, The States of the GCC: Sources of Law, the Shari'a and the Extent to which it Applies, in: Ballantyne, William Morris (Hrsg.), Essays and addresses on Arab laws, Richmond 2000, S. 58–78.

Bälz, Kilian, Die »Islamisierung« des Rechts in Ägypten und Libyen: Islamische Rechtsetzung im Nationalstaat, RabelsZ 1998, 437–463.

Bälz, Kilian, Europäisches Privatrecht jenseits von Europa? Zum fünfzigjährigen Jubiläum des ägyptischen Zivilgesetzbuches (1948), ZEuP 8 (2000), 51–76.

Bälz, Kilian, Das moderne arabische Recht, in: Ebert, Hans-Georg/Hanstein, Thoralf (Hrsg.), Beiträge zum islamischen Recht II, Frankfurt am Main 2003, 175–187.

Bälz, Kilian, Sharia kontra weltliches Recht?, in: Krawietz, Birgit/Reifeld, Helmut (Hrsg.), Islam und Rechtsstaat, Zwischen Sharia und Säkularisierung, Sankt Augustin, Berlin 2008, 133–139.

Bälz, Kilian Rudolf, Versicherungsvertragsrecht in den Arabischen Staaten, Der Versicherungsvertrag im islamischen Recht und den modernen arabischen Zivilrechtskodifikationen. Unter besonderer Berücksichtigung des ägyptischen ZGB (1948) und des jordanischen ZGB (1976), Berlin 1997.

Bauer, Wolfgang Johann, Bausteine des Fiqh, Kernbereiche der 'Uṣūl al-Fiqh: Quellen und Methodik der Ergründung islamischer Beurteilungen, Bd. 10, Frankfurt am Main 2013.

Baumann, Herbert/Ebert, Matthias, Die Verfassungen der Mitgliedsländer der Liga der Arabischen Staaten, Bd. 1, Berlin 1995.

Bechor, Guy, The Sanhuri Code and the Emergence of Modern Arab Civil Law, 1932 to 1949, Leiden, Boston 2007.

Bergsträsser, Gotthelf, Bergsträsser's Grundzüge des islamischen Rechts, Berlin 1935.

Bewley, Aisha Abdurrahman, Al-muwatta of Imam Malik ibn Anas, The first formulation of Islamic law, London 1989.

BITKOM-Fachausschuss »AGB und juristische Leitfäden«/Schlüter/Graf & Partner, Vertragsgestaltung im Auslandsgeschäft, VAE, 2005.

Blois, François de, Taʾrīkh, in: Bearman, Peri J./Bianquis, Thierry/Bosworth, Clifford Edmund u. a. (Hrsg.), Encyclopaedia of Islam, Second Edition, 1960–2004.

Bolsinger, Markus P./Breschendorf, Peter, Grundlagen des Islamic Banking & Finance, ZBB 2009, 460–467.

Börner, Andreas, Takaful im positiven Recht einiger arabischer Staaten, in: Menhofer, Bruno/Otto, Dirk (Hrsg.), Recht nach dem Arabischen Frühling, Beiträge zum islamischen Recht IX, Frankfurt am Main 2014, 21–28.

Brown, Nathan J./Revkin, Mara, Islamic Law and Constitutions, in: Emon, Anver M./ Ahmed, Rumee (Hrsg.), The Oxford Handbook of Islamic Law, Oxford 2018, 779–818.

Brown, Nathan J./Sherif, Adel Omar, Inscribing the Islamic Shari'a in Arab Constitutional Law, in: Haddad, Yvonne Yazbeck/Stowasser, Barbara Freyer (Hrsg.), Islamic Law and the Challenges of Modernity, Walnut Creek, Lanham, New York, Toronto, Oxford 2004, 55–80.

Brown, Nathan Jude, The rule of law in the Arab world, Courts in Egypt and the Gulf, Bd. 6, Cambridge 1997.

Cabrillac, Rémy, Droit des obligations, 6. Aufl., Paris 2004.

Carballo, Alejandro, Law of the Dubai International Financial Centre: Common Law Oasis or Mirage within the UAE, ALQ 21 (2007), 91–104.

Cave, Bryan, Business Laws of the United Arab Emirates, Bd. 2, Den Haag 1999.

Chaumont, Eric, al-Shāfiʿī, in: Bearman, Peri J./Bianquis, Thierry/Bosworth, Clifford Edmund u. a. (Hrsg.), Encyclopaedia of Islam, Second Edition, 1960–2004.

Clauß, Ulrich, Mit Blutgeld-App für Verkehrstote Sühne leisten, Die Welt (28.9.2014), https://www.welt.de/politik/ausland/article132708637/Mit-Blutgeld-App-fuer-Verkehrstote-Suehne-leisten.html (besucht am 16.11.2020).

Codd, Rachel Anne, A Critical Analysis of the Role of Ijtihad in Legal Reforms in the Muslim World, ALQ 14 (1999), 112–131.

Comair-Obeid, Nayla, Particularity of the Contract's Subject-Matter in the Laws of the Arab Middle East, ALQ 11 (1996), 331–349.

Corcodel, Veronica, Modern Law and Otherness: Edouard Lambert's Representations of Islamic Law, Yearbook of Islamic and Middle Eastern Law 19 (2016–2017), 134–160.

Cottart, Nicole, Mālikiyya, in: Bearman, Peri J./Bianquis, Thierry/Bosworth, Clifford Edmund u. a. (Hrsg.), Encyclopaedia of Islam, Second Edition, 1960–2004.

Coulson, Noel James, A History of Islamic Law, Edinburgh 1964.

Daghles, Murad M./Makhloufi, Hayat, Islamic Finance – Überblick und Grundzüge, GWR 2019, 355–359.

Dilger, Konrad, Das Schweigen des Gesetzgebers als Mittel der Rechtsfortbildung im Bereich des islamischen Rechts, in: Haarmann, Ulrich/Bachmann, Peter (Hrsg.), Die Islamische Welt zwischen Mittelalter und Neuzeit, Festschrift für Hans Robert Roemer zum 65. Geburtstag, Beirut 1979, 81–93.

Dilger, Konrad, Tendenzen der Rechtsentwicklung, in: Ende, Werner/Steinbach, Udo (Hrsg.), Der Islam in der Gegenwart, München 1989, 170–197.

Dilger, Konrad, Die Entwicklung des islamischen Rechts, in: Ahmed, Munir D./Schimmel, Annemarie/Schröder, Christel Matthias u. a. (Hrsg.), Islamische Kultur, zeitgenössische Strömungen, Volksfrömmigkeit, Stuttgart 1990, 60–99.

Dubai Islamic Bank becomes one of world's largest Islamic lenders, The move raises assets to $75 billion, The Arab Weekly (26. 1. 2020), https://thearabweekly.com/dubai-islamic-bank-becomes-one-worlds-largest-islamic-lenders (besucht am 14. 09. 2020).

Ebert, Hans-Georg, Die Interdependenz von Staat, Verfassung und Islam im Nahen und Mittleren Osten in der Gegenwart, Frankfurt am Main, Bern 1991.

Ebert, Hans-Georg, Das Personalstatut arabischer Länder, Problemfelder, Methoden, Perspektiven; ein Beitrag zum Diskurs über Theorie und Praxis des islamischen Rechts, Frankfurt am Main 1996.

Ebert, Hans-Georg, Islam und šarīʿa in den Verfassungen der arabischen Länder, ZfR 6 (1998), 3–21.

Ebert, Hans-Georg, Wider die Schließung des »Tores des iǧtihād«: Zur Reform der šarīʿa am Beispiel des Familien- und Erbrechts, Orient: Deutsche Zeitschrift für Politik, Wirtschaft und Kultur 43 (2002), 365–381.

Ebert, Hans-Georg, Ist das Islamische Recht reformierbar?, GAIR-Mitteilungen 1 (2009), 42–51.

Ebert, Hans-Georg, Wege in die zeitgemäße Rechtsordnung: Muḥammad Qadrī Pāšā (gest. 1886) und die Kodifikation des islamischen Rechtes, GAIR-Mitteilungen 6 (2014), 135–142.

Ebert, Hans-Georg/Hefny, Assem, Islamisches Zivilrecht der hanafitischen Lehre, Die zivilrechtliche Kodifikation des Qadrî Pâshâ, Frankfurt am Main 2013.

Ebert, Hans-Georg/Heilen, Julia, Islamisches Recht: ein Lehrbuch, 1. Aufl., Leipzig 2016.

Eisenberg, David M., Sources and Principles of Islamic Law, in: Nethercott, Craig R./ Eisenberg, David M. (Hrsg.), Islamic Finance, Law and Practice. 2. Aufl., Oxford 2020, 19–58.

El-Gamal, Mahmoud, Al-Sanhuri on Riba, Translation of Excerpt from Abdul-Razzaq Al-Sanhuri's Sources of Rights in Islamic Jurisprudence 2019, https://papers.ssrn.com/sol3/papers.cfm?abstract_id=3511691 (besucht am 21. 11. 2020).

Eltom, Omer, The Emirates Law in Practice, Case Law Study, 100 Legal Issues, with a special focus on the Emirate of Dubai, Dubai 2009.

Elwan, Omaia, Gesetzgebung und Rechtsprechung, in: Steinbach, Udo/Robert, Rüdiger (Hrsg.), Der Nahe und Mittlere Osten, Politik, Gesellschaft, Wirtschaft, Geschichte, Kultur, Wiesbaden 1988, 221–254.

Emon, Anver M., Ijtihad, in: Emon, Anver M./Ahmed, Rumee (Hrsg.), The Oxford Handbook of Islamic Law, Oxford 2018, 181–206.

Esposito, John L., The Oxford Dictionary of Islam, New York 2003.

Fages, Bertrand, Droit des obligations, 4. Aufl., Paris 2014.

Faust, Florian, Anfängliche Unmöglichkeit, in: Basedow, Jürgen/Hopt, Klaus J./Zimmermann, Reinhard u. a. (Hrsg.), Handwörterbuch des Europäischen Privatrechts, Abschlussprüfer – Kartellverfahrensrecht, Tübingen 2009, 65–68.

Ferid, Murad/Sonnenberger, Hans Jürgen, Erster Teil: Allgemeine Lehren des Französischen Zivilrechts: Einführung und Allgemeiner Teil des Zivilrechts, Bd. 1, 2. Aufl., Heidelberg 1994.

Fikentscher, Wolfgang, Methoden des Rechts in vergleichender Darstellung I, Frühe und religiöse Rechte, Romanischer Rechtskreis, Bd. 1, Tübingen 1975–1977.

Fontana, Sina, Universelle Frauenrechte und islamisches Recht, Tübingen 2017.

Foster, Nicholas H.D., Transfer of Rights and Obligations in the UAE: A Comparative Analysis in the Light of English Law, French Law and the Shari'a, Y. B. Islamic & Middle E. L. 7 (2000–2001), 3–70.

Foster, Nicholas H.D., An Unstoppable Force Meets a Movable Object? Assignment of Rights in the UAE, ALQ 19 (2004), 169–190.

Gad Makhlouf, Ahmed, Das Konzept des kollektiven iǧtihād und seine Umsetzungsformen, Analyse der Organisation und Arbeitsweise islamischer Rechtsakademien, Frankfurt am Main 2018.

Gad Makhlouf, Ahmed, Tarǧīḥ und maḏhab: Zur Rolle des tarǧīḥ-Verfahrens bei der Entwicklung der traditionellen islamischen Rechtsschulen, ZR&I 11 (2019), 13–37.

Gassner, Michael/Wackerbeck, Philipp, Islamic Finance: Islam-gerechte Finanzanlagen und Finanzierungen, 2. Aufl., Köln 2010.

Ghanem, Isam, The Impact of the UAE Civil Code on Commercial Litigation, ALQ 5 (1990), 143–144.

Goldschmidt, Arthur, Biographical Dictionary of Modern Egypt, London, Colorado 2000.

Goldziher, Ignaz, Fiḳh, in: Houtsma, Martinus Theodorus/Arnold, Thomas Walker/Basset, René u. a. (Hrsg.), Encyclopaedia of Islam, First Edition, 1913–1936.

Goussous, Walid, Der Vertrag nach dem Jordanischen ZGB von 1976, München 1983.

Grapentin, Sabine, Das Markenrecht in Ägypten, unter besonderer Berücksichtigung zivilprozessualer Aspekte, Köln, Berlin, Bonn, München 1999.

Grapentin, Sabine, Dichotomie zweier Rechtsordnungen in den Vereinigten Arabischen Emiraten: Das Dubai International Financial Centre, in: Heckel, Martin (Hrsg.), Rechtstransfer, Frankfurt am Main 2011, 131–145.

Groh, Gunnar, Kodifikation, in: Weber, Klaus (Hrsg.), Creifelds, Rechtswörterbuch, 23. Aufl., München 2019.

Groh, Gunnar, Recht, in: Weber, Klaus (Hrsg.), Creifelds, Rechtswörterbuch, 23. Aufl., München 2019.

Grote, Rainer, Grundlagen, Hauptprobleme und Perspektiven des islamischen Verfassungsrechts, Eine Zwischenbilanz im Lichte des »Arabischen Frühlings«, ZaöRV 74 (2014), 575–614.

Hallaq, Wael B., Was the Gate of Ijtihad Closed?, IJMES 16 (1984), 3–41.

Hallaq, Wael B., The Origins and Evolution of Islamic Law, Bd. 1, Cambridge 2005.

Hallaq, Wael B., An introduction to Islamic law, Cambridge 2009.

Hamade, Diana, Lawyers have to bridge the gap in a split legal system, The National (24. 7. 2011), https://www.thenational.ae/opinion/comment/lawyers-have-to-bridge-the-gap-in-a-split-legal-system-1.415469 (besucht am 06. 11. 2019).

Hamid, M. E., Islamic Law of Contract or Contracts?, Journal of Islamic and Comparative Law 3 (1969–1976), 1–10.

Hasan, Ahmad, Analogical Reasoning in Islamic Jurisprudence, A Study of the Juridical Principle of Qiyas, Neu Delhi 1986.

Hasan, Ahmad, Al-Shāfiʿī's Role in the Development of Islamic Jurisprudence, (1966), in: Baderin, Mashood A. (Hrsg.), Islamic legal theory, Farnham, Burlington 2014, 235–269.

Hawley, Donald, The Trucial States, London 1970.

Heard-Bey, Frauke, Der Prozeß der Staatswerdung in arabischen Ölexportländern, Vierteljahreshefte für Zeitgeschichte 23 (1975), 155–209.

Heard-Bey, Frauke, Die Vereinigten Arabischen Emirate, Zwischen Vorgestern und Übermorgen, Hildesheim 2010.

Heine, Peter, Einführung in die Islamwissenschaft, Berlin 2010.

Hellwege, Phillip, Unwirksamkeit, in: Basedow, Jürgen/Hopt, Klaus J./Zimmermann, Reinhard (Hrsg.), Handwörterbuch des Europäischen Privatrechts, Kauf – Zwingendes Recht, Tübingen 2009, 1582–1586.

Henning, Max, Der Koran, aus dem Arabischen, Lizenzausgabe, Wiesbaden 1979.

Hill, Enid, Al-Sanhuri and Islamic Law Part 1, The Place and Significance of Islamic Law in the Life and Work of 'Abd al-Razzaq Ahmad al-Sanhuri Egyptian Jurist and Scholar 1895–1971, ALQ 3 (1988), 33–64.

Hill, Enid, Al-Sanhuri and Islamic Law Part 2, The Place and Significance of Islamic Law in the Life and Work oh 'Abd al-Razzag Ahmad al-Sanhuri Egyptian Jurist and Scholar 1895–1971, ALQ 3 (1988), 182–218.

Hodgins, Peter, Takaful, in: Nethercott, Craig R./Eisenberg, David M. (Hrsg.), Islamic Finance, Law and Practice, 2. Aufl., Oxford 2020, 263–298.

Hohenlohe, Diana zu, Die Rolle der Sharia in den Verfassungsordnungen muslimischer Länder, Wien 2019.

Jadalhaq, Iyad Mohammad, Tort Policy in a Plural Context: Pathways Towards Objective Liability in UAE Tort Law, Issues in Legal Scholarship 17 (2019), 1–16.

Johansen, Julian/Hanif, Atif, Musharaka and Mudaraba, in: Nethercott, Craig R./Eisenberg, David M. (Hrsg.), Islamic Finance, Law and Practice, 2. Aufl., Oxford 2020, 161–178.

Jokisch, Benjamin, Ijtihād in Ibn Taymiyya's Fatāwā, in: Gleave, Robert/Kermeli, Eugenia (Hrsg.), Islamic Law, Theory and Practice, London, New York 1997, 119–137.

Jokisch, Benjamin, ʿiǧmāʿ und Globalisierung – Praktikabiiltat und Wandelbarkeit des islamischen Konsensusprinzips in der Gegenwart, in: Khalfoui, Mouez/Uçar, Bülent (Hrsg.), Islamisches Recht in Theorie und Praxis, Neue Ansätze zu aktuellen und klassischen islamischen Rechtsdebatten, Frankfurt am Main 2016, 105–118.

Jokisch, Benjamin, Origins and Influences on Islamic Law, in: Emon, Anver M./Ahmed, Rumee (Hrsg.), The Oxford Handbook of Islamic Law, Oxford 2018, 385–402.

Juynboll, Theodoor Willem Jan, Handbuch des islamischen Gesetzes, Nach der Lehre der Schafi'itischen Schule, Leipzig 1910.

Kamali, Mohammad Hashim, Principles of Islamic Jurisprudence, 3. Aufl., Cambridge 2003.

Kamali, Mohammad Hashim, Ijma', in: Ansari, Zafar Ishaq/Nawwab, Isma'il Ibrahim (Hrsg.), The Different Aspects of Islamic Culture, Foundations of Islam, Paris 2016, 583–600.

Khadduri, Majid, Islamic Jurisprudence, Shāfiʿī's Risāla, Translated with an Introduction, Notes, and Appendices, Baltimore 1961.

Khadduri, Majid, The Islamic Conception of Justice, Baltimore, London 1984.

Khalfoui, Mouez, Orientalismus und das islamische Recht: Debatten über den Ursprung und das Wesen des islamischen Rechts, in: Khalfoui, Mouez/Ucar, Bülent (Hrsg.), Islamisches Recht in Theorie und Praxis, Neue Ansätze zu aktuellen und klassischen islamischen Rechtsdebatten, Frankfurt am Main 2016, 17–40.

Khalfoui, Mouez/Ucar, Bülent (Hrsg.), Islamisches Recht in Theorie und Praxis, Neue Ansätze zu aktuellen und klassischen islamischen Rechtsdebatten, Frankfurt am Main 2016.

Khalifa, Ali Mohammed, The United Arab Emirates: Unity in Fragmentation, Boulder, London 1979.

Khan, Amjad Ali/Dar, Rahat, United Arab Emirates, in: Dewar, John/Hussain, Munib (Hrsg.), The Islamic Finance and Markets Law Review, 3. Aufl., London 2018, 95–108.

Kischel, Uwe, Rechtsvergleichung, München 2015.

Klaiber, Sven, Die Forderungsabtretung im Recht der Vereinigten Arabischen Emirate, GAIR-Mitteilungen 3 (2011), 112–116.

Klaiber, Sven/Ranjbar, Reza, Die Forderungsabtretung in den MENA-Staaten, Ein nach Ländern geordneter Überblick, RIW 2007, 522–529.

Klingmüller, Ernst, Die Versicherung aus der Sicht des islamischen Rechts, in: Henn, Rudolf/Schickinger, Walter F. (Hrsg.), Staat, Wirtschaft, Assekuranz und Wissenschaft, Festschrift für Robert Schwebler, Karlsruhe 1986, 309–317.

Krämer, Gudrun, Geschichte des Islam, 5. Aufl., München 2016.

Krawietz, Birgit, Cut and Paste in Legal Rules: Designing Islamic Norms with Talfīq, Die Welt des Islams 42 (2002), 3–40.

Krawietz, Birgit, Hierarchie der Rechtsquellen im tradierten sunnitischen Islam, Berlin 2002.

Krüger, Hilmar, Überblick über das Privatrecht der Staaten des Ägyptischen Rechtskreises, Recht van de Islam 5 (1987), 98–168.

Krüger, Hilmar, Das Deliktsrecht der Vereinigten Arabischen Emirate, VersR 40 (1989), 1000–1006.

Krüger, Hilmar, Arabische Staaten: Das Recht der Forderungsabtretung, 4. Aufl., Köln, Berlin 1996.

Krüger, Hilmar, Überblick über das Zivilrecht der Staaten des Ägyptischen Rechtskreises, Recht van de Islam 14 (1997), 67–131.

Krüger, Hilmar, Vermögensrechtliches Privatrecht und Shari'a am Beispiel der Vereinigten Arabischen Emirate, ZVglRWiss 97 (1998), 360–386.

Krüger, Hilmar, Zum Zeitlich-Räumlichen Geltungsbereich der Osmanischen Mecelle, in: Krüger, Hilmar/Mansel, Heinz-Peter (Hrsg.), Liber amicorum Gerhard Kegel, München 2002, 43–63.

Krüger, Hilmar, Zum islamischen Zinsverbot in Vergangenheit und Gegenwart, in: Fischer-Czermak, Constanze/Kletečka, Andreas/Schauer, Martin u. a. (Hrsg.), Festschrift Rudolf Welser zum 65. Geburtstag, Wien 2004, 579–595.

Krüger, Hilmar, Grundzüge des Privatrechts der Vereinigten Arabischen Emirate, in: Ebert, Hans-Georg/Hanstein, Thoralf (Hrsg.), Beiträge zum Islamischen Recht VI, Frankfurt am Main 2007, 101–134.

Krüger, Hilmar, Zum Recht der Forderungsabtretung in der arabischen Welt, in: Bernreuther, Jörn (Hrsg.), Festschrift für Ulrich Spellenberg zum 70. Geburtstag, München 2010, 605–615.

Krüger, Hilmar, Zur Rezeption des ägyptischen Zivilrechts in der arabischen Welt, in: Heckel, Martin (Hrsg.), Rechtstransfer, Frankfurt am Main 2011, 9–21.

Krüger, Hilmar, Überblick über das Schuldvertragsrecht arabischer Staaten, EJIMEL 2013, 102–114.

Krüger, Hilmar, Zinsrechtliche Rechtsprechung und Gutachtenpraxis in der islamischen Welt in Vergangenheit und Gegenwart, Gdańskie Studia Prawnicze 2015, 679–689.

KT Bank AG, Islamic Banking, Hintergrund, https://www.kt-bank.de/islamic-banking/hintergrund/ (besucht am 06.12.2019).

KT Bank AG, Islamrechtliches Gutachten zum Verbraucherkredit, https://www.kt-bank.de/wp-content/uploads/2019/11/Verbraucherkredit_deutsch.pdf (besucht am 06.12.2019).

Laoust, Henri, Aḥmad b. Ḥanbal, in: Bearman, Peri J./Bianquis, Thierry/Bosworth, Clifford Edmund u. a. (Hrsg.), Encyclopaedia of Islam, Second Edition, 1960–2004.

Laoust, Henri, Ibn Ḳayyim al- Dj̲awziyya, in: Bearman, Peri J./Bianquis, Thierry/Bosworth, Clifford Edmund u. a. (Hrsg.), Encyclopaedia of Islam, Second Edition, 1960–2004.

Laoust, Henri, Ibn Taymiyya, in: Bearman, Peri J./Bianquis, Thierry/Bosworth, Clifford Edmund u. a. (Hrsg.), Encyclopaedia of Islam, Second Edition, 1960–2004.

Layish, Aharon, The Transformation of the Shari'a from Jurists' Law to Statutory Law in the Contemporary Muslim World, Die Welt des Islams 44 (2004), 85–113.

Layish, Aharon, Islamic Law in the Modern World, Islamic Law & Society 21 (2014), 276–308.

Lewis, Bernard, ʿAbbāsids, in: Bearman, Peri J./Bianquis, Thierry/Bosworth, Clifford Edmund u. a. (Hrsg.), Encyclopaedia of Islam, Second Edition, 1960–2004.

Liebesny, Herbert J., The Law of the Near & Middle East, Readings, Cases, & Materials, Albany, New York 1975.

Linant de Bellefonds, Yvon, Fāsid wa Bāṭil, in: Bearman, Peri J./Bianquis, Thierry/Bosworth, Clifford Edmund u. a. (Hrsg.), Encyclopaedia of Islam, Second Edition, 1960–2004.

Linant de Bellefonds, Yvon, Traité de Droit Musulman Comparé, Théorie Générale de l'acte Juridique, Paris 1965.

Lohlker, Rüdiger, Schariʾa und Moderne, Diskussionen zum Schwangerschaftsabbruch, zur Versicherung und zum Zinswesen, Stuttgart 1996.

Lohlker, Rüdiger, Das Islamische Recht im Wandel, Ribā, Zins und Wucher in Vergangenheit und Gegenwart, Münster 1999.

Lohlker, Rüdiger, Islamisches Recht, Wien 2012.

Lombardi, Clark Benner, The Challenges and Opportunities of Islamic Review: Lessons for Afghanistan from the Experiences of other Muslim Countries, USIP Position Paper 2011.

Lombardi, Clark Benner, Constitutional Provisions Making Sharia ›A‹ or ›The‹ Chief Source of Legislation: Where Did They Come from? What Do They Mean? Do They Matter?, A. U. Int. L. Rev. 28 (2013), 733–774.

Lombardi, Clark Benner/Brown, Nathan Jude, Do Constitutions Requiring Adherence to Shari'a Threaten Human Rights? How Egypt's Constitutional Court Reconciles Islamic Law with the Liberal Rule of Law, A. U. Int. L. Rev. 21 (2006), 379–435.

Mahmasani, Subhi, Transactions in the Sharīʾa, in: Khadduri, Majid/Liebesny, Herbert J. (Hrsg.), Law in the Middle East, Origin and Development of Islamic Law, Washington D.C. 1955, 179–202.

Mallat, Chibli, Introduction to Middle Eastern Law, Oxford 2007.

Mallat, Chibli, Comparative Law and the Islamic (Middle Eastern) Legal Culture, in: Reimann, Mathias/Zimmermann, Reinhard (Hrsg.), The Oxford Handbook of Comparative Law, Oxford 2008, 609–639.

Mankabady, Samir, Insurance and Islamic Law, The Islamic Insurance Company, ALQ 4 (1989), 199–205.

Mayer, Ann Elizabeth, Law and Religion in the Muslim Middle East, American Journal of Comparative Law 35 (1987), 127–184.

Mert, Fatih, Die 99 islamischen Rechtsmaximen (al-qawāʿid al-fiqhiyya) in der osmanisch-ḥanafitischen Zivilrechtskodifikation Mağallat al-aḥkām al-ʿadliyya, HIKMA 7 (2016), 170–194.

Milliot, Louis/Blanc, François-Paul, Introduction à l'étude du droit musulman, 2. Aufl., Paris 2001.

Mohamad, Abdul Basir, Islamic Tort Law, in: Bussani, Mauro/Sebok, Anthony James (Hrsg.), Comparative Tort Law, Global perspectives, Cheltenham, Northampton 2015, 441–473.

Möller, Lena-Maria, Die Golfstaaten auf dem Weg zu einem modernen Recht für die Familie?, Tübingen 2015.

Momen, Leila, Ausgewählte Islamic Finance-Vertragsmodelle: Beurteilung aus der Sicht des deutschen Steuerrechts, RIW 18 (2010), 368–381.

Motzki, Harald, Wie glaubwürdig sind die Hadithe?, Die klassische islamische Hadith-Kritik im Licht moderner Wissenschaft, Wiesbaden 2014.

Muranyi, Miklos, Ägypten, in: Ende, Werner/Steinbach, Udo (Hrsg.), Der Islam in der Gegenwart, München 1989, 344–357.

N.N., Editorial, Arab Law Newsletter (Juni 1986), 1.

N.N., United Arab Emirates: Bank interest, Arab Law Newsletter 2 (September 1986), 4.

N.N., Middle East & Africa, International Financial Law Review 5 (November 1986), 42–43.

N.N., Islam ist die am stärksten wachsende Religion, Welt (5.4.2017), https://www.welt.de/politik/article163421714/Islam-ist-die-am-staerksten-wachsende-Religion.html (besucht am 05.10.2020).

Nagel, Tilman, Das islamische Recht, Eine Einführung, Westhofen 2001.

Najjar, Fauzi M., The Application of Sharia Laws in Egypt, Middle East Policy 1992, 62–73.

National Archives, Historical Periods: British Era, https://www.na.ae/en/archives/historicalperiods/britishprince.aspx (besucht am 03.03.2020).

National Archives, Historical Periods: The Formation of the Federation, https://www.na.ae/en/archives/historicalperiods/union.aspx (besucht am 03.03.2020).

Nethercott, Craig R., Istisna' and Ijara, in: Nethercott, Craig R./Eisenberg, David M. (Hrsg.), Islamic Finance, Law and Practice, 2. Aufl., Oxford 2020, 235–261.

Nethercott, Craig R., Murabaha and Tawarruq, in: Nethercott, Craig R./Eisenberg, David M. (Hrsg.), Islamic Finance, Law and Practice, 2. Aufl., Oxford 2020, 179–200.

Neumann, Andreas, Islamisches Deliktsrecht und seine Relevanz für das Recht islamischer Staaten, https://www.academia.edu/30082144/Islamisches_Deliktsrecht_und_seine_Relevanz_f%C3%BCr_das_Recht_islamischer_Staaten (besucht am 14.09.2020).

Neumann, Andreas, Rechtsgeschichte, Rechtsfindung und Rechtsfortbildung im Islam, Enzyklopädien des islamischen Rechts unter besonderer Berücksichtigung Ägyptens und der Nasser-Enzyklopädie, Hamburg 2012.

Neumann, Sybille/Berg, Oliver, Einführung in das französische Recht, Baden-Baden 2019.

Nuvoli, Andrea, Negozi onerosi in ambito religioso come contributo per la moderna economia etica, Profili sistematici e proposte dottrinali, Rom 2012.

Oberauer, Norbert, Islamisches Wirtschafts- und Vertragsrecht, Eine Einführung, Würzburg 2017.

Oertel, Bettina, Immobiliarsicherheiten des islamischen Rechts und des Zivilgesetzbuches der Vereinigten Arabischen Emirate, Leipzig 2011.

Onar, S. S., The Majalla, in: Khadduri, Majid/Liebesny, Herbert J. (Hrsg.), Law in the Middle East, Origin and Development of Islamic Law, Washington D.C. 1955, 292–308.

Owsia, Parviz, Sources of Law under English, French, Islamic and Iranian Law, A Comparative Review of Legal Techniques, ALQ 6 (1991), 33–67.

Paret, Rudi, Der Koran, Übersetzung, 12. Aufl., Stuttgart 2014.

Peters, Rudolph, Divine Law or Man-Made Law? Egypt and the Application of the Shari'a, ALQ 3 (1988), 231–253.

Pohlhausen, Carlo, Unternehmensfinanzierung am Kapitalmarkt in den arabischen Staaten, Eine rechtsvergleichende Analyse von Aktien-, Anleihe- und Hybridemissionen am Beispiel Ägyptens, der Vereinigten Arabischen Emirate, Saudi-Arabiens und Jordaniens, Tübingen 2014.

Pohlhausen, Carlo/Beck, Karin, Der Zinsbegriff im islamischen Finanzrecht und deutschen Steuerrecht, IStR 2010, 225–234.

Radtke, Bernd, Der sunnitische Islam, in: Ende, Werner/Steinbach, Udo (Hrsg.), Der Islam in der Gegenwart, München 1989, 54–69.

Rayner, Susan, The Theory of Contracts in Islamic Law, A Comparative Analysis with Particular Reference to the Modern Legislation in Kuwait, Bahrain and the United Arab Emirates, London 1991.

Rohayem, Sherif, Verjährung im marokkanischen Recht, https://www.gtai.de/gtai-de/trade/recht/rechtsbericht/marokko/verjaehrung-im-marokkanischen-recht-15810 (besucht am 13.05.2020).

Rohe, Mathias, Das islamische Recht, Eine Einführung, München 2013.

Rohe, Mathias, Verfassungsrechtliche Entwicklungen in der arabischen Welt: Das Verhältnis von Staat und Religion am Beispiel Ägyptens und Tunesiens, in: Menhofer, Bruno/Otto, Dirk (Hrsg.), Recht nach dem Arabischen Frühling, Beiträge zum islamischen Recht IX, Frankfurt am Main 2014, 113–138.

Rohe, Mathias, Islamic Law in Past and Present, Leiden 2015.

Rohe, Mathias, Zum Wandel islamrechtlicher Normen im Kontext des säkularen Rechtsstaats, in: Elliesie, Hatem/Anam, Beate/Hanstein, Thoralf (Hrsg.), Islamisches Recht in Wissenschaft und Praxis, Festschrift zu Ehren von Hans-Georg Ebert, Berlin 2018, 269–295.

Rutow, Gregor Nikolas, Rechtsvergleich über die Zulässigkeit von Haftungsausschlüssen, Haftungsbeschränkungen und pauschaliertem Schadensersatz in einzelnen arabischen Rechtsordnungen, Frankfurt am Main 2014.

Säcker, Franz Jürgen/Rixecker, Roland/Oetker, Hartmut/Limperg Bettina (Hrsg.), Münchener Kommentar zum Bürgerlichen Gesetzbuch, Bd. 1, 8. Aufl., München 2018 (zitiert: *Bearbeiter,* in: MüKo BGB).

Safran, Nadav, Egypt in Search of Political Community, An Analysis of the Intellectual and Political Evolution of Egypt, 1804–1952, Cambridge, London 1961.

Salama, Ibrahim, Vereinigte Arabische Emirate, in: Bergmann, Alexander/Ferid, Murad/Henrich, Dieter (Hrsg.), Internationales Ehe- und Kindschaftsrecht: mit Staatsangehörigkeitsrecht, Bd. 21, Frankfurt am Main.

Salama, Samir, Blood Money may be increased, FNC told, Gulf News (14.4.2015), https://gulfnews.com/uae/government/blood-money-may-be-increased-fnc-told-1.1491961 (besucht am 21.11.2020).

Saleh, Nabil, The Law Governing Contracts in Arabia, ICLQ 38 (1989), 761–787.

Saleh, Nabil, Definition and Formation of Contract under Islamic and Arab Laws, ALQ 5 (1990), 101–116.

Saleh, Nabil, Are the validity and construction of legal acts affected by cause (sabab)?, A comparative study under Islamic and Arab Laws, ALQ 7 (1992), 116–140.

Saleh, Nabil, Unlawful Gain and Legitimate Profit in Islamic Law, 2. Aufl., London 1992.

Saleh, Nabil, Civil Codes of Arab Countries: The Sanhuri Codes, ALQ 8 (1993), 161–167.

Saleh, Nabil, Freedom of Contract: What Does It Mean in the Context of Arab Laws, ALQ 16 (2001), 346–357.

Schacht, Joseph, Pre-Islamic Background and Early Development of Jurisprudence, in: Khadduri, Majid/Liebesny, Herbert J. (Hrsg.), Law in the Middle East, Origin and Development of Islamic Law, Washington D.C. 1955, 28–56.

Schacht, Joseph, The Schools of Law and Later Developments of Jurisprudence, in: Khadduri, Majid/Liebesny, Herbert J. (Hrsg.), Law in the Middle East, Origin and Development of Islamic Law, Washington D.C. 1955, 57–84.

Schacht, Joseph, Abū Ḥanīfa an-Nuʿmān, in: Bearman, Peri J./Bianquis, Thierry/Bosworth, Clifford Edmund u.a. (Hrsg.), Encyclopaedia of Islam, Second Edition, 1960–2004.

Schacht, Joseph, Mālik b. Anas, in: Bearman, Peri J./Bianquis, Thierry/Bosworth, Clifford Edmund u.a. (Hrsg.), Encyclopaedia of Islam, Second Edition, 1960–2004.

Schacht, Joseph, Problems of Modern Islamic Legislation, Studia Islamica 12 (1960), 99–129.

Schacht, Joseph, An Introduction to Islamic Law, Oxford 1964.

Schmauder, Katrin, Das Darlehen im syrischen Kulturraum, Geschichte und Gegenwart: rechtshistorische und rechtsvergleichende Betrachtung, Münster 1998.

Schmidt, Jessica, Der Vertragsschluss, Ein Vergleich zwischen dem deutschen, französischen, englischen Recht und dem CESL, Tübingen 2014.

Schneider, Irene, Abū Ḥanīfa, in: Stolleis, Michael (Hrsg.), Juristen: ein biographisches Lexikon, Von der Antike bis zum 20. Jahrhundert. 1. Aufl., München 2001, 17–18.

Schneider, Irene, Ibn Ḥanbal, in: Stolleis, Michael (Hrsg.), Juristen: ein biographisches Lexikon, Von der Antike bis zum 20. Jahrhundert. 1. Aufl., München 2001, 308–309.

Schneider, Irene, Ibn Taimīya, in: Stolleis, Michael (Hrsg.), Juristen: ein biographisches Lexikon, Von der Antike bis zum 20. Jahrhundert. 1. Aufl., München 2001, 311–312.

Schneider, Irene, Mālik ibn Anas, in: Stolleis, Michael (Hrsg.), Juristen: ein biographisches Lexikon, Von der Antike bis zum 20. Jahrhundert. 1. Aufl., München 2001, 403–404.

Schneider, Irene, Šāfiʿī, aš-, in: Stolleis, Michael (Hrsg.), Juristen: ein biographisches Lexikon, Von der Antike bis zum 20. Jahrhundert. 1. Aufl., München 2001, 529–531.

Schneider, Irene, Sanhūrī, as-, in: Stolleis, Michael (Hrsg.), Juristen: ein biographisches Lexikon, Von der Antike bis zum 20. Jahrhundert. 1. Aufl., München 2001, 551–553.

Schultze, Christian, Das Produkthaftungsrecht in der arabischen Mutterrechtsordnung Ägypten, PHi 2014, 100–107.

Sfeir, George N., Source of Law and the Issue of Legitimacy and Rights, MEJ 42 (1988), 436–446.

Shalakany, Amr, Between Identity and Redistribution: Sanhuri, Genealogy and the Will to Islamise, Islamic Law & Society 8 (2001), 201–244.

Shalakany, Amr, Sanhuri, and the historical origins of comparative law in the Arab World, (or how sometimes losing your Asalah can be good for you), in: Riles, Annelise (Hrsg.), Rethinking the Masters of Comparative Law, Oxford 2001, 152–188.

Sheibani, Mariam/Toft, Amir/El Shamsy, Ahmed, The Classical Period, Scripture, Origins, and Early Development, in: Emon, Anver M./Ahmed, Rumee (Hrsg.), The Oxford Handbook of Islamic Law, Oxford 2018, 403–436.

Sloane, Peter, The Status of Islamic Law in the Modern Commercial World, The International Lawyer 22 (1988), 743–766.

Sonnenberger, Hans Jürgen, Die Reform des französischen Schuldvertragsrechts, des Regimes und des Beweises schuldrechtlicher Verbindlichkeiten durch Ordonnance Nr. 2016–131 vom 10.02.2016, Zweiter Teil, Allgemeine Vorschriften, régime général, und Beweis, preuve, der schuldrechtlichen Verbindlichkeiten, ZEuP 2017, 778–835.

Sonnenberger, Hans Jürgen/Classen, Claus Dieter, Einführung in das französische Recht, 4. Aufl., Frankfurt am Main 2012.

Steinbach, Udo, Einleitung: Vom islamisch-westlichen Kompromiß zur »Re-Islamisierung«, in: Ende, Werner/Steinbach, Udo (Hrsg.), Der Islam in der Gegenwart, München 1989, 198–211.

Stompfe, Philipp, Die Gestaltung und Sicherung internationaler Investor-Staat-Verträge in der arabischen Welt am Beispiel Libyens und Katars, Baden-Baden, Zürich 2017.

Taman, Salma, An Introduction to Islamic Law, Eur. J. L. Reform 16 (2014), 221–246.

Tamimi, Essam al, Practical guide to litigation and arbitration in the United Arab Emirates, Den Haag 2003.

Tamimi, Hind, Interest under the UAE Law and as applied by the Courts of Abu Dhabi, ALQ 17 (2002), 50–52.

Trappe, Johannes/Meyer-Reumann, Rolf, Vertrags- und Schari'a Recht in den arabischen Golfstaaten, in: Boehmer, Henning von (Hrsg.), Deutsche Unternehmen in den arabischen Golfstaaten, Leitfaden für die Rechts- und Wirtschaftspraxis, Stuttgart 1990, 199–236.

Türkmenoglu, Ali, Das Strafrecht des klassischen islamischen Rechts, Mit einem Vergleich zwischen der islamischen und der modernen deutschen Strafrechtslehre, Frankfurt am Main 2013.

Tworuschka, Monika, Die Rolle des Islam in den arabischen Staatsverfassungen, Bonn 1976.

Tyan, Emile, Diya, in: Bearman, Peri J./Bianquis, Thierry/Bosworth, Clifford Edmund u. a. (Hrsg.), Encyclopaedia of Islam, Second Edition, 1960–2004.

U.S. Department of State, 2018 Report on International Religious Freedom: United Arab Emirates, 2018.

UAE Insurance Authority, Annual Report of the Activity of Insurance Sector in the United Arab Emirates, https://web.ia.gov.ae/en/Documents/Final-Annual%20Report%202019-en.pdf (besucht am 27.03.2022).

Ucar, Bülent, 'Insidād bāb al-iǧtihād: Einige Notizen zum Verhältnis von iǧtihād und taqlīd, in: Khalfoui, Mouez/Ucar, Bülent (Hrsg.), Islamisches Recht in Theorie und Praxis, Neue Ansätze zu aktuellen und klassischen islamischen Rechtsdebatten, Frankfurt am Main 2016, 41–56.

United Arab Emirates National Media Council, UAE Annual Book 2018, An introduction to its origins and phases of development in various spheres of life, https://nmc.gov.ae/en-us/E-Participation/Lists/Publications/Attachments/7/UAE%20Book%202018-en.pdf (besucht am 16. 11. 2020).

Uslucan, Sükrü, Islamisches Rechts- und muslimisches Gesellschaftsverständnis: Zur Verrechtlichung des Islam und Islamisierung des Rechts, ZAR 2006, 237–246.

Usmani, Muhammad Taqi, An Introduction to Islamic Finance, Den Haag, London, New York 2002.

Vogel, Frank E., Contract Law of Islam and the Arab Middle East, in: David, R./Egawa, H./Graveson, R. u. a. (Hrsg.), International Encyclopedia of Comparative Law, Under the Auspices of the International Association of Legal Science, Bd. 7, Teil 1, Tübingen 2008.

Vogel, Frank E./Hayes, Samuel l., Islamic Law and Finance, Religion, Risk, and Return, Den Haag, London, Boston 1998.

Vogenauer, Stefan, Auslegung von Verträgen, in: Basedow, Jürgen/Hopt, Klaus J./Zimmermann, Reinhard u. a. (Hrsg.), Handwörterbuch des Europäischen Privatrechts, Abschlussprüfer – Kartellverfahrensrecht, Tübingen 2009, 134–138.

Warde, Ibrahim, Status of the Global Islamic Finance Industry, in: Nethercott, Craig R./Eisenberg, David M. (Hrsg.), Islamic Finance, Law and Practice, 2. Aufl., Oxford 2020, 3–18.

Welch, A. T./Paret, R./Pearson, J. D., al-Ḳurʾān, in: Bearman, Peri J./Bianquis, Thierry/Bosworth, Clifford Edmund u. a. (Hrsg.), Encyclopaedia of Islam, Second Edition, 1960–2004.

Whelan, James Robert/Hall, Marjorie Joan, The Civil Code of the United Arab Emirates, The Law of Civil Transactions of the State of the United Arab Emirates, translated from Arabic into English, 1. Aufl., London, Dorbrecht, Boston 1987.

Wichard, Johannes Christian, Zwischen Markt und Moschee, Paderborn 1995.

Wirth, Oliver, Das Seefrachtrecht der Vereinigten Aarabischen Emirate, Darstellung der einschlägigen Vorschriften des Bundesgesetzes Nr. 26/1981 mit vergleichenden Hinweisen auf entsprechende deutsche und internationale Bestimmungen, Münster, Hamburg 2000.

Witzmann, Terence/Abbott, James, United Arab Emirates Country Surveys, Y. B. Islamic & Middle E. L. 9 (2002–2003), 274–284.

Yassari, Nadjma, Islamisches Recht oder Recht der Muslime – Gedanken zu Recht und Religion im Islam, ZVglRWiss 103 (2004), 103–121.

Yassari, Nadjma, Die Vertragsfreiheit im islamischen Recht und im zeitgenössischen Recht islamischer Länder, IJVO 14 (2007), 1–16.

Yassari, Nadjma, Ausstrahlung des europäischen Privatrechts auf islamische Länder, in: Basedow, Jürgen/Hopt, Klaus J./Zimmermann, Reinhard u. a. (Hrsg.), Handwörterbuch des Europäischen Privatrechts, Abschlussprüfer – Kartellverfahrensrecht, Tübingen 2009, 150–155.

Zacharias, Anna, Top judges urge equal blood money, The National (17. 4. 2009), https://www.thenational.ae/uae/top-judges-urge-equal-blood-money-1.542567 (besucht am 30. 07. 2020).

Zacharias, Diana, Islamisches Recht und Rechtsverständnis, in: Muckel, Stefan (Hrsg.), Der Islam im öffentlichen Recht des säkularen Verfassungsstaates, Berlin 2010, 43–157.

Zahraa, Mahdi, Negotiating Contracts in Islamic and Middle Eastern Laws, ALQ 13 (1998), 265–277.

Zanki, Najmaldeen K. Kareem, Contemporary Attempts to Harmonize Usury with Islamic Law: A Study of Al-Sanhūrī's Civil Codes, ALQ 30 (2016), 72–89.

Zerwas, Herbert/Demgensky, Sascha, Islamic Banking in Deutschland und Bankerlaubnis nach dem Kreditwesengesetz, WM 2010, 692–701.

Zimmermann, Reinhard, Verjährung, in: Basedow, Jürgen/Hopt, Klaus J./Zimmermann, Reinhard u. a. (Hrsg.), Handwörterbuch des Europäischen Privatrechts, Abschlussprüfer - Kartellverfahrensrecht, Tübingen 2009.

Zubair, Abdul-Qadir, An Outline of Islamic Law of Tort, Lagos 1990.

Zweigert, Konrad/Kötz, Hein, Einführung in die Rechtsvergleichung auf dem Gebiete des Privatrechts, 3. Aufl., Tübingen 1996.

Bei Fragen zur Produktsicherheit wenden Sie sich bitte an:
If you have any questions regarding product safety, please contact:

Brill Deutschland GmbH
Robert-Bosch-Breite 10
37079 Göttingen
info@v-r.de